Basiswissen
Strafrecht
Allgemeiner Teil

2016

Dr. Rolf Krüger
Rechtsanwalt, Fachanwalt für Strafrecht
und Repetitor

ALPMANN UND SCHMIDT Juristische Lehrgänge Verlagsges. mbH & Co. KG
48143 Münster, Alter Fischmarkt 8, 48001 Postfach 1169, Telefon (0251) 98109-0
AS-Online: www.alpmann-schmidt.de

Dr. Krüger, Rolf
Basiswissen
Strafrecht – Allgemeiner Teil

5. Auflage 2016
ISBN: 978-3-86752-476-6

Verlag Alpmann und Schmidt Juristische Lehrgänge
Verlagsgesellschaft mbH & Co. KG, Münster

Die Vervielfältigung, insbesondere das Fotokopieren,
ist nicht gestattet (§§ 53, 54 UrhG) und strafbar (§ 106 UrhG).
Im Fall der Zuwiderhandlung wird Strafantrag gestellt.

Unterstützen Sie uns bei der Weiterentwicklung unserer Produkte.
Wir freuen uns über Anregungen, Wünsche, Lob oder Kritik an:
feedback@alpmann-schmidt.de

Inhaltsverzeichnis

1. Abschnitt: Worum es beim Strafrecht geht 1

   A. Ausgangspunkt ist immer das Gesetz 1

   B. Das wichtigste Strafgesetz ist das StGB 3

2. Abschnitt: Die Grundstrukturen hinter dem Gesetz 3

   A. Voraussetzungen und Rechtsfolge in einem Satz 3

   B. Der dreistufige Deliktsaufbau: Universalprogramm für alle
      Straftaten 4

      I. Tatbestandsmäßigkeit 5

      II. Rechtswidrigkeit 6

      III. Schuld 7

   C. Sonstige Strafbarkeitsvoraussetzungen oder -hindernisse 8

      I. Objektive Strafbarkeitsbedingungen 9

      II. Strafausschließungs-, -aufhebungsgründe und benannte
         Strafzumessungsvorschriften 9

      III. Verfahrensvoraussetzungen und -hindernisse 10

   D. Deliktselemente und -arten 11

      I. Erfolgs- und Tätigkeitsdelikte 11

      II. Begehungs- und Unterlassungsdelikte 13

      III. Vorsatz- und Fahrlässigkeitsdelikte 13

      IV. Vollendungstat und Versuchsdelikt 14

      V. Verbrechen und Vergehen 14

 ■ Check: Grundstrukturen 15

3. Abschnitt: Die wichtigsten Deliktsarten im Einzelnen 16

   A. Das vollendete vorsätzliche Erfolgsdelikt als Begehungstat 16

      I. Die Tatbestandsmäßigkeit 17

         1. Der objektive Tatbestand 17

            a) Täter, Tathandlung, Taterfolg 17

            b) Kausalzusammenhang und Äquivalenztheorie 19

            c) Objektiver Zurechnungszusammenhang 23

 ■ Check: Objektiver Tatbestand 27

         2. Der subjektive Tatbestand 28

            a) Tatbestandsvorsatz und Vorsatzausschluss 28

            b) Sonstige subjektive Tatbestandsmerkmale 38

 ■ Check: Subjektiver Tatbestand 39

      II. Die Rechtswidrigkeit 40

         1. Die wichtigsten Rechtfertigungsgründe 41

            a) Notwehr gemäß § 32 41

            b) Rechtfertigender Notstand gemäß
               §§ 228, 904 BGB, § 34 StGB 47

I

Inhaltsverzeichnis

■ Check: Notwehr; rechtfertigender Notstand 52
    c) Die Jedermann-Festnahme gemäß
       § 127 Abs. 1 S. 1 StPO 53
    d) Die erklärte rechtfertigende Einwilligung 55
    e) Exkurs: Die tatbestandsausschließende Einwilligung,
       das sog. Einverständnis 58
    f) Die mutmaßliche Einwilligung 59
■ Check: Festnahmerecht; Einwilligung 61
    2. Unkenntnis der objektiven Rechtswidrigkeit wegen
       Rechtfertigungsirrtums 62
    a) Rechtfertigungsirrtum des Haupttäters 62
    b) Auswirkungen des Rechtfertigungsirrtums des
       Haupttäters auf Teilnehmer 66
■ Check: Rechtfertigungsirrtum 70
    III. Schuldunfähigkeit und Entschuldigungsgründe 71
       1. Schuldunfähigkeit und actio libera in causa 71
    a) Schuldunfähigkeit durch Alkohol 71
    b) Vorsätzliche actio libera in causa 72
       2. Die Entschuldigungsgründe 74
    a) Der Notwehrexzess des § 33 74
    b) Der entschuldigende Notstand des § 35 76
    c) Der übergesetzliche entschuldigende Notstand,
       § 35 analog 78
       3. Unkenntnis schuldhaften Verhaltens wegen irriger
       Annahme der Voraussetzungen des entschuldigenden
       Notstandes 80
       4. Verbotsirrtum 80
■ Check: Schuld 81
    B. Der Versuch des Erfolgsdelikts als Begehungstat 82
    I. Vorerörterungen 83
       1. Keine Strafbarkeit aus Vollendung 83
       2. Strafbarkeit des Versuchs 83
    II. Tatbestandsmäßigkeit 83
       1. Tatentschluss (= subjektiver Tatbestand) 84
    a) Vorsatz und vorbehaltloser Handlungswille 84
    b) Irrige Annahme von Umständen, die zum gesetzlichen
       Tatbestand gehören – der untaugliche Versuch
       und Abgrenzung zum Wahndelikt sowie zum
       abergläubischen Versuch 85
    c) Deliktsspezifische subjektive Tatbestandselemente 86

II

Inhaltsverzeichnis

2. Versuchsbeginn 87
   a) Allgemeine Ansatzformel 87
   b) Teilverwirklichungsformel 88
   c) Entlassungsformel 88
III. Irrige Annahme der Rechtswidrigkeit der eigenen Tat 90
  1. Unkenntnis objektiv rechtfertigender Umstände 90
  2. Unkenntnis der rechtlichen Reichweite eines
    tatsächlich erfüllten Erlaubnissatzes 91
■ Check: Versuch 92
IV. Der strafbefreiende Rücktritt des Alleintäters,
  § 24 Abs. 1 93
  1. Rücktrittshandlung 94
  2. Freiwilligkeit 96
  3. Einzelakt oder Gesamtbetrachtung 96
■ Check: Rücktritt 98
C. Das vollendete vorsätzliche unechte Unterlassungsdelikt 99
  I. Abgrenzung: Aktives Tun und Unterlassen 100
  II. Tatbestandsmäßigkeit 105
    1. Objektiver Tatbestand 105
      a) Täter, Taterfolg 105
      b) Nichtvornahme der zur Erfolgsabwendung objektiv
        gebotenen Handlung 105
      c) Tatsächliche Möglichkeit zur Vornahme der
        gebotenen Handlung 105
      d) Garantenstellung 106
      e) Quasi-Kausalität 107
      f) Objektive Zurechnung 108
      g) Entsprechungsklausel 109
    2. Subjektiver Tatbestand 109
  III. Rechtswidrigkeit 110
  IV. Schuld 111
D. Der Versuch des unechten Unterlassungsdelikts 112
  I. Tatentschluss zum unechten Unterlassungsdelikt 112
  II. Versuchsbeginn beim unechten Unterlassungsdelikt 112
  III. Rücktritt vom Versuch des unechten Unterlassungsdelikts
    nach § 24 Abs. 1 113
■ Check: Unterlassen 115
E. Die fahrlässige Begehungstat als Erfolgsdelikt 116
  I. Tatbestandsmäßigkeit 116
    1. Täter, Tathandlung, Taterfolg, Kausalität 117

III

Inhaltsverzeichnis

2. Objektiv fahrlässiges Verhalten 117
   a) Objektive Sorgfaltspflichtverletzung 117
   b) Objektive Vorhersehbarkeit 117
3. Objektiver Zurechnungszusammenhang/
   Risikozusammenhang 118
   a) Schutzzweckzusammenhang 118
   b) Pflichtwidrigkeitszusammenhang 118
   c) Erfolgsvermittelnde Zweithandlung im Verantwor-
     tungsbereich des Opfers oder eines Dritten 119
  II. Rechtswidrigkeit 120
  III. (Fahrlässigkeits-)Schuld 121
F. Das fahrlässige unechte Unterlassungsdelikt 122
  I. Abgrenzung zwischen Tun und Unterlassen 122
  II. Deliktsaufbau 123
G. Die Erfolgsqualifikation 124
H. Erfolgsqualifikation und Versuch 124
■ Check: Fahrlässigkeit; Erfolgsqualifikation 125

**4. Abschnitt: Wie ist die Strafbarkeit geregelt, wenn mehrere
       an der Tat beteiligt sind?** 126
A. Täterqualität und Tatbegehung 127
  I. Täterqualität 127
  II. Tatbegehung in Abgrenzung von der Teilnahme 127
B. Mittäterschaft 129
  I. Voraussetzungen der Mittäterschaft 129
    1. Objektiver Verursachungsbeitrag 129
    2. Gemeinsamer Tatplan 129
    3. Gleichrangige Begehung 130
    4. Mittätervorsatz 130
  II. Aufbau des vollendeten mittäterschaftlichen
     Begehungsdelikts 131
  III. Unterlassen 132
  IV. Versuch und Rücktritt 132
    1. Tatentschluss 132
    2. Versuchsbeginn 133
    3. Rücktritt 133
C. Mittelbare Täterschaft 134
  I. Voraussetzungen der mittelbaren Täterschaft 134
    1. Vornahme der Tathandlung durch den Vordermann 134
    2. Eigener Verursachungsbeitrag des Hintermanns 134

IV

Inhaltsverzeichnis

      3. Steuerungsherrschaft des Hintermanns 134

        a) Ausnutzung von Strafbarkeitsmängeln 135

        b) Der Täter hinter dem Täter 136

      4. Vorsatz zur mittelbaren Täterschaft 137

   II. Aufbau des vollendeten Begehungsdelikts in mittelbarer
      Täterschaft 137

   III. Versuch und Rücktritt 137

D. Anstiftung, § 26 139

   I. Vorsätzliche rechtswidrige Haupttat 140

   II. Anstiftungshandlung 141

   III. Anstiftervorsatz 141

   IV. Modifikation der Haupttat gemäß § 28 Abs. 2 143

E. Beihilfe, § 27 143

   I. Gehilfenhandlung 144

   II. Beihilfe durch Unterlassen 145

■ Check: Strafbarkeit bei mehreren Beteiligten 146

5. Abschnitt: Welche rechtlichen Konsequenzen hat es, wenn
           derselbe Täter mehrere Delikte verwirklicht hat? 147

A. Handlungseinheit – Gesetzeskonkurrenz = Tateinheit 148

   I. Handlungseinheit 148

      1. Handlung im natürlichen Sinn 148

      2. Natürliche Handlungseinheit 148

      3. Juristische (rechtliche) Handlungseinheit 149

   II. Gesetzeskonkurrenz 149

      1. Spezialität 149

      2. Subsidiarität 149

      3. Konsumtion 150

B. Handlungsmehrheit – Gesetzeskonkurrenz = Tatmehrheit 151

   I. Handlungsmehrheit 151

   II. Gesetzeskonkurrenz 151

      1. Mitbestrafte Nachtat 151

      2. Mitbestrafte Vortat 151

■ Check: Konkurrenzen 152

V

1. Abschnitt: Worum es beim Strafrecht geht

Sie haben sicher schon viele Krimis gesehen und gelesen. Am Ende löst der schlaue Kommissar den Fall und präsentiert den Täter, der unter der Last der Beweise ein Geständnis ablegt ... Auch in Strafrechtsklausuren müssen Sie als Juristin oder Jurist immer einen Fall lösen. Sie brauchen aber nicht herauszufinden, wer der Täter war. Das ist der Job der Kriminalisten. Vielmehr ist Ihr Fall ein bereits ausermittelter, in der Vergangenheit spielender Sachverhalt, der in Form eines Berichts alle notwendigen Fakten und Personen nennt. Ihre Aufgabe ist es, die Strafbarkeit eines oder mehrerer Beteiligter für dieses in der Vergangenheit liegende Geschehen festzustellen. Beim Strafrecht geht es also um eine rechtsstaatliche und repressive Antwort auf begangenes Unrecht. Für die Bestimmung der Strafbarkeit genügt es nicht, ein paar Paragrafen als gegeben hinzuschreiben. Rechtsanwendung ist anspruchsvoller: Sie müssen darlegen und mit juristischen Argumenten überzeugend begründen, welche Strafvorschriften erfüllt sind und welche nicht. Dafür gilt es, die einschlägigen Strafnormen erst einmal zu finden, in ihre Einzelvoraussetzungen aufzuschlüsseln und Schritt für Schritt zu begründen, ob diese nach dem Sachverhalt erfüllt sind. Sie erstellen durch ein solches strafrechtliches Gutachten das gedankliche Fundament für eine Anklageschrift oder ein Strafurteil. Das kann durchaus spannender sein, als Detektiv zu spielen.

Strafrecht kann man nur anwenden, wenn man weiß, wie es aufgebaut ist und welche Strafvorschriften generell zu berücksichtigen sind. Das möchte ich Ihnen in diesem Skript vermitteln. Im zweiten Band des Basiswissen Strafrecht kümmern wir uns dann um die wichtigsten Delikte, die Sie für die Zwischenprüfung kennen müssen.

A. Ausgangspunkt ist immer das Gesetz

I. Schon das Wort „Strafrecht" macht deutlich, worum es geht: Es geht um Regeln der **Recht**sordnung, durch die festgelegt wird, unter welchen Voraussetzungen und in welcher Form der Staat dem Rechtsbrecher ein Übel als **Strafe** zufügen darf. Der Begriff „Strafe" ist wörtlich zu nehmen. Mit ihm ist ausschließlich die Freiheitsstrafe gemäß §§ 38 f.[1] oder die Geldstrafe gemäß §§ 40 ff. gemeint. Die Strafe ist Ausdruck der schärfsten staatlichen Missbilligung eines Verhaltens.

---

1 Alle zitierten §§ ohne Gesetzesangabe sind solche des Strafgesetzbuchs, abgekürzt: StGB.

1. Abschnitt

Worum es beim Strafrecht geht

Juristisch gesprochen:
– **Gesetzesvorbehalt,**
– **Rückwirkungsverbot,**
– **Bestimmtheitsgrundsatz mit Analogieverbot und Verbot von Gewohnheitsrecht.** Alles zusammen bezeichnen wir als **Gesetzlichkeitsprinzip** – das Fundament jedes Rechtsstaats!

II. § 1 (gleichlautend **Art. 103 Abs. 2 GG**) schreibt vor, dass nur der Gesetzgeber darüber entscheiden darf, ob ein bestimmtes Verhalten unter Strafe gestellt werden soll oder nicht. Es gilt also: **Keine Strafe ohne Gesetz.** Hinter dieser schlichten These verbirgt sich das **Gesetzlichkeitsprinzip** – das Fundament jedes Rechtsstaats. Das Gesetzlichkeitsprinzip hat folgende Einzelgarantien: Strafgesetz darf nur ein förmliches Gesetz sein, das ein Verbot umschreibt und als Folge des verbotenen Verhaltens ausdrücklich „Strafe" vorsieht. Sachlich gehören zum Strafrecht auch die Gesetze, die hierauf unmittelbar Bezug nehmen. Ein Strafgesetz darf nicht rückwirkend, also nachträglich auf eine Tat vor dem Inkrafttreten des Gesetzes angewendet werden. Inhaltlich müssen das Verbot und die Strafe so genau beschrieben sein, dass der Bürger sein Verhalten darauf einrichten kann. Die Strafgesetze müssen deshalb beim Wort genommen werden. Die Auslegung eines gesetzlichen Merkmals ist erlaubt und häufig unverzichtbar. Der Wortsinn bildet aber zugleich die Grenze. Anders als im Zivilrecht gilt im Strafrecht ein strenges Verbot, Vorschriften zum Füllen von Regelungslücken entsprechend, also analog anzuwenden. Zum Nachteil des Betroffenen ist das verboten.

Beispiel: Der Karatekämpfer, der sein Opfer durch einen gezielten Handkantenschlag bewusstlos schlägt, begeht eine Körperverletzung nach § 223 Abs. 1. Eine gefährliche Körperverletzung gemäß § 224 Abs. 1 Nr. 2 ist dagegen zu verneinen. Die dort genannten „Waffen" oder „Werkzeuge" als strafschärfende Tatmittel sind nach allgemeinem Sprachverständnis nur Gegenstände, die der Täter zur Steigerung seiner physischen Fähigkeiten erst noch instrumentalisieren muss. Eine Einbeziehung von Körperteilen oder besonderer Fähigkeiten wegen der waffengleichen Wirkung wäre verbotene Analogie.

Strafrecht ist das letzte Mittel des Rechtsstaats, die **„ultima ratio".** Zweck des Strafrechts ist, besonders gefährliches und schädliches Verhalten durch Strafe zu ahnden und durch die Strafdrohung in der Zukunft zu verhindern. Je wertvoller das betroffene Gut und je höher der Schaden, desto höher die Strafe. Die Strafbedrohung ist aber nur das letzte Mittel. Der Gesetzgeber kann sich innerhalb der verfassungsrechtlichen Grenzen der Verhältnismäßigkeit auch dafür entscheiden, schädliches Verhalten nicht durch eine Strafnorm zu verbieten, sondern durch schwächere Sanktionen, z.B. bei sog. Ordnungswidrigkeiten, oder nur durch Verpflichtung zum Schadensersatz. Vielfach deckt sich die Entscheidung des Gesetzgebers nicht mit dem eigenen Rechtsgefühl – aber: Die demokratisch legitimierten Gesetze sind der Maßstab und nicht die Wertvorstellungen des Einzelnen oder gesellschaftlicher Gruppen.

Beispiele: Die Beleidigung ist in Deutschland nach § 185 mit Strafe bedroht. Die lediglich auf einer Fehleinschätzung der Verkehrslage beruhende Missachtung der Vorfahrt ist nur eine mit Geldbuße zu ahndende Ordnungswidrigkeit, selbst wenn es dadurch beinahe zu einem Unfall gekommen ist. Die Mitwirkung an einer freiverantwortlichen Selbsttötung ist sogar völlig sanktionslos.

B. Das wichtigste Strafgesetz ist das StGB

I. Wie das BGB besitzt auch das StGB einen **Allgemeinen Teil**. Darin werden die für alle Strafgesetze gültigen Regelungen quasi „vor die Klammer" gezogen, um bei den einzelnen Verbotsvorschriften nicht alles wiederholen zu müssen. Für die Zwischenprüfung brauchen wir nur die §§ 1–37 (generelle Voraussetzungen der Strafbarkeit) und allenfalls noch die §§ 77 ff. zum Strafantrag.

Ab jetzt sollten Sie ein aktuelles StGB neben sich liegen haben und die im Folgenden genannten Vorschriften parallel lesen, wenn darauf verwiesen wird.

II. Der **Besondere Teil des StGB** enthält die einzelnen Straftaten in den §§ 80–358. Diese sind nach den jeweils betroffenen Schutzgütern gegliedert. Aber längst nicht der ganze Besondere Teil ist auch Stoff der staatlichen Pflichtfachprüfung (vgl. für NRW die Begrenzung in § 11 Abs. 1 Nr. 7 JAG). Zudem werden die Themengebiete der Zwischenprüfung erfahrungsgemäß begrenzt auf:

Strafvorschriften sind nicht nur im StGB enthalten. Eine Fülle weiterer Straftatbestände findet sich in anderen Gesetzen, dem sog. Nebenstrafrecht (z.B. WaffG, BetäubungsmittelG). Auch wenn dies in der Praxis eine erhebliche Rolle spielt – für die Zwischenprüfung können wir es vernachlässigen.

- Straftaten gegen das Leben, §§ 211 ff. des 16. Abschnitts

- Straftaten gegen die körperliche Unversehrtheit, §§ 223 ff. des 17. Abschnitts

- Diebstahl und Unterschlagung gemäß §§ 242 ff. des 19. Abschnitts

- Raub und Erpressung gemäß §§ 249 ff. des 20. Abschnitts und

- Betrug gemäß § 263 aus dem 22. Abschnitt.

2. Abschnitt: Die Grundstrukturen hinter dem Gesetz

A. Voraussetzungen und Rechtsfolge in einem Satz

Da sich die strafrechtlichen Verbote allein aus den Strafgesetzen ergeben, ist das Gesetz auch immer der Ausgangspunkt und die Begrenzung bei der Prüfung der Strafbarkeit. Innerhalb dieses Rahmens wurde und wird aber das Strafrecht von Rechtslehre und -praxis ständig weiterentwickelt und verfeinert. Um ein Strafgesetz richtig verstehen und anwenden zu können, muss man deshalb zusätzlich zum bloßen Wortlaut des Gesetzes noch eine ganze Menge Strukturen und Details kennen.

| 2. Abschnitt | Die Grundstrukturen hinter dem Gesetz |

Schauen wir uns zunächst an, wie der Gesetzgeber strafrechtliche Verbote aufbaut. Nehmen wir dafür als Beispiel die Körperverletzung gemäß § 223 Abs. 1:

„Wer eine andere Person körperlich misshandelt oder an der Gesundheit schädigt, wird mit Freiheitsstrafe bis zu fünf Jahren oder mit Geldstrafe bestraft."

I. Sprachlich fällt sofort auf, dass der Gesetzgeber gar kein direktes Verbot ausspricht, etwa in Form des Imperativs: „Niemand soll andere verletzen!" Stattdessen verwendet er einen Konditionalsatz, in dem er das negative Verhalten in verallgemeinerter Form als Bedingung und die Sanktion als Folge beschreibt. Durch diese grammatische Form gelingt es, die Voraussetzungen des Verbots und die strafrechtlichen Konsequenzen in einem Satz auszusprechen. Das ist das sprachliche Prinzip aller Strafgesetze.

Ab jetzt kommen eine ganze Reihe von Fachbegriffen, ohne die Sie bei der Lösung von Strafrechtsfällen nicht zurechtkommen.

Das eigentliche Verbot entnehmen wir dem ersten Satzteil. Hierin erfüllt der Gesetzgeber seine verfassungsrechtliche Pflicht (s.o. „Gesetzlichkeitsprinzip"), alle spezifischen Voraussetzungen einer strafbaren Tat so zusammenzustellen, dass der Bürger weiß, was verboten ist. Dieser Satzteil enthält den Bestand der besonderen Voraussetzungen der Straftat, kurz gesagt: den **Straftatbestand**.

II. Im zweiten Satzteil bestimmt der Gesetzgeber die Rechtsfolge durch Benennung der **Strafart und des Strafrahmens**. Die Rechtsfolge interessiert in einer Strafrechtsklausur nur in Ausnahmefällen (auf die ich noch zu sprechen komme). Denn in einer Falllösung muss nur die Strafbarkeit als solche ermittelt werden und nicht die konkrete Strafe im Einzelfall. Eine solche Strafbemessung ist ohne Kenntnis des Täters, seines Vorlebens und seines Verhaltens nach der Tat auch gar nicht möglich.

B. Der dreistufige Deliktsaufbau: Universalprogramm für alle Straftaten

Wenn es in einer Strafrechtsklausur also nur darum geht, ob jemand ein Verbot verletzt hat, müsste man eigentlich nur prüfen, ob der **Straftatbestand** erfüllt ist. Richtig? Leider nicht:

Denn auch wenn jemand etwas allgemein Verbotenes tut, kann er doch im Einzelfall gerechtfertigt sein – denken Sie an die Tötung eines Angreifers in Notwehr. Wir müssen also auch immer prüfen, ob der Tatbestand auch **rechtswidrig** erfüllt wurde.

Auch trotz Rechtswidrigkeit kann es sein, dass wir dem Täter aus der Tat gar keinen Vorwurf machen können, weil er gar nicht in der

B. Der dreistufige Deliktsaufbau: Universalprogramm für alle Straftaten | 2. Abschnitt

Lage war, sich rechtstreu zu verhalten – denken Sie an Kinder oder Geisteskranke. Eine Strafe kann nur verhängt werden, wenn der Täter vorwerfbar, also **schuldhaft** gehandelt hat.

Und damit sind wir bei den drei Hauptpunkten jeder Strafbarkeitsprüfung: dem **dreistufigen Deliktsaufbau**. Dieser gilt für jede Deliktsprüfung und jeder dieser Hauptpunkte umfasst verschiedene Unterpunkte.

I. Tatbestandsmäßigkeit

Beginnen wir mit dem Straftatbestand oder noch kürzer: mit dem **Tatbestand**.

1. Die Wörter, aus denen der Tatbestand zusammengesetzt ist, heißen **Tatbestandsmerkmale**. Die meisten sind **objektiv** gefasst, d.h. man kann sie unabhängig von etwaigen Vorstellungen des Täters feststellen. Sie beschreiben das äußere Erscheinungsbild der Tat, z.B. den Täterkreis, das Tatobjekt sowie die Tathandlung und die verbotene Folge.

Objektiver Tatbestand

Bei der Körperverletzung gehören zum objektiven Tatbestand die Merkmale: „andere Person", „körperlich misshandeln" und als Alternative dazu: „an der Gesundheit schädigen". Der Täterkreis wird nicht näher eingegrenzt; erforderlich ist nur, dass Täter und Opfer verschiedene Personen sind. Das ergibt sich aus dem Adjektiv „andere".

2. Nun sagt § 223 Abs. 1 gar nichts zu der Frage, ob oder was sich der Täter bei der Tat gedacht haben muss. Man könnte also meinen, dass dies völlig unerheblich sei. Das kann aber auch nicht sein, weil der Gesetzgeber in § 229 ausdrücklich die fahrlässige Körperverletzung unter (mildere) Strafe gestellt hat. Fahrlässig handelt, wer „aus Versehen" etwas falsch macht und ohne es zu wollen einen Schaden herbeiführt (später noch genauer).

Subjektiver Tatbestand

Also muss die Körperverletzung nach § 223 Abs. 1 irgendein Mehr an Unrecht aufweisen. Aber was? Die Antwort gibt § 15. Dort heißt es kurz und bündig:

„Strafbar ist nur vorsätzliches Handeln, wenn nicht das Gesetz fahrlässiges Handeln ausdrücklich mit Strafe bedroht."

Hieraus ergibt sich eine wichtige Erkenntnis für das Erfassen von Strafvorschriften. Etwas anders ausgedrückt besagt § 15 nämlich: Immer dann, wenn das strafrechtliche Verbotsgesetz zur inneren Seite des Täters schweigt, wird verlangt, dass der Täter bzgl. aller objektiven Tatbestandselemente vorsätzlich gehandelt hat. Durch

5

2. Abschnitt — Die Grundstrukturen hinter dem Gesetz

§ 15 hat sich der Gesetzgeber nur erspart, das in jede Strafnorm extra hineinzuschreiben. **Die Vorsatztat ist der Regeltyp aller Straftaten**.

Jetzt taucht schon wieder ein neuer Begriff auf: **Vorsatz**. Was ist das? Wir müssen uns diesem komplexen Begriff später noch genauer widmen. Soviel an dieser Stelle: Vorsatz ist die gewollte oder bewusste Erfüllung aller Elemente eines Straftatbestandes.

Umgangssprachlich auch: „Das hast Du extra getan!"

§ 15 besagt weiter: Will der Gesetzgeber auch fahrlässiges Verhalten unter Strafe stellen, muss er dies ausdrücklich anordnen. So z.B. geschehen in § 229.

Zurück zur Vorsatztat. Wir wissen nun, dass bei jedem dieser Delikte der Straftatbestand zusätzlich zur Verwirklichung der objektiven Tatbestandsmerkmale als **subjektives Tatbestandsmerkmal Vorsatz** des Täters verlangt.

3. Darüber hinaus sind in vielen Straftatbeständen **spezielle subjektive Tatbestandsmerkmale** genannt, die nach dem Vorsatz festzustellen sind. Sie beschreiben in den meisten Fällen weitergehende, auf die Zukunft gerichtete Absichten des Täters.

weitere Tatbestandsmerkmale nur wenn im Gesetz erwähnt.

Beispielsweise bestimmt § 242 Abs. 1, dass eine Bestrafung wegen Diebstahls nur dann möglich sei, wenn der Täter auch die Absicht hatte, das Tatobjekt sich oder einem Dritten rechtswidrig zuzueignen. Wer eine Sache nur zum vorübergehenden Gebrauch wegnimmt, begeht keinen Diebstahl.

In unserem Ausgangsbeispiel des § 223 Abs. 1 sind solche speziellen Absichten nicht erwähnt. Im subjektiven Tatbestand genügt dort also der Vorsatz.

II. Rechtswidrigkeit

In der Regel steht mit der Tatbestandsmäßigkeit fest, dass der Täter gegen das Recht verstoßen, also rechtswidrig gehandelt hat. Das lässt sich aus § 11 Abs. 1 Nr. 5 herauslesen, einer Vorschrift über den Sprachgebrauch des Strafgesetzes:

„Im Sinne dieses Gesetzes ist rechtswidrige Tat nur eine solche, die den Tatbestand eines Strafgesetzes verwirklicht."

Rechtfertigungsgründe

Andererseits gibt es Regeln, nach denen ausdrücklich die Rechtswidrigkeit ausgeschlossen ist, die sog. **Rechtfertigungsgründe**. Z.B. § 32:

„Wer eine Tat begeht, die durch Notwehr geboten ist, handelt nicht rechtswidrig.

Notwehr ist die Verteidigung, die erforderlich ist, um einen gegenwärtigen rechtswidrigen Angriff von sich oder einem anderen abzuwenden."

Rechtfertigungsgründe gibt es viele. Sie existieren als geschriebenes und ungeschriebenes Recht, denn das Prinzip: „Keine Strafe ohne Gesetz" gilt nur für die Strafbarkeitsbegründung, nicht für Strafbarkeitsausschlüsse. Ich komme darauf noch zu sprechen. Wenn auch nur ein Rechtfertigungsgrund eingreift, liegt trotz der Tatbestandsmäßigkeit kein Unrecht vor. Bevor wir also ein abschließendes Urteil darüber treffen, müssen wir die gesamte Rechtsordnung danach absuchen, dass keine Rechtfertigungsgründe vorgelegen haben. Genau das ist die Funktion der zweiten Deliktsstufe: der **Rechtswidrigkeit**.

Beispiel: A schlägt den B mit einem Faustschlag nieder, weil dieser ihn im Vorbeigehen als „Penner" bezeichnet hat. – Der Faustschlag erfüllt den Tatbestand der vorsätzlichen körperlichen Misshandlung, § 223 Abs. 1 Alt. 1. Rechtswidrig ist die Tat indes nicht, wenn sie durch Notwehr gerechtfertigt war. Die Notwehr setzt einen gegenwärtigen Angriff des B voraus, § 32 Abs. 2. Zwar hat B die Ehre des A durch dessen beleidigende Äußerung (§ 185) verletzt. Dieser Angriff war mit dem Aussprechen der Beleidigung aber schon wieder vorbei, also beendet, als A zuschlug. Da auch keine anderen Rechtfertigungsgründe für A bestehen, war die Körperverletzung rechtswidrig.

Die Tatbestandsmäßigkeit löst zwar die Vermutung der Rechtswidrigkeit aus; diese Vermutung, oder auch: Indizwirkung, entfällt aber, wenn für die Tat ein Rechtfertigungsgrund eingreift.

„Indizieren" heißt in diesem Zusammenhang: „Die Schlussfolgerung erlauben/die Vermutung begründen." Aber Widerlegung (durch einen Rechtfertigungsgrund) ist möglich.

III. Schuld

Mit der Feststellung der Rechtswidrigkeit einer tatbestandsmäßigen Tat allein kann aber noch keine Strafe verhängt werden, denn individuelle Strafe setzt voraus, dass der Täter für das von ihm angerichtete Unrecht auch persönlich verantwortlich gemacht werden kann. Hier kommt ein weiteres Fundamentalprinzip jedes Rechtsstaats ins Spiel: **Keine Strafe ohne Schuld**.

Schuld im strafrechtlichen Sinn ist viel enger als Schuld im moralischen oder religiösen Sinn. Sie liegt schon dann vor, wenn der Täter wenigstens dazu fähig war, das Unrecht seiner Tat einzusehen und nach dieser Einsicht zu handeln. Auch dies spricht der Gesetzgeber nirgendwo als Strafbarkeitsvoraussetzung an; die **Schuldfähigkeit** wird vielmehr bei einem gesunden Erwachsenen vermutet.

Schuldfähigkeit

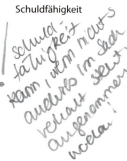

1. Die Vermutung gilt nicht bei einem Kind unter 14 Jahren, § 19. Kinder sind strafunmündig.

| 2. Abschnitt | Die Grundstrukturen hinter dem Gesetz |

Beispiel: Nach deutschem Recht kann also ein Kind bis 14 Jahre niemals für Straftaten zur Verantwortung gezogen werden – nicht einmal für Mord.

2. Bei Jugendlichen im Alter von 14–18 Jahren (§ 1 Abs. 2 JGG = Jugendgerichtsgesetz) muss die strafrechtliche Verantwortlichkeit nach ihrer sittlichen und geistigen Entwicklungsreife positiv festgestellt werden, § 3 S. 1 JGG.

3. Bei Heranwachsenden im Alter zwischen 18 und 21 Jahren (§ 1 Abs. 2 JGG) und bei Erwachsenen ist die Vermutung widerlegbar, wenn der Täter im Zeitpunkt der Tat geisteskrank oder – in Klausuren häufig – in einem hochgradigen Alkoholrausch war und deshalb seine Einsichts- oder Steuerungsfähigkeit ausgeschlossen war, § 20.

Beispiel: Bringt also der A den B in einem schizophrenen Anfall um, so hat er zwar das Unrecht eines rechtswidrigen Totschlags verwirklicht, ist aber dennoch nicht strafbar.

Entschuldigungsgründe

4. Darüber hinaus kann sich jeder an sich schuldfähige Täter in einer Ausnahmesituation befinden, die es ihm unzumutbar macht, sich rechtskonform zu verhalten. Er verwirklicht dann zwar Unrecht, ist aber dennoch nicht strafbar. Solche **Entschuldigungsgründe** sind insbesondere existenzbedrohende Gefahrenlagen nach § 35.

Beispiel: Zwei Bergleute warten nach einem Grubenunglück in einem kleinen Hohlraum unter Tage auf Rettung. Bis zur Bergung reicht der Sauerstoff nur für eine Person. Um zu überleben, tötet der eine Kumpel den anderen. Er begeht zwar damit einen rechtswidrigen Totschlag, weil unsere Rechtsordnung in § 32 nur dann ein „Recht" zur Tötung eines anderen Menschen gewährt, wenn dieser ein rechtswidriger Angreifer ist. Wird eine rechtswidrige Tat aber zur eigenen Lebensrettung begangen, so übt das Recht Nachsicht. Der Täter ist gemäß § 35 entschuldigt.

Zusammengefasst bedeutet das: Mit Bejahung der Schuld steht fest, dass das unrechte Verhalten dem Täter auch persönlich zum Vorwurf gemacht werden kann.

Noch einmal: Tatbestandsmäßigkeit, Rechtswidrigkeit und Schuld sind zwingende Elemente aller Straftaten!

C. Sonstige Strafbarkeitsvoraussetzungen oder -hindernisse

Tatbestandsmäßigkeit, Rechtswidrigkeit und Schuld sind für die Strafbarkeit zwar notwendige, aber immer noch nicht hinreichende Voraussetzungen. In dem einen oder anderen Straftatbestand können dafür noch weitere Voraussetzungen zu prüfen sein.

C. Sonstige Strafbarkeitsvoraussetzungen oder -hindernisse

2. Abschnitt

I. Objektive Strafbarkeitsbedingungen

Außerhalb von Tatbestand und Schuld stehen zunächst die seltenen **objektiven Strafbarkeitsbedingungen**. Dies sind Umstände, die an ein für sich gesehen gefährliches Verhalten anknüpfen, durch deren tatsächliche Verwirklichung aber erst die Schwelle der Strafwürdigkeit überschritten wird. Den Täter braucht bzgl. einer objektiven Strafbarkeitsbedingung kein Vorsatz- oder Fahrlässigkeitsvorwurf zu treffen. Er kann sich diesbezüglich aber auch nicht mit fehlendem Vorsatz oder fehlender Fahrlässigkeit entlasten.

> *Auf objektive Strafbarkeitsbedingungen müssen sich weder Vorsatz noch Fahrlässigkeit des Täters beziehen!*

Beispiel: X beteiligt sich an einer Massenschlägerei. Ob er jemanden verletzt hat, kann später nicht mehr aufgeklärt werden. Fest steht nur, dass infolge der Schlägerei einer der Beteiligten den Tod gefunden hat, und zwar zu einem Zeitpunkt, zu dem X den Ort der Prügelei schon verlassen hatte. – Aus Körperverletzungs- oder Tötungsdelikten ist X nicht strafbar. Man weiß nicht einmal, ob er überhaupt einen Verursachungsbeitrag für den Tod des Opfers gesetzt hat. X ist trotzdem strafbar, und zwar aus dem Straftatbestand des § 231. Dieser stellt allein unter Strafe, dass sich jemand an einer Schlägerei beteiligt hat, wenn dadurch der Tod oder die schwere Körperverletzung eines anderen Menschen verursacht worden ist. Der Tod oder die schwere Verletzung ist ein Umstand, der dem Täter selbst nicht vorwerfbar sein muss. Dieses Merkmal ist objektive Strafbarkeitsbedingung.

Die objektiven Strafbarkeitsbedingungen sind selten, da der Gesetzgeber nicht ohne Verstoß gegen das Schuldprinzip beliebig viele Merkmale von der persönlichen Vorwerfbarkeit abkoppeln kann. Es genügt, wenn Sie die wichtigsten Delikte kennen, bei denen objektive Strafbarkeitsbedingungen vorkommen. Diese sind:

- Widerstand gegen Vollstreckungsbeamte (§ 113, dort: Rechtmäßigkeit der Diensthandlung),

- Üble Nachrede (§ 186, dort: Nichterweislichkeit der Wahrheit),

- Vollrausch (§ 323 a, dort: Rauschtat)

- und die bereits oben erwähnte Beteiligung an einer Schlägerei (§ 231, dort: Eintritt der schweren Folge).

II. Strafausschließungs-, -aufhebungsgründe und benannte Strafzumessungsvorschriften

> *Unterscheiden Sie Strafausschließungs- und Strafaufhebungsgründe!*

1. Spiegelbildlich zu den objektiven Strafbarkeitsbedingungen stehen die **Strafausschließungsgründe**. Hierbei handelt es sich entweder um persönliche Gesichtspunkte (z.B. § 258 Abs. 5 und Abs. 6) oder sachliche Umstände (z.B. § 37), die schon bei Tatbegehung vorliegen und das Strafbedürfnis entfallen lassen.

9

2. Abschnitt | Die Grundstrukturen hinter dem Gesetz

2. Demgegenüber beseitigen die sog. **Strafaufhebungsgründe** rückwirkend die Strafbarkeit, weil der Täter durch sein Verhalten weiteren Schaden verhindert hat. Hauptfälle sind der beim Versuch grundsätzlich mögliche Rücktritt (§ 24) und beim vollendeten Delikt die tätige Reue in den Fällen, in denen sie gesetzlich vorgesehen ist (z.B. § 306 e).

Regelbeispiele

3. In Klausuren bis zum Referendarexamen braucht man sich nicht um die konkret zu verhängende Strafe zu kümmern. Eine Ausnahme bilden die sog. **benannten Strafzumessungsgesichtspunkte**. Das sind solche, die an bestimmte gesetzliche Merkmale anknüpfen und deshalb auch wie sonstige Merkmale geprüft werden können. Am wichtigsten sind die sog. **Regelbeispiele**: Man erkennt diese immer daran, dass der Gesetzgeber dem jeweiligen BT-Tatbestand einen Absatz oder einen Paragrafen anhängt, dessen Satz 1 („In besonders schweren Fällen wird ... bestraft") die Formel folgt: „Ein besonders schwerer Fall liegt in der Regel vor, wenn ..." (vgl. § 243 Abs. 1 S. 2). Da der Gesetzgeber die Straferhöhung nicht zwingend vorschreibt, sondern auch Ausnahmen zulässt, sind die Regelbeispiele keine Tatbestände, sondern Strafzumessungsvorschriften. Andererseits können die in den Regelbeispielen genannten Voraussetzungen wie Tatbestandsmerkmale subsumiert werden. Deshalb sind sie auch in der Klausur zu erwähnen. Sie brauchen aber auch bei den Regelbeispielen nur festzustellen, ob sie erfüllt sind oder nicht. Eine konkrete Strafe müssen Sie auch hier nicht bestimmen.

Beispiel: Hat der Dieb seine Beute aus einem vorher von ihm aufgebrochenen Tresor geholt, muss nach Feststellung von Tatbestand, Rechtswidrigkeit und Schuld des Diebstahls noch das Regelbeispiel des § 243 Abs. 1 S. 2 Nr. 2 geprüft werden.

Prozessvoraussetzungen

III. Verfahrensvoraussetzungen und -hindernisse

1. Außerhalb von Unrecht und Schuld stehen auch die **Strafverfolgungsvoraussetzungen:** Viele Delikte der Bagatellkriminalität hat der Gesetzgeber unter den Vorbehalt gestellt, dass der Verletzte **Strafantrag** gestellt hat, also innerhalb von drei Monaten nach Kenntnis von Tat und Täter förmlich die Strafverfolgung begehrt. Einzelheiten finden sich in den §§ 77 ff. Stellt der Verletzte keinen Strafantrag, besteht in diesen Fällen ein Strafverfolgungshindernis, d.h. der Täter kann strafrechtlich für die Verwirklichung dieser Delikte nicht zur Verantwortung gezogen werden (sog. absolute Antragsdelikte).

D. Deliktselemente und -arten	2. Abschnitt

Beispiele: § 194 für die Ehrverletzungsdelikte, § 205 für die Verletzung des persönlichen Geheimnisbereichs, § 247 für den Diebstahl unter Verwandten oder Wohnungsgenossen.

In anderen Fällen ist das jeweilige Delikt nicht nur nach Strafantrag des Verletzten verfolgbar, sondern auch dann, wenn die Strafverfolgungsbehörde (die Staatsanwaltschaft) das **besondere öffentliche Verfolgungsinteresse** bejaht hat (sog. relative Antragsdelikte).

Beispiele: § 230 für die Körperverletzung, § 248 a für den Diebstahl geringwertiger Sachen, § 303 c für die Sachbeschädigung.

In Übungsklausuren sind die Strafverfolgungsvoraussetzungen selten ein Problem. Meistens steht am Ende des Falles: „Etwa erforderliche Anträge sind gestellt." Dann genügt es, wenn Sie in Ihrer Lösung auf die Strafverfolgungsvoraussetzung hinweisen und darauf, dass diese nach dem Sachverhalt erfüllt ist. **!**

2. Gewissermaßen negative Strafverfolgungsvoraussetzungen sind die **Strafverfolgungshindernisse**. Das Wichtigste ist die **Strafverfolgungsverjährung**. Die Verjährung beginnt, wenn die Tat beendet ist, und sie endet nach Ablauf einer ununterbrochenen Frist. Die Verjährungsfrist richtet sich nach dem jeweiligen Strafrahmen und kann von drei bis zu 20 Jahren lang sein (Einzelheiten in den §§ 78 ff.). Mord (§ 211) verjährt sogar nie. Prozesshindernisse

Verjährung spielt in Übungsklausuren praktisch keine Rolle. **!**

D. Deliktselemente und -arten

Systematisiert man die strafrechtlichen Verbote, lassen sich gemeinsame Strukturelemente, gewissermaßen Bausteine, erkennen. Wenn Sie diese verstanden haben, werden Sie auch unbekannte Normen leichter analysieren und prüfen können.

I. Erfolgs- und Tätigkeitsdelikte

1. Die meisten Straftatbestände setzen voraus, dass der Täter durch sein Handeln eine bestimmte Wirkung herbeigeführt hat.

Beispiele: Der Tod eines anderen Menschen bei den §§ 211 ff., die Inbrandsetzung einer Sache bei den §§ 306 ff.

Wir nennen solche Delikte **Erfolgsdelikte**. Zugegeben etwas eigentümlich, den Tod oder die Verletzung eines Menschen als „Erfolg" zu bezeichnen, aber so ist die Terminologie des Gesetzgebers, vgl. §§ 9, 13. Das Besondere bei diesen Delikten ist, dass der Täter nur dann für den Erfolg verantwortlich sein kann, wenn seine Hand- Erfolgsdelikte

11

2. Abschnitt — Die Grundstrukturen hinter dem Gesetz

lung diesen auch **verursacht** hat. Fehlt es an dieser sog. **Kausalität**, so kann beim Vorsatzdelikt nur ein Versuch vorliegen. Bei Fahrlässigkeit entfällt die Strafbarkeit ganz, weil es keinen Versuch der Fahrlässigkeitstat gibt.

Beispiel: A gibt dem X eine tödliche Giftdosis. Bevor das Gift wirkt, erschießt B den X. – A ist nur strafbar wegen versuchten Totschlags, §§ 212, 22, 23, weil X nicht an den Folgen der Giftbeibringung, sondern an der Schussverletzung gestorben ist. Die Handlung des A war nicht ursächlich für den konkreten Tod. B ist strafbar wegen vollendeten Totschlags, § 212.

Verletzungsdelikte

a) Erfolgsdelikte sind zugleich **Verletzungsdelikte**, wenn der Erfolg in der Beeinträchtigung des geschützten Rechtsguts liegt, wie beim Totschlag, der Körperverletzung, der Sachbeschädigung.

Konkrete Gefährdungsdelikte

b) Zu den Erfolgsdelikten zählen aber auch sog. **konkrete Gefährdungsdelikte**. Hier muss es zwar nicht zu einem tatsächlichen Schaden gekommen sein, aber es muss die Gefahr eines Schadenseintritts bestanden haben, und zwar so, dass es nur noch vom Zufall abhing, ob es zu einer Verletzung oder Schädigung anderer kam. Auch dieser „Beinahe-Schaden" muss vom Täter durch die Tathandlung verursacht worden sein. Deshalb gehören diese Delikte zur Kategorie der Erfolgsdelikte.

Beispiel: § 315 c Abs. 1 verlangt, dass durch die verbotene Teilnahme am Straßenverkehr, z.B. im Zustand alkoholbedingter Fahruntüchtigkeit oder durch grob verkehrwidrige und rücksichtslose Fahrweise, entweder ein anderer Mensch oder eine fremde Sache von bedeutendem Wert gefährdet worden ist.

Tätigkeitsdelikte

2. Den Erfolgsdelikten stehen die reinen **Tätigkeitsdelikte** gegenüber, bei denen die Strafbarkeit an eine bestimmte Handlung anknüpft. Bei den Tätigkeitsdelikten muss gerade kein bestimmter Erfolg herbeigeführt werden. Deshalb ist die **Kausalität nicht erforderlich und auch nicht zu prüfen**.

a) Die meisten Tätigkeitsdelikte erschöpfen sich in der Beschreibung eines schon für sich gesehen besonders gefährlichen Verhaltens. Sie sind **abstrakte Gefährdungsdelikte**.

Beispiel: § 316 knüpft allein an die Gefährlichkeit des Führens eines Fahrzeugs im Verkehr durch einen berauschten Fahrzeugführer an, ist also Tätigkeitsdelikt in Form eines abstrakten Gefährdungsdelikts.

b) Ausnahmsweise liegt schon in der Vornahme der Tathandlung die Beeinträchtigung des betroffenen Rechtsguts. Dann ist das Tätigkeitsdelikt auch **Verletzungsdelikt**.

Beispiel: Der Hausfriedensbruch gemäß § 123 Abs. 1 Alt. 1 ist schon mit dem Eindringen in die geschützte Räumlichkeit verwirklicht.

D. Deliktselemente und -arten | 2. Abschnitt

II. Begehungs- und Unterlassungsdelikte

1. Die Mehrheit der Delikte sind solche, bei denen der Täter die Tathandlung durch aktive Energieentfaltung vollzogen haben muss, die sog. **Begehungsdelikte.**

Beispiele: Diebstahl gemäß § 242 durch Wegnahme; Nötigung gemäß § 240 durch Gewalt oder Drohung.

2. Strafbar sein kann aber auch Passivität, also **Unterlassen.** Hier ist zu unterscheiden:

Unechte Unterlassungsdelikte

a) Wendet der Täter einen strafrechtlichen Erfolg nicht ab, obwohl er dazu rechtlich verpflichtet (sog. Garantenpflicht) und ihm die Abwendung des Schadens möglich und zumutbar ist, so wird er nach § 13 strafrechtlich behandelt wie ein Begehungstäter. Praktisch jedes Begehungs-Erfolgsdelikt kann so unter diesen Voraussetzungen in ein Unterlassungsdelikt umgeformt werden. Da die Strafbarkeit der Unterlassung hier nicht unmittelbar aus dem Tatbestand des Besonderen Teils abzulesen ist, sondern erst unter den zusätzlichen Voraussetzungen des § 13 gegeben ist, nennen wir solche Delikte **unechte Unterlassungsdelikte.**

Beispiel: Die Mutter, die ihr Kind verhungern lässt, ist also genauso wegen grausamen Mordes schuldig, wie ein anderer, der einen Menschen sadistisch zu Tode quält. Im ersteren Fall liegt ein Mord durch Unterlassen vor, im zweiten Mord durch aktives Tun.

Täter eines unechten Unterlassungsdelikts kann aber nur sein, wen eine Rechtspflicht zur Abwendung des strafrechtlichen Erfolgs trifft, wer also „Garant" ist. Täter eines Begehungs-Erfolgsdelikts kann dagegen grundsätzlich jedermann sein.

Beispiel: Weiß der Nachbar, dass die Mutter das Kind wochenlang nicht versorgt und ahnt er, dass das Kind sterben kann, so wiegt sein Unterlassen geringer, eben weil er keine Sorgepflichten gegenüber dem Kind hat. Er ist nur aus unterlassener Hilfeleistung strafbar, § 323 c. Dazu sogleich.

b) Bleibt jemand in einer gefahrbringenden Situation untätig, bei der der Gesetzgeber eine ausdrückliche Aktivität verlangt, sprechen wir von **echten Unterlassungsdelikten.** Diese sind das Spiegelbild der Tätigkeitsdelikte. Strafbar ist nur die Untätigkeit als solche.

Echte Unterlassungsdelikte sind „Nichttätigkeitsdelikte".

Hauptfall ist die unterlassene Hilfeleistung, § 323 c.

III. Vorsatz- und Fahrlässigkeitsdelikte

Sie wissen bereits, dass das Vorsatzdelikt die Regel, das Fahrlässigkeitsdelikt die Ausnahme ist. Beim Vorsatzdelikt wird dem Täter vorgeworfen, dass er die Tatumstände willentlich oder wissentlich

13

verwirklicht hat. Bei der Fahrlässigkeitstat besteht der Vorwurf darin, dass der Täter zwar unwillentlich oder unwissentlich, aber sorgfaltswidrig, also vorwerfbar fehlerhaft gehandelt hat. Geht es um ein fahrlässiges Erfolgsdelikt, muss der Schaden gerade auf dem Fehlverhalten beruhen.

Die Feststellung, ob in einem Fall Vorsatz oder Fahrlässigkeit vorliegt, kann durchaus Schwierigkeiten bereiten. Deswegen werden wir auch die Grenzbereiche noch ausgiebig beleuchten.

IV. Vollendungstat und Versuchsdelikt

1. Die Wortfassung aller Erfolgsdelikte ist darauf zugeschnitten, dass der Erfolg auch tatsächlich eingetreten ist. Hat der Täter dies bewirkt – und alle anderen objektiven Tatbestandsmerkmale erfüllt – ist die Tat **vollendet**.

Versuch gibt es nur bei vorsätzlichen Erfolgsdelikten!

2. Ist der Erfolg ausgeblieben oder fehlt ein anderes Merkmal des objektiven Tatbestandes, kann die Tat noch als **Versuch** strafbar sein. Voraussetzung ist dann aber, dass es um eine Vorsatztat geht und der Versuch auch unter Strafe gestellt ist (vgl. § 23 Abs. 1).

Die wichtigste Unterteilung im Strafrecht: Vergehen und Verbrechen

V. Verbrechen und Vergehen

Von der Rechtsfolge her gesehen gibt es nur zwei Deliktstypen (sog. Dichotomie):

- Gemäß § 12 Abs. 1 sind Verbrechen rechtswidrige Taten, die im Mindestmaß mit Freiheitsstrafe von einem Jahr oder darüber bedroht sind.

- Gemäß § 12 Abs. 2 sind Vergehen rechtswidrige Taten, die im Mindestmaß mit einer geringeren Freiheitsstrafe oder mit Geldstrafe bedroht sind.

Es hängt also von der Mindeststrafdrohung, die das verwirklichte Strafgesetz anordnet, ab, ob die Straftat als Verbrechen oder als Vergehen anzusehen ist. Maßgeblich ist dabei nicht die konkret zu verhängende Strafe im Einzelfall, sondern die in dem jeweiligen Tatbestand **generell angedrohte Mindeststrafe**.

Der Versuch eines Verbrechens ist nach § 23 Abs. 1 immer strafbar. Nur bei Vergehen muss der Gesetzgeber die Versuchsstrafbarkeit ausdrücklich angeordnet haben, z.B. § 223 Abs. 2. Und das ist durchaus nicht immer der Fall. So gibt es keinen strafbaren Versuch der Untreue, § 266, der Trunkenheit im Verkehr, § 316, oder des unerlaubten Entfernens vom Unfallort, § 142.

Check: Grundstrukturen

1. Was ist ein Straftatbestand?

1. Der Straftatbestand umfasst alle gesetzlichen Voraussetzungen für ein bestimmtes mit Strafe bedrohtes menschliches Verhalten.

2. Wenn ein Straftatbestand nichts dazu aussagt, ob der Täter vorsätzlich oder fahrlässig gehandelt haben muss – was gilt dann?

2. Wenn das Gesetz nichts zur Vorwerfbarkeitsform aussagt, ist nach § 15 nur vorsätzliches Handeln strafbar. Will der Gesetzgeber auch eine fahrlässige Tatbestandsverwirklichung unter Strafe stellen, muss er dies ausdrücklich anordnen.

3. Was ist Rechtswidrigkeit?

3. Die Rechtswidrigkeit beinhaltet das abschließende Unrechtsurteil über eine Tatbestandsverwirklichung nach den Maßstäben der gesamten Rechtsordnung. Dieses Unrechtsurteil entfällt, wenn ein Rechtfertigungsgrund erfüllt ist.

4. Was ist Schuld im strafrechtlichen Sinn?

4. Schuld ist die individuelle Verantwortlichkeit des Täters für das von ihm persönlich verwirklichte Unrecht. Dem Täter wird vorgeworfen, dass er fähig war, das Unrecht seiner Tat zu erkennen und auch nach dieser Einsicht zu handeln. Ferner dürfen für ihn keine Entschuldigungsgründe eingreifen.

5. Was ist der Unterschied zwischen einem Tätigkeitsdelikt und einem Erfolgsdelikt?

5. Bei einem Tätigkeitsdelikt wird nur eine bestimmte Handlung als solche unter Strafe gestellt. Bei einem Erfolgsdelikt muss die Tathandlung darüber hinaus noch kausal und zurechenbar zu einem Schaden, d.h. zum tatbestandlichen Erfolg, geführt haben.

6. Was ist ein unechtes Unterlassungsdelikt?

6. Ein unechtes Unterlassungsdelikt kann jedes Vorsatz- oder Fahrlässigkeitsdelikt sein, bei dem der tatbestandliche Erfolg auf Untätigkeit beruht, aber dem Unterlassenden unter den zusätzlichen Voraussetzungen des § 13 so angelastet werden kann, als wenn er ihn durch aktives Tun herbeigeführt hätte.

7. Gibt es den Versuch einer Fahrlässigkeitstat?

7. Nein. Da ein Versuch stets einen auf die Erfolgsherbeiführung gerichteten Willen voraussetzt, das Fahrlässigkeitsdelikt aber gerade unvorsätzliches Fehlverhalten verlangt, schließen sich beide gegenseitig aus.

8. Was ist der Unterschied zwischen Verbrechen und Vergehen?

8. Verbrechen sind nach § 12 Abs. 1 nur solche Tatbestände, die mit einem Mindestmaß von einem Jahr Freiheitsstrafe bedroht sind. Alle anderen sind Vergehen.

3. Abschnitt | Die wichtigsten Deliktsarten im Einzelnen

3. Abschnitt: Die wichtigsten Deliktsarten im Einzelnen

Mit dem Aufbaumuster aller Straftaten kennen Sie sich jetzt aus. Im Folgenden verfeinern wir den allgemeingültigen Deliktsaufbau noch weiter und brechen ihn herunter auf die verschiedenen Deliktsarten. Sie gewinnen damit ein Prüfungsraster für alle in einem Strafrechtsfall gängigen Straftatbestände.

A. Das vollendete vorsätzliche Erfolgsdelikt als Begehungstat

Hiervon geht der Gesetzgeber als Normalfall aus.

Das ist die **häufigste und deshalb wichtigste Deliktsart**. Sie liegt vor, wenn der Täter – bewusst und/oder gewollt – alle Tatbestandsmerkmale durch aktives Tun verwirklicht. Dieses Deliktsmodell veranschaulicht zugleich die wichtigsten Einzelheiten der verschiedenen **Deliktsstufen**.

Dieses Schema müssen Sie auswendig lernen!

Aufbauschema: Vollendetes vorsätzliches Begehungsdelikt

I. Tatbestandsmäßigkeit

  1. Objektiver Tatbestand

    a) Täter, Tathandlung, Taterfolg

    b) Kausalzusammenhang

    c) Objektiver Zurechnungszusammenhang zwischen Handlung und Erfolg

  2. Subjektiver Tatbestand

    a) Tatbestandsvorsatz

    b) Ggf. deliktsspezifische subjektive Tatbestandselemente

  (ggf. objektive Bedingung der Strafbarkeit)

II. Rechtswidrigkeit

  Kein Eingreifen von Rechtfertigungsgründen

III. Schuld

  ■ Schuldfähigkeit

  ■ Entschuldigungsgründe

  ■ Potenzielles Unrechtsbewusstsein

IV. Strafausschließungs- oder -aufhebungsgründe

V. Strafverfolgungsvoraussetzungen oder -hindernisse

A. Das vollendete vorsätzliche Erfolgsdelikt als Begehungstat | **3. Abschnitt**

I. Die Tatbestandsmäßigkeit

1. Der objektive Tatbestand

a) Täter, Tathandlung, Taterfolg

aa) Tauglicher Täter kann bei den sog. **Allgemeindelikten** jedermann sein. Das Gesetz bringt dies in der Regel durch das Wort „Wer ..." zum Ausdruck.

Allgemeindelikte

Den Gegensatz hierzu bilden die **Sonderdelikte**. Hier gibt das Gesetz selbst einen bestimmten Täterkreis vor. Nur jemand mit den Eigenschaften dieser Personengruppe kann sich nach dem jeweiligen Tatbestand strafbar machen.

Sonderdelikte

Beispiele: Geheimnisverrat gemäß § 203 kann nur eine in Abs. 1 Nr. 1–6 oder Abs. 2 S. 1 Nr. 1–6 bezeichnete Person begehen. Bei der Falschbeurkundung im Amt, § 348, kann nur ein Amtsträger (§ 11 Abs. 1 Nr. 2) Täter sein.

Bei den sog. **eigenhändigen Delikten** kann nur Täter sein, wer die Tathandlung selbst vornimmt. Hier gibt es deshalb keine mittelbare Täterschaft, dazu später mehr.

Eigenhändige Delikte

Beispiele: § 316, Trunkenheit im Verkehr, kann nur verwirklichen, wer selbst das Fahrzeug führt. § 154, Meineid, kann nur begehen, wer selbst die Hand zum Schwur hebt.

Der Prüfungspunkt „Täter" ist in der Klausur nur anzusprechen, wenn es dazu etwas zu sagen gibt. Wird beispielsweise in einem Fall, in dem A den B erschossen hat, ein Delikt wie § 212 durchgeprüft, entfällt der Prüfungspunkt, weil hier jedermann Täter sein kann. Dass hier A die erforderliche Täterqualität besitzt, ist dann so selbstverständlich, dass jedes weitere Wort in der Klausur dazu amateurhaft wirken würde. Das wollen wir natürlich nicht.

bb) Der **Taterfolg** sollte stets **konkret** als örtlich-zeitliches Ereignis (wo und wann?) beschrieben werden. Damit erleichtert man sich die Prüfung der folgenden Punkte, nämlich des Kausal- und Zurechnungszusammenhangs zwischen Tathandlung und Taterfolg.

Taterfolg

Beispiel: A schießt auf B. Dieser wird am Kopf getroffen und stirbt abends im Krankenhaus an einer Gehirnblutung. – Wenn man bei § 212 den Eintritt des tatbestandsmäßigen Tötungserfolges prüft, sollte man nicht einfach nur schreiben: „Der tatbestandliche Erfolg liegt vor, da es zum Tod des B gekommen ist." Richtig wäre: B ist im Krankenhaus an einer Gehirnblutung gestorben. Der tatbestandliche Todeserfolg ist damit eingetreten."

Ist der Erfolg ausgeblieben, kann die Tat nur noch als **Versuch** strafbar sein. Dann prüft man nach dem Aufbauschema unten S. 82.

17

3. Abschnitt — Die wichtigsten Deliktsarten im Einzelnen

Tathandlung und Simultanprinzip

cc) Anknüpfungspunkt für jeden strafrechtlichen Tatvorwurf ist die Handlung eines Menschen, vgl. § 8 S. 1. Zeitlich sind auch alle übrigen Deliktsmerkmale bis auf den später eintretenden Erfolg genau auf diesen Zeitpunkt zu beziehen. Wir nennen das **Simultanprinzip**.

Beispiel: A entwendet aus der Wohnung seines Vaters eine wertvolle Münzsammlung, um sie zu Geld zu machen. Er weiß nicht, dass sein Vater im Zeitpunkt der Entwendung durch einen Unglücksfall zu Tode gekommen und dass er Alleinerbe gemäß § 1922 BGB geworden ist. – Kein vollendeter Diebstahl, weil im Zeitpunkt der Wegnahme wegen des Erbfalls gar keine fremde Sache mehr vorgelegen hat. Wegen der irrigen Annahme der Fremdheit ist aber versuchter Diebstahl gegeben!

Das Verhalten des Täters, das geprüft wird, muss einerseits **Handlungsqualität** haben und – soweit sie die Art und Weise der Handlung einschränkt – der **Handlungsbeschreibung des jeweiligen Straftatbestandes** entsprechen.

Mindestvoraussetzungen der Handlung im strafrechtlichen Sinn

(1) Handlungsqualität

Eine Handlung liegt nur dann vor, wenn es sich um eine menschliche und willensgesteuerte Körperbewegung handelt.

Dazu zwei **Beispiele**:

A wird von B hinterrücks aus dem Fenster gestoßen. Er fliegt auf die Straße und landet auf einem Passanten, den er schwer verletzt. – Hier liegt schon mangels Handlung des A keine fahrlässige Körperverletzung nach § 229 vor. Der „Flug" des A war nicht von seinem Willen beherrscht, sondern unter Ausschluss seines Willens durch sog. **vis absoluta** (= unwiderstehliche, willensausschließende Gewalt) des B herbeigeführt. Gehandelt hat hier nur B, nicht A.

A hat nachts im Schlaf einen Albtraum. Er träumt, von Räubern überfallen zu werden, und wehrt sich gegen diese durch wildes Umsichschlagen. Dabei zertrümmert er seiner neben ihm liegenden Ehefrau das Nasenbein. – Wieder keine strafrechtlich relevante Handlung des A. Der Schlag auf die Nase seiner Frau geschah im Schlaf und war damit ein Verhalten, das nicht vom Willen des A gesteuert war.

Gegenbeispiel: A fährt mit seinem offenen Cabrio verträumt durch den sonnigen Tag, als plötzlich eine schwarze Katze von links über die Straße schießt. Erschrocken steigt A auf die Bremse, kommt ins Schleudern und stößt mit einem entgegenkommenden Auto zusammen. – A hat hier im strafrechtlichen Sinn gehandelt. Zwar stellen bloße **Reflexe** keine Handlungen im Strafrecht dar, weil diese willensunabhängig durch einen physiologischen Reiz ohne Mitwirkung des Bewusstseins ausgelöst werden. Handlungen sind aber **Affekt- und Kurzschlussreaktionen**, bei denen durchaus ein Willensprozess, wenn auch mit sehr hoher Geschwindigkeit, stattfindet. Handlungsqualität besitzen auch sog. **Automatismen**, bei denen sich ein bestimmtes Verhalten durch ständige Wiederholung ins Unterbewusstsein verlagert hat, das aber durch bewusste Gegensteuerung umtrainiert werden kann. Zur letzteren Kategorie zählen insbesondere die „automatisierten" Reaktionen im Straßenverkehr.

18

A. Das vollendete vorsätzliche Erfolgsdelikt als Begehungstat | **3. Abschnitt**

Die Mindesterfordernisse einer Handlung prüft man in der Klausur nur, wenn nach dem Sachverhalt Anlass dazu besteht. In den meisten Fällen kann man stillschweigend von der Handlungsqualität des Verhaltens ausgehen. **!**

(2) Handlungsbeschreibung

Bei den **reinen Erfolgsdelikten** kann jede Handlung taugliche Tathandlung sein, wenn sie nur zum Erfolg in Ursachen- und Zurechnungszusammenhang steht.

Verhaltensneutrale Erfolgsdelikte

Beispiel: So kann Tötungshandlung bei § 212 nicht nur eine direkte physische Einwirkung sein (etwa Schießen oder Stechen), sondern auch ein Schockanruf, der zu einem Nerventrauma und vielleicht erst Wochen später zum Tod führt.

Anders ist es nur bei den **verhaltensgebundenen (Erfolgs-)Delikten**. Hier stellt der Gesetzgeber bestimmte inhaltliche Voraussetzungen auf, die die Tathandlung zusätzlich erfüllen muss.

Verhaltensgebundene Delikte

Beispiel: Bei der Nötigung, § 240, muss das Opfer durch Drohung oder Gewalt zu einem bestimmten Verhalten gezwungen werden. Erreicht der Täter durch List oder Überredung, dass sich das Opfer seinem Willen beugt, ist er nicht wegen Nötigung strafbar.

Verhaltensgebundene Delikte können reine Tätigkeitsdelikte sein, aber auch Erfolgsdelikte.

b) Kausalzusammenhang und Äquivalenztheorie

Auch wenn prinzipiell jede Willensbetätigung Tathandlung eines Erfolgsdelikts sein kann, ist mit der Feststellung, dass irgendwann später ein tatbestandlicher Erfolg eingetreten ist, noch nicht sicher, dass die fragliche Handlung auch etwas mit dem Erfolg zu tun hat. Das muss sie aber, denn das Gesetz verlangt für die Tatbestandsverwirklichung, dass der Täter das Opfer „tötet" (§ 212), an der Gesundheit „schädigt" (§ 223) usw.

Beispiel: Wenn A auf einer Treibjagd einen Schuss abgibt und Sekunden später ein Treiber tödlich getroffen zusammenbricht, steht noch nicht fest, dass A den Tatbestand des Totschlags erfüllt hat. Voraussetzung ist vielmehr, dass auch gerade der von A abgegebene Schuss den Treiber tödlich getroffen hat.

Der Zusammenhang zwischen einer Handlung und einem tatbestandlichen Erfolg besteht nur, wenn die Handlung Ursache für den Erfolg war. Lateinisch heißt Ursache „causa". Daher sprechen wir von Kausalzusammenhang.

Die Tätigkeitswörter in den Tatbeständen der Erfolgsdelikte beschreiben regelmäßig gleichzeitig die Tathandlung, den Erfolg und den Kausalzusammenhang.

19

3. Abschnitt	Die wichtigsten Deliktsarten im Einzelnen

Statt „Äquivalenztheorie" wird vielfach auch der Begriff „Bedingungstheorie" verwendet.

Den Kausalzusammenhang zu ermitteln ist schwieriger, als es auf den ersten Blick scheint. Das zeigen vor allem naturwissenschaftlich nicht erforschte oder komplexe Abläufe. Praktisch durchgesetzt hat sich die **Äquivalenztheorie** mit der sog. **„conditio sine qua non"-Formel**. „Conditio sine qua non" heißt auf Deutsch: Bedingung, ohne welche (der Erfolg) nicht (wäre).

conditio sine qua non-Formel

Die Formel lautet: **Eine Handlung ist kausal für einen Erfolg, wenn sie nicht hinweggedacht werden kann, ohne dass der Erfolg in seiner konkreten Gestalt entfiele.**

Mit ein wenig Nachdenken erkennt man, dass die conditio sine qua non-Formel die Kausalität gar nicht direkt, sondern durch einen logischen Rückschluss ermittelt: Wenn ein Ereignis nicht hinweggedacht werden kann, ohne dass auch ein späteres Ereignis entfiele, muss das erste Ursache für das zweite gewesen sein.

Bei der Kausalitätsfeststellung durch „Hinwegdenken" ist Folgendes zu beachten:

Nur Hinwegdenken ist erlaubt, nicht Hinzudenken!

aa) Da es nur darauf ankommt, ob die fragliche Handlung tatsächlich ursächlich geworden ist, darf nicht gefragt werden, was ohne die Handlung passiert wäre. Mit anderen Worten: Es darf allein die fragliche Handlung gedanklich als nicht geschehen unterstellt werden und es muss gefragt werden, ob der Erfolg, so und zu dem Zeitpunkt, wie er eingetreten ist, entfallen wäre. Anstelle der hinweggedachten Handlung darf **keine andere, tatsächlich nicht wirksam gewordene, nur denkbare „Reserve"-Ursache hinzugedacht werden**. Es darf auch anstelle des tatsächlich eingetretenen und bei Hinwegdenken der Handlung entfallenden Erfolges auch **kein anderer hypothetischer Erfolg hinzugedacht werden**. Das sogar dann nicht, wenn dieser noch so wahrscheinlich war oder sogar noch früher als der tatsächliche eingetreten wäre.

Beispiel: A schießt mit Tötungsvorsatz auf seinen Feind F, bevor dieser den geplanten Flug in die Karibik antreten konnte. F wird ins Krankenhaus eingeliefert. Das Flugzeug, das F benutzt hätte, stürzt ab und alle Passagiere finden den Tod. Nach zwei Wochen erliegt F seinen Schussverletzungen. – Der Schuss des A ist kausal für den Tod des F im Krankenhaus und A wegen Totschlags gemäß § 212 strafbar. Dass der Schuss den F vor dem zwei Wochen früheren Tod durch Absturz des Flugzeugs bewahrt hat, also sogar „lebensverlängernd" gewirkt hat, ist unerheblich!

Alle Bedingungen sind gleichwertig.

bb) Wie viele weitere Ereignisse oder Handlungen anderer Personen zwischen der Tathandlung und dem Erfolg liegen, ist für die Kausalität bedeutungslos. Jede der Bedingungen ist gleichwertig, d.h. **„äquivalent"**; deshalb heißt diese Kausalitätsformel auch Äquivalenztheorie.

Beispiel: Der Autofahrer, der einen Passanten wegen seiner Alkoholisierung überfahren hat, hat dessen Tod genauso verursacht wie der Wirt, der dem Autofahrer den Alkohol ausgeschenkt hat.

cc) Wirken mehrere Handlungen zusammen, die für sich allein gesehen noch nicht zur Erfolgsherbeiführung geeignet waren, von denen aber weder die eine noch die andere hinweggedacht werden kann, ohne dass der Erfolg entfiele, so ist jede Handlung ursächlich. Wir sprechen dann von **kumulativer Kausalität**.

Kumulative Kausalität

Beispiel: A und B wollen unabhängig voneinander beide ihren Erbonkel O mittels Gift töten. Da beide aber in derlei Unternehmungen unerfahren sind, verschätzen sie sich bezüglich der erforderlichen Menge an Gift. Sowohl A als auch B reichern die Mahlzeit des O mit einer für sich betrachtet nicht lebensgefährlichen Menge Gift an; nur durch das Zusammenwirken der beiden Giftmengen verstirbt O. – Hier ist sowohl die Handlung des A als auch die des B für den Tötungserfolg kausal. Denn denkt man sich die Handlung des A hinweg, so hätte O überlebt; Gleiches gilt für die Handlung des B.

dd) Schwierigkeiten mit dem „Hinwegdenken" ergeben sich für die Äquivalenztheorie bei sog. **alternativer Kausalität**. Hier liegen ebenfalls mehrere unabhängig voneinander vorgenommene Handlungen vor, die zusammen den Erfolg bewirken, doch ist jede der Handlungen bereits für sich allein genommen zur Herbeiführung des Taterfolges geeignet.

Sonderfall: Alternative Kausalität

Beispiel: A und B wollen ohne Wissen voneinander ihren Erbonkel O mittels Gift töten. Sowohl A als auch B reichern die Mahlzeit des O mit einer für sich betrachtet tödlichen Menge Gift an. O verstirbt nach Einnahme der Mahlzeit. Er wäre zum gleichen Zeitpunkt und auf die gleiche Weise gestorben, wenn nur einer von beiden die Mahlzeit mit Gift angereichert hätte.

Denkt man sich hier allein die Handlung des A hinweg, so wäre derselbe Erfolg trotzdem eingetreten, weil die Dosis des B bereits für sich genommen tödlich war. Gleiches gilt für das isolierte Hinwegdenken der Handlung des B, da auch die von A verabreichte Dosis allein den O getötet hätte. Wendete man die conditio-Formel konsequent an, wäre somit weder die Handlung des A noch die des B für den Todeseintritt des O kausal. Dieses Ergebnis ist jedoch offenkundig falsch, denn fest steht ja, dass O sowohl am Gift des A als auch des B gestorben ist. Für diesen Fall der alternativen Kausalität gilt daher folgende **modifizierte „conditio sine qua non"-Formel:**

Von mehreren Handlungen, die zwar jede für sich allein (alternativ), nicht jedoch alle gemeinsam (kumulativ) hinweggedacht werden können, ohne dass der Erfolg entfiele, ist jede Handlung kausal.

3. Abschnitt — Die wichtigsten Deliktsarten im Einzelnen

Im vorgenannten Beispiel kann zwar jede Giftbeibringung für sich hinweggedacht werden, ohne dass der Erfolg entfiele. Denkt man jedoch beide Handlungen zusammen hinweg, entfiele der Erfolg zwingend. Daher sind beide Handlungen kausal.

Abgebrochene und überholende Kausalität

ee) Abgebrochene Kausalität liegt dagegen vor, wenn ein späteres Ereignis jegliches Fortwirken einer früheren Ursachenkette beseitigt. Es wird also eine neue Ursachenkette eröffnet, die nunmehr allein den Erfolg herbeiführt. Dieser neue Kausalverlauf wird als die **überholende Kausalität** bezeichnet, der überholte Kausalverlauf ist die abgebrochene Kausalkette.

Aber Vorsicht! Nicht jedes Dazwischentreten Dritter, des Opfers oder auch des Ausgangstäters selbst führt zu einem Abbruch der Kausalkette zwischen der Ausgangshandlung und dem Erfolg. In den meisten Fällen wird es so sein, dass die dazwischentretenden Handlungen an die Wirkung der Ausgangshandlung **anknüpfen** und die Kausalkette fortführen. Ob das der Fall ist oder nicht, wird dadurch festgestellt, dass man die conditio sine qua non-Formel auch im Verhältnis Zwischenhandlung – Ausgangshandlung anwendet. Setzt die Zwischenhandlung die Ausgangshandlung ihrerseits als conditio sine qua non voraus, knüpft sie an und führt die Kausalkette fort.

Beispiel: A und B wollen unabhängig voneinander beide ihren Erbonkel O töten. Zu diesem Zweck verabreicht A dem O ein nicht sofort wirkendes tödliches Gift. Einige Minuten später will B ebenfalls „den Erbfall beschleunigen" und erschießt den O kurzerhand, ohne von dem Giftanschlag zu wissen. Hier hat B mit seinem Schuss eine völlig neue Kausalkette eröffnet, die der Wirkung des von A in Gang gesetzten Verlaufs schlicht zuvorgekommen ist. Der Kausalverlauf des A ist hier abgebrochen; der Schuss des B war ausschließlich kausal für den Tod des O. A kann allerdings wegen Versuchs bestraft werden.

Gegenbeispiel: A verabreicht seinem Onkel O Gift. Das Gift beginnt zu wirken. Der Onkel taumelt benommen aus der Wohnung, um einen Arzt aufzusuchen. Weil er infolge seines Zustandes beim Überqueren der Straße den Autofahrer F nicht wahrnimmt, wird er überfahren. Hier hat A den Tod des O verursacht, denn in dem Überqueren der Straße und dem Anfahren durch F ist die von A gesetzte Ursache des Giftes wirksam geworden: Ohne die Giftbeibringung hätte sich O gar nicht auf den Weg zum Arzt gemacht und wäre dann auch nicht auf der Straße überfahren worden.

Ob dem A der Tod durch Überfahren strafrechtlich zur Last gelegt werden kann, ist Frage der objektiven Zurechenbarkeit des Erfolges (dazu sogleich!).

Überholende und abgebrochene Kausalität betreffen also dasselbe Phänomen, nur aus unterschiedlichen Perspektiven.

Aber: Auch wenn es beim Dazwischentreten weiterer Personen selten zum Abbruch der Kausalkette kommt, liegt häufig eine Unterbrechung der objektiven Zurechnung vor. Dazu gleich mehr!

A. Das vollendete vorsätzliche Erfolgsdelikt als Begehungstat | **3. Abschnitt**

c) Objektiver Zurechnungszusammenhang

Wie Sie gesehen haben, kann man mit der Kausalität nur solche Handlungen aus der Tatbestandsmäßigkeit herausfiltern, die naturgesetzlich nichts mit ihr zu tun haben. Ist eine Handlung aber Ursache für einen tatbestandlichen Erfolg, dann müsste sie auch immer „Tathandlung" sein!

Dabei spielt es wegen der Gleichwertigkeit aller Bedingungen keine Rolle, wie weit die fragliche Handlung vom Erfolg entfernt ist.

Beispiel: Konstrukteur, Hersteller und Händler der Pistole, mit der ein Mordopfer später erschossen wird, haben dessen Tod ebenso verursacht wie der Mörder selbst!

Auch käme es nicht darauf an, ob die fragliche Handlung ethisch positiv oder negativ war, weil bei der Kausalität keine Wertung stattfindet, sondern allein die naturgesetzliche Verknüpfung entscheidet.

Beispiel: Der Arzt, der seinen an Krebs erkrankten Patienten mit einer wirksamen Therapie zwei Jahre länger am Leben erhält, hat durch seine Behandlung den konkreten Tod (zwei Jahre später) verursacht!

Mit dem herkömmlichen Programm der jeweiligen Deliktsart wäre es schwer, die Strafbarkeit zu verneinen.

So ist es in dem Waffenbeispiel vorhersehbar, dass andere Menschen damit getötet werden. In dem Arztbeispiel wusste und wollte der behandelnde Arzt, dass sein Patient später sterben würde.

Es besteht deshalb das Bedürfnis für eine juristische Bewertung schon im objektiven Tatbestand und zusätzlich zur naturgesetzlichen Kausalität. Diese Bewertung muss zweierlei ermöglichen: Zum einen dürfen nur solche Erfolgsverursachungen unter den Tatbestand fallen, die rechtsethisch ein Fehlverhalten sind. Zum anderen muss die Art und Weise, wie der Erfolg verursacht wurde, nach dem Zweck der Strafnorm davon erfasst sein. Rechtslehrer haben in der Vergangenheit dafür die verschiedensten Modelle entworfen. Diese Einzelmodelle haben sich zur **Lehre von der objektiven Zurechnung** entwickelt. Diese besagt:

Der Erfolg kann der ursächlichen Handlung dann objektiv zugerechnet werden, wenn die Handlung ein rechtlich missbilligtes Risiko geschaffen (oder erhöht) und sich dieses Risiko in einer dem Zweck der Norm gemäßen Weise auch im Erfolg niedergeschlagen hat.

Rechtlich missbilligtes Risiko und Risikozusammenhang

23

Kurzformel: **Schaffung eines missbilligten Risikos plus Risikozusammenhang.**

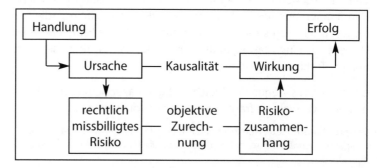

Die Lit. wendet diese Lehre auf alle Erfolgsdelikte an, egal ob Vorsatz- oder Fahrlässigkeitsdelikt. Die Rspr. prüft bei einer Vorsatztat den objektiven Zurechnungszusammenhang nicht und korrigiert extreme Fälle fernliegender Abläufe und Abweichungen im Kausalverlauf bei vorsätzlichen Erfolgsdelikten erst im subjektiven Tatbestand beim Vorsatz. Bei den Fahrlässigkeitsdelikten und den vorsätzlich-fahrlässigen konkreten Gefährdungsdelikten aber, in denen das Tatbestandsmerkmal „dadurch" eine besonders enge Verknüpfung zwischen Handlung und Erfolg verlangt, wendet auch die Rspr. die Kriterien der objektiven Zurechnung an.

! *Sie können die Zurechnungsfrage bei allen Erfolgsdelikten ansprechen, aber bitte nur dort, wo auch Anhaltspunkte dafür bestehen.*

aa) Rechtlich missbilligtes Risiko

Sozialadäquates Verhalten ist erlaubtes Risiko.

(1) Hieran fehlt es vor allem bei sog. **Sozialadäquanz**. Wörtlich übersetzt heißt sozialadäquat: „gesellschaftlich angemessen". Sozialadäquat ist ein Verhalten, das zwar einen für sich gesehen tatbestandsmäßigen Erfolg herbeiführt, aber von der Rechtsgemeinschaft toleriert wird, um menschliches Zusammenleben im Alltag nicht durch Strafbarkeitsrisiken über Gebühr zu belasten.

Hiermit lässt sich unser vorgenanntes Waffenbeispiel lösen: Herstellung und Vertrieb von Waffen sind in Deutschland nicht generell verboten. Wenn eine Waffe unter Einhaltung der gesetzlichen Regeln an einen Erwerber gelangt und der Veräußerer keine konkreten Anhaltspunkte für einen Missbrauch besitzt, ist darin schon kein tatbestandsmäßiges Verhalten zu sehen.

Die Sozialadäquanz ist verwandt mit dem nachfolgend anzusprechenden „Schutzzweck der Norm". Denn von der Auslegung der Schutzrichtung eines Tatbestandes hängt es ab, ob beispielsweise die Ansteckung mit einer Banalerkrankung schon eine Körperverletzung i.S.v. § 223 sein soll oder ab wann die Zuwendung eines Trinkgelds an einen Beamten „Vorteilsgewährung" im Sinne der Korruptionsdelikte, §§ 331 ff., ist.

(2) Kein rechtlich relevantes Risiko ist auch die bloße **Risikoverringerung**. Wer einen drohenden Erfolg nur abschwächt oder zeitlich hinausschiebt, ohne ein neues Risiko zu schaffen, handelt im Sinne der Rechtsordnung und nicht gegen sie.

Risikoverringerung

Deshalb liegt in unserem Arztbeispiel in einer lebensverlängernden Krebstherapie keine tatbestandsmäßige „Tötung".

bb) Risikozusammenhang

(1) Schutzzweck der Norm: Wenn sich in dem Erfolg gar nicht das vom Tatbestand missbilligte, sondern ein anderes (unverbotenes) Risiko verwirklicht, kann dem Täter der Erfolg nicht angelastet werden.

Schutzzweck einer Norm und teleologische Auslegung betreffen dasselbe.

Beispiel: Der durch einen Mordversuch Verletzte stirbt im Krankenhaus, weil dort das Dach einstürzt. – Hier hat zwar der Täter den konkreten Tod im Krankenhaus verursacht. Im Einsturz des Daches realisiert sich aber keine eigentümliche Gefahr der Tötungshandlung, sondern das allgemeine, jedermann treffende Lebensrisiko. Davor will § 212 nicht schützen.

Dieses andere Risiko darf aber nicht bereits in der Tathandlung angelegt sein. Ist dies der Fall, so ist der Täter für den Erfolg strafrechtlich verantwortlich, sofern der Ablauf nicht völlig abenteuerlich ist, s.u. (3).

Beispiel: A sticht den B mit Tötungsvorsatz in einem verschneiten Wald nieder. B stirbt – aber nicht an den Messerstichen, sondern weil er bewusstlos wird und erfriert. – Vollendeter Totschlag nach § 212, weil die Messerstiche das Risiko schafften, dass B sich nicht mehr selbst retten konnte. Ihnen haftete damit auch das Risiko des Erfrierungstodes an.

(2) Erfolgsvermittelnde Anknüpfungshandlungen im ausschließlichen **Verantwortungsbereich des Opfers selbst oder eines Dritten**: Auch hierbei hat sich nicht mehr das vom Täter geschaffene Risiko verwirklicht, sondern das neue Risiko, welches die Handlung eines anderen geschaffen hat. Voraussetzung ist, dass eine eigenverantwortliche, also nach strafrechtlichen Maßstäben autonome Handlung vorgelegen hat.

Dazwischentreten des Opfers oder eines Dritten durch autonome Handlung

Beispiele:

A schießt den B mit Tötungswillen nieder. B wird ins Krankenhaus eingeliefert. Dort erstickt ihn der Bettnachbar C nach einem Streit mit dem Kissen. – A ist nur wegen versuchten Totschlags strafbar.

A überlässt dem sterbewilligen B eine Waffe, damit dieser sich umbringen kann. B ist bei vollem Verstand und erschießt sich. – A ist straflos.

| 3. Abschnitt | Die wichtigsten Deliktsarten im Einzelnen |

Zudem darf die anknüpfende – wenn auch autonome – Handlung nicht bereits in dem vom Täter geschaffenen Risiko „angelegt" gewesen sein. Das ist bei Rettungsaktionen regelmäßig der Fall, weil der Retter hier gerade aktiv wird, um die Gefahr des Erstverursachers abzuwenden. Daher entfällt vor allem bei **Schäden durch Rettungshandlungen** der Zurechnungszusammenhang trotz eigenverantwortlichen Handelns des Retters nicht, es sei denn, es liegt eine waghalsige oder evident fehlerhafte Rettungshandlung vor.

Beispiele:

V gibt der O Gift. Sie stirbt im Krankenhaus, weil der behandelnde Arzt leicht fahrlässig die Art des Gifts nicht richtig erkannt hat. – V ist strafbar wegen vollendeten Mordes aus Heimtücke, § 211.

Nach einem Brandanschlag geht der Feuerwehrmann in ein brennendes Haus, um eventuell dort eingeschlossene Personen zu retten. Er stirbt selbst im Feuer. – Der Brandstifter haftet für den Tod des Feuerwehrmanns aus § 306 c.

! *Fälle dieser Art sind in Zwischenprüfungsklausuren besonders beliebt.*

Manche Rechtslehrer lehnen hier die Zurechnung ab. Für sie fallen auch die beiden letztgenannten Fälle ausschließlich in den Verantwortungsbereich der zuletzt Handelnden.

Inadäquanz ist gleichbedeutend mit: generell nicht mehr vorhersehbar.

(3) Inadäquate Kausalverläufe: Ein Erfolg ist danach trotz Schaffung eines rechtlich missbilligten Risikos nicht zuzurechnen, wenn zwischen Handlung und Erfolg ein atypischer Geschehensverlauf jenseits aller Lebenserfahrung liegt.

Beispiel: Der von einem Heckenschützen Angeschossene wird von einem aus dem Zirkus entlaufenen Löwen getötet.

Mit Inadäquanz sind wirklich nur absonderliche Abläufe gemeint.

! *In einer Klausur merken Sie schnell an einem skurrilen Sachverhalt, dass es hierum geht. Sonst können Sie diesen Zurechnungsausschluss außer Acht lassen.*

Check: Objektiver Tatbestand

1. Was versteht man unter einer Handlung i.S.d. Strafrechts?

1. Handlung ist jede menschliche und willensgesteuerte Körperbewegung.

2. Wie ermittelt man bei einem Begehungsdelikt die Kausalität?

2. Nach der conditio sine qua non-Formel der Bedingungs- oder Äquivalenztheorie. Eine Handlung ist danach kausal für einen Erfolg, wenn sie nicht hinweggedacht werden kann, ohne dass der Erfolg in seiner konkreten Gestalt entfiele.

3. Lkw-Fahrer A überfährt sorgfaltswidrig den Fußgänger F und fährt weiter, ohne dies bemerkt zu haben. Kurz darauf überrollt auch noch B den F. F ist entweder schon nach dem ersten oder nach dem zweiten Überfahren gestorben. Wer war kausal?

3. Das Überfahren durch A war kausal. Selbst wenn er F nicht durch das erste Überfahren getötet hat, war seine Handlung nicht hinwegzudenken, ohne dass das zweite und dann tödliche Überfahren entfiele. Da die Möglichkeit bestand, dass F schon tot war, als B diesen überrollte, hat B den Tod des F in dubio pro reo nicht verursacht.

4. Wie wird die Kausalität bei zeitgleich und alternativ wirksamen Bedingungen nach der conditio sine qua non-Formel bestimmt?

4. Von mehreren Handlungen, die zwar jede für sich allein (alternativ), nicht jedoch gemeinsam (kumulativ) hinweggedacht werden können, ohne dass der Erfolg entfiele, ist jede Handlung kausal.

5. Was ist der Unterschied zwischen Kausalität und objektiver Zurechnung?

5. Bei der Kausalität geht es um die Ermittlung des naturgesetzlichen Ursache-Wirkung-Zusammenhangs zwischen Handlung und Erfolg. Die objektive Zurechnung will sicherstellen, dass nur solche Erfolgsverursachungen unter den Tatbestand fallen, die ein rechtsethisches Fehlverhalten sind. Zum anderen muss die Art und Weise, wie der Erfolg verursacht wurde, nach dem Zweck der Strafnorm davon erfasst sein.

6. Wann liegt nach der objektiven Zurechnungslehre kein rechtlich missbilligtes Risiko vor?

6. Bei sozialadäquatem Verhalten und bei reiner Risikoverringerung.

7. In welchen Fallgruppen fehlt der Risikozusammenhang?

7. Zunächst dann, wenn der eingetretene Erfolg außerhalb des Schutzzwecks der Strafnorm liegt, weil sich in dem Erfolg dann gerade nicht das in der Tathandlung angelegte Risiko verwirklicht hat. Ferner fehlt der Risikozusammenhang, wenn der eingetretene Erfolg ausschließlich in den Verantwortungsbereich des Opfers oder eines Dritten fällt. Schließlich scheidet der Risikozusammenhang aus bei Inadäquanz des Kausalverlaufs oder des konkreten Erfolges.

27

3. Abschnitt   Die wichtigsten Deliktsarten im Einzelnen

2. Der subjektive Tatbestand

Nun wissen Sie, wie die objektiven Merkmale des Tatbestands zusammenhängen. Beim Vorsatzdelikt wird diese objektive Seite ergänzt um den subjektiven Tatbestand. An dieser Stelle ist stets zuerst der **Tatbestandsvorsatz** zu prüfen. Weitere **subjektive Tatbestandsmerkmale** (z.B. Zueignungsabsicht bei § 242) werden nur geprüft, wenn das jeweilige Delikt solche Merkmale enthält.

a) Tatbestandsvorsatz und Vorsatzausschluss

Vorsatz liegt vor, wenn der Täter bei Begehung der Tat die Verwirklichung aller zum objektiven Tatbestand gehörenden Tatumstände zumindest für möglich hält und billigt. **Fehlt** der Vorsatz nur in einem Punkt, so kann dem Täter die objektive Tatbestandsverwirklichung insgesamt nicht mehr als vorsätzlich angelastet werden, § 16 Abs. 1 S. 1. Kann ihm vorgeworfen werden, den fraglichen Umstand sorgfaltswidrig nicht erkannt zu haben und ist die fahrlässige Erfolgsherbeiführung unter Strafe gestellt (§ 15), so ist er hieraus strafbar, § 16 Abs. 1 S. 2.

!   *Wenn Sie gelernt haben, den Vorsatz korrekt zu prüfen, haben Sie schon die halbe Irrtumslehre im Griff, nämlich die Fälle der **Unkenntnis**. Das ist ein Themenkreis, vor dem viele Anfänger zurückschrecken, obwohl die Sache bei näherer Betrachtung einfach ist. Die andere Hälfte der Irrtümer, die sog. irrige Annahme, besprechen wir im Zusammenhang mit dem Versuch (s.u. S. 82).*

aa) Vorsatzzeitpunkt

Vorsatz muss beim unmittelbaren Ansetzen vorliegen, d.h. bei Versuchsbeginn.

Nach § 16 Abs. 1 S. 1 muss der Vorsatz „bei Begehung der Tat" vorgelegen haben. Hier begegnen wir wieder dem schon bei der Tathandlung angesprochenen Simultanprinzip (s.o. S. 18). „Bei Begehung der Tat" heißt nach § 8: bei Vornahme der Tathandlung und nicht mehr notwendigerweise im Zeitpunkt des Erfolgseintritts. „Handlung" ist bei der Vorsatztat nur die Willensbetätigung, durch die der Täter die bis dahin straflose Phase der Vorbereitung verlässt, also der Versuchsbeginn nach § 22. Hat der Täter nach seiner Vorstellung zur Tat erst einmal unmittelbar angesetzt und ist dann der Erfolg eingetreten, so ist er hieraus strafbar, auch wenn er den Vorsatz später wieder fallen lassen hat.

Beispiel: A schüttet der B Arsen in den Kaffee und meint, diese Dosis reiche für den sofortigen Tod aus. B zeigt jedoch zunächst keine Reaktionen. In der Vorstellung, dass das Gift zu gering dosiert gewesen sei, verlässt A die Wohnung. Als A fort ist, stirbt B. – A ist strafbar wegen vollendeten (heimtückischen) Mordes, § 211.

28

A. Das vollendete vorsätzliche Erfolgsdelikt als Begehungstat

Lässt der Täter hingegen seinen Vorsatz fallen, bevor er eine zum Versuchsbeginn führende Handlung vornimmt, bleibt er straflos. Die bloße Idee der späteren Begehung einer Straftat (sog. dolus antecedens) begründet noch keine Vorsatztat. Tritt der Erfolg ungewollt noch vor Versuchsbeginn ein, haftet der Täter deshalb auch nicht aus Vorsatztat. Möglich ist aber eine Bestrafung aus Fahrlässigkeitstat.

Beispiel: A schafft seine Frau F gewaltsam in den Kofferraum seines Pkw und fährt in einen entlegenen Wald. Dort will er die F mit einer Axt erschlagen und vergraben. Am vorgesehenen Tatort angekommen, öffnet A den Kofferraum und stellt fest, dass die F erstickt ist. – Keine Strafbarkeit aus vollendetem Totschlag gemäß § 212 Abs. 1. Objektiv hat A eine vollendete Tat begangen, doch ist es subjektiv noch nicht zum Versuch gekommen. Das Hineinlegen der Frau in den Kofferraum war nach Vorstellung des A bloße Vorbereitungshandlung. Der Versuchsbeginn ist aber der Moment, an den für die vorsätzliche Tatbegehung angeknüpft werden muss. Ohne Versuchsbeginn also auch kein Vorsatz und ohne Vorsatz keine Vorsatztat! Gegeben ist nur fahrlässige Tötung, § 222.

Auch ein nur nachträglich gefasster Wille zur Unrechtsverwirklichung (lateinisch: dolus subsequens) führt nicht zur Strafbarkeit aus Vorsatztat. Die nachträgliche Bildung des Vorsatzes kann aber eine Bestrafung aus vorsätzlichem Unterlassungsdelikt begründen.

Beispiel: Auf dem nächtlichen Heimweg überfährt A sorgfaltswidrig einen auf der Straße liegenden Menschen. Als A aussteigt, um sich um sein Opfer zu kümmern, sieht er, dass es sich um B handelt, den A – ohne nachvollziehbaren Grund – hasst. A verlässt sofort den Unfallort und lässt B sterben. – Kein Totschlag gemäß § 212 Abs. 1 durch aktives Tun, weil A im Zeitpunkt des Überfahrens noch keinen Tötungsvorsatz hatte. Gegeben ist fahrlässige Körperverletzung gemäß § 229 durch das Anfahren. Das Liegenlassen mit Tötungsvorsatz ist eine neue tatmehrheitlich (§ 53) begangene Tat des Mordes (niedrige Beweggründe) durch Unterlassen, §§ 211, 13. Dieser steht in Tateinheit (§ 52) mit dem unerlaubten Entfernen vom Unfallort, § 142.

bb) Vorsatzgegenstand und -inhalt

Lesen Sie bitte noch einmal § 16 Abs. 1 S. 1: Danach handelt der Täter nicht vorsätzlich, der „einen Umstand nicht kennt, der zum gesetzlichen Tatbestand gehört". Hinter dieser schlichten Formulierung stecken die **Grundprinzipien der Vorsatzlehre**.

(1) Der Vorsatz ist immer auf den **gesetzlichen Tatbestand** zu beziehen. Es muss folglich zu jedem Tatbestandsmerkmal ein korrespondierendes Vorstellungsbild beim Täter vorhanden gewesen sein. Das fragen wir in der Prüfungsreihenfolge wie beim objektiven Tatbestand ab – aber auch nicht mehr. Ist das Vorstellungsbild einmal gegeben, so können sonstige Fehlvorstellungen den Vor-

Der objektive Tatbestand legt den Rahmen für die Vorsatzprüfung fest.

29

| **3. Abschnitt** | Die wichtigsten Deliktsarten im Einzelnen |

satz nicht mehr beseitigen. Wir nennen solche außertatbestandlichen Fehlvorstellungen Motivirrtümer.

error in persona

Beispiel: A will seinen Feind B erschießen. Als er einen Mann herankommen sieht, glaubt er, B vor sich zu haben. Er erschießt aber C. – Auch wenn A nie C erschießen wollte: Für den Vorsatz zum Totschlag genügt es nach dem objektiven Tatbestand des § 212 Abs. 1, dass A (irgend-)einen anderen Menschen töten wollte. Sein Irrtum über die Identität des Opfers (lateinisch: error in persona) liegt außerhalb des Tatbestandes von § 212 Abs. 1 und ist unbeachtlich!

Fehlt aber das Vorstellungsbild auch nur in Bezug auf ein gesetzliches Merkmal, so handelt der Täter – wie bereits eingangs gesagt – insgesamt ohne Vorsatz.

Beispiel: A bekommt mit seinem Schlüssel nicht das Auto auf, in das er gerade einsteigen möchte. Wütend tritt er gegen die Tür und hinterlässt dort eine Beule. A weiß nicht, dass der Schlüssel nicht passte, weil das Auto gar nicht ihm gehörte. Er hatte sich in der Parkreihe vertan und geglaubt, sein eigenes Auto vor sich zu haben. – Zwar hat A objektiv eine Sachbeschädigung nach § 303 Abs. 1 begangen. Auch wollte er das Auto als Sache beschädigen. Da er aber annahm, sein eigenes Fahrzeug vor sich zu haben, fehlte ihm der Vorsatz für eine fremde Sache, § 16. Die fahrlässige Sachbeschädigung ist nicht strafbar, § 15.

Der Vorsatz muss sich auf alle Umstände der Tat, nicht aber auf den Tatbestand selbst beziehen. Das Unrechtsbewusstsein gehört nicht zum Vorsatz.

(2) Der Vorsatz muss sich nur auf die **Umstände** jedes gesetzlichen Merkmals beziehen, **nicht auf das Merkmal selbst.** Unser Strafgesetz verlangt also für eine Bestrafung aus Vorsatztat nicht, dass der Täter die jeweilige Verbotsnorm kennt. **Das Bewusstsein, etwas Verbotenes zu tun, das sog. Unrechtsbewusstsein, hat nichts mit dem Vorsatz zu tun, sondern ist ein Element der Schuld.** Das ist die Kernaussage der unserem Strafrecht zugrunde liegenden **Schuldtheorie.** Auch der juristische Laie kann folglich jedes Vorsatzdelikt verwirklichen! Das wird durch § 17 bestätigt. Danach ist erst die Schuld ausgeschlossen, wenn der Täter seinen Irrtum über das Verbot nicht hätte vermeiden können.

Beispiel: Um seinen Arbeitskollegen K zu ärgern, gibt F unter dem Namen des K und unter Angabe der Adresse und der Telefonnummer des K eine Kleinanzeige im Internet auf. Wie erwartet kann sich K mehrere Wochen nicht mehr vor Anrufen retten. – Hätten Sie gewusst, dass sich F durch das Online-Inserat wegen Datenfälschung gemäß § 269 Abs. 1 Mod. 1. und 3 strafbar gemacht hat? F kannte die Strafnorm bestimmt auch nicht. Macht aber nichts! Wie wir im Folgenden sehen werden, kannte er alle Umstände, die die Tat ausmachen, und er hätte seine Rechtsunkenntnis, seinen Verbotsirrtum, durch einen Anruf bei einem Rechtsanwalt oder bei der Verbraucherzentrale beseitigen können.

(3) Was sind nun **„Umstände"** i.S.d. § 16 Abs. 1 S. 1?

Bei fehlender Faktenkenntnis liegt immer ein Tatbestandsirrtum nach § 16 Abs. 1 S. 1 vor.

(a) Zuallererst gehört zu den „Umständen" des § 16 Abs. 1 S. 1 immer der **Sachverhalt,** der das jeweilige Tatbestandsmerkmal ausfüllt. Insoweit verlangt Tatbestandsvorsatz immer mindestens

A. Das vollendete vorsätzliche Erfolgsdelikt als Begehungstat | **3. Abschnitt**

Kenntnis genau der Tatsachen, die aus dem konkreten Sachverhalt bei der Prüfung für die Bejahung des objektiven Tatbestands herangezogen wurden. Fehlt es bereits daran, liegt auch immer ein Tatbestandsirrtum gemäß § 16 Abs. 1 S. 1 vor.

Beispiel: A will Schießübungen auf einen Baumstumpf machen, erschießt dabei aber seinen Feind B, den A wegen der schlechten Sicht mit einem Baumstumpf verwechselt hat. – A hat objektiv einen Totschlag gemäß § 212 Abs. 1 verwirklicht. Gemäß § 16 Abs. 1 S. 1 handelte A aber ohne Tötungsvorsatz. Ihm fehlte im Hinblick auf das Tatbestandsmerkmal „Mensch" bereits die erforderliche Tatsachenkenntnis. Denn A stellte sich vor, auf einen Baumstumpf zu schießen. Dies schließt eine Strafbarkeit des A für den Tod des B jedoch nicht gänzlich aus, da gemäß § 16 Abs. 1 S. 2 bei einem Tatbestandsirrtum die Bestrafung wegen fahrlässiger Begehung möglich bleibt. Der Irrtum des A beruhte hier auf Fahrlässigkeit – bei schlechten Sichtverhältnissen hätte er sein Ziel vor der Schussabgabe genau untersuchen und sich vergewissern müssen, dass er auf einen Baumstumpf und nicht auf einen Menschen zielt –, sodass sich A in diesem Fall wegen fahrlässiger Tötung gemäß § 222 strafbar gemacht hat.

(b) Praktisch jedes Tatbestandsmerkmal weist neben seinem Tatsacheninhalt mehr oder weniger auch einen **rechtlichen, normativen Gehalt** auf. Denken Sie nur an Merkmale wie „fremde" Sache in § 242 oder „rechtswidriges" Sichzueignen einer Sache in § 246. Für die Kenntnis der Umstände i.S.d. § 16 Abs. 1 S. 1 muss zur Faktenkenntnis auch eine Bedeutungskenntnis des jeweiligen Merkmals hinzukommen. Fraglich ist nur, wie weit diese Bedeutungskenntnis ausgeprägt sein muss. Würde man verlangen, dass der Täter das gesetzliche Verbot als solches und gesetzliche Definitionen kennen bzw. juristisch exakt subsumieren muss, könnten sich nur noch Juristen strafbar machen. Dies ist jedoch nicht gewollt, wofür auch die Trennung von Tatbestands- und Verbotsirrtum in § 16 und § 17 spricht. Es genügt deshalb nach herrschender Meinung (h.M.), dass der Täter den rechtlich-sozialen Bedeutungsgehalt des Merkmals nach Laienart einigermaßen richtig erfasst. Ausreichend ist eine ungefähre Bedeutungskenntnis aufgrund einer **Parallelwertung in der Laiensphäre**.

Hinsichtlich des normativen Gehalts eines Tatbestandsmerkmals genügt die Parallelwertung in der Laiensphäre.

Hat der Täter nicht einmal diese Parallelwertung in der Laiensphäre vollzogen, liegt trotz Faktenkenntnis ein Tatbestandsirrtum (Bedeutungs- oder Bewertungsirrtum) gemäß § 16 Abs. 1 S. 1 vor.

Der Klassiker: B aus Indien ist das erste Mal in Deutschland und Gast in einer Düsseldorfer Altstadtkneipe. Nach dem zehnten Bier wirft er seinen Bierdeckel mit den Strichen für die getrunkenen Biere in einen Abfalleimer. B weiß nicht, dass die Striche dem Nachweis der getrunkenen Biere für die spätere Abrechnung dienen, sondern denkt, der Bierdeckel mit den Strichen sei ein Souvenir für Touristen. – Objektiv liegt eine Urkundenunterdrückung gemäß § 274 Abs. 1 Nr. 1 vor. Aber B unterlag einem vorsatzausschließenden Tatbestandsirrtum

31

3. Abschnitt Die wichtigsten Deliktsarten im Einzelnen

gemäß § 16 Abs. 1 S. 1 bzgl. des Merkmals „Urkunde" i.S.d. § 274. Er kannte zwar den Sachverhalt, der das Tatbestandsmerkmal Unterdrücken einer „Urkunde" i.S.d. § 274 ausmacht. Er hat aber nicht erkannt, dass diese Tatsachen nach unserer Rechtsordnung Unterdrücken einer „Urkunde" i.S.d. § 274 bedeuten. Er hat deshalb nicht einmal laienhaft den Sachverhalt so bewertet, dass ihm der ungefähre Sinn des Tatbestandsmerkmals „Urkunde" klar geworden ist. B hat den Bierdeckel als (rechtlich irrelevantes) Souvenir eingestuft und damit in keiner Weise den Kerngehalt des Urkundsbegriffs erfasst, der in der Beweisfunktion besteht (Bierdeckel diente dem Nachweis der getrunkenen und zu zahlenden Biere). B ist straflos.

Falls der Täter bei Faktenkenntnis und ungefähr zutreffender Bedeutungskenntnis lediglich das gesetzliche Verbot als solches verkennt bzw. ihm die exakte Subsumtion unter einen Unrechtstatbestand nicht gelingt, berührt das nicht mehr seine Kenntnis der „Umstände, die zum gesetzlichen Tatbestand gehören", sondern allenfalls noch seine Kenntnis vom Unrecht. Das fehlende **Unrechtsbewusstsein** ist aber, wie wir bereits wissen, in § 17 geregelt. War der Irrtum über das Verbotensein der Tat – wie regelmäßig – vermeidbar, gibt es allenfalls eine Strafmilderung. Nur wenn der Irrtum unvermeidbar war, entfällt die Schuld.

Schulbeispiel: C radiert in einem Lokal fünf Striche von seinem Bierdeckel. Er weiß, dass die Striche dazu dienen, dem Wirt bei der Abrechnung die getrunkenen Biere nachzuweisen. C meint dennoch, keine Urkundenfälschung zu begehen, da in Deutschland nur ein ordentlich lesbar unterschriebenes Schriftstück eine Urkunde sein könne, nicht aber ein fleckiger Bierdeckel. – C hat sich durch das Radieren wegen Urkundenverfälschung gemäß § 267 Abs. 1 Mod. 2 strafbar gemacht. Es lag kein vorsatzausschließender Tatbestandsirrtum gemäß § 16 Abs. 1 S. 1 vor: C hatte die erforderliche Fakten- und (ungefähre) Bedeutungskenntnis im Hinblick auf das Merkmal Urkunde: Er wusste jedenfalls, dass der Bierdeckel mit den Strichen ein Gegenstand war, der dem Wirt zum Nachweis der getrunkenen und zu zahlenden Biere dienen sollte. Damit hat C auch den rechtlichen Bedeutungsgehalt des Merkmals Urkunde – vor allem die Beweisfunktion – erfasst. C hat lediglich die in ihrer rechtlichen Bedeutung laienhaft richtig erkannten Umstände juristisch nicht korrekt subsumiert. Dieser reine Subsumtionsirrtum berührt den Vorsatz nicht, ist also kein Tatbestandsirrtum. Der Subsumtionsirrtum kann allerdings zu der Fehlvorstellung des Täters führen, überhaupt nichts „Verbotenes" zu tun. Dann ist dieser Irrtum auf der Schuldebene als Verbotsirrtum gemäß § 17 noch einmal aufzugreifen und auf seine Unvermeidbarkeit hin zu untersuchen. In der Regel können solche Verbotsirrtümer vermieden werden – und wenn man jemanden fragt.

! *In Anfängerklausuren sind Irrtumsfälle im rechtlichen Bereich von Tatbestandsmerkmalen selten. Wenn es doch mal darum geht, will der Prüfer, dass Sie den juristischen Gehalt des Merkmals auf den Empfängerhorizont eines Laien „herunterbrechen" und dann mit dem Vorstellungsbild des Täters vergleichen. Jede Lösung ist mit einer plausiblen Begründung vertretbar.*

A. Das vollendete vorsätzliche Erfolgsdelikt als Begehungstat **3. Abschnitt**

(c) Als objektives Element des Tatbestandes gehört auch die **Kausalität** zu den vom Vorsatz zu umfassenden Umständen. Da aber die Wirkung der eigenen Handlung auf einen erst in der Zukunft liegenden Erfolg von niemandem exakt vorausgesagt werden kann, genügt es, dass der Täter den Kausalverlauf in seinen wesentlichen Zügen erfasst hat. Ist dann die Tat später anders abgelaufen, als sich der Täter dies vorgestellt hat, ist der Vorsatz nur dann zu verneinen, wenn eine **wesentliche Kausalabweichung** vorgelegen hat. Eine Kausalabweichung ist „wesentlich", wenn mit dem konkreten Ablauf nach allgemeiner Lebenserfahrung nicht gerechnet werden musste oder wenn die Tat, so wie sie geschehen ist, wertungsmäßig nicht mehr zum ursprünglichen Tatplan passt.

Vorsatz in Bezug auf den Kausalverlauf

Beispiel: Eine nur unwesentliche Kausalabweichung liegt vor, wenn das Opfer nach dem mit Tötungsvorsatz abgegebenen Schuss nicht sofort stirbt, sondern erst im Krankenhaus bei der Notoperation zur Behandlung der Schusswunde.

(4) Ein Sonderfall der Kausalabweichung ist die nicht auf einer Verwechslung beruhende und auch nicht als möglich vorausgesehene Zielverfehlung, lateinisch: **aberratio ictus**.

aberratio ictus

Beispiel: A wirft einen Stein in Richtung N, um diesen zu verletzen. Der Stein streift einen Baum und verändert seine Flugbahn.

Kennzeichen für eine aberratio ictus ist, dass sich die Richtung des deliktischen Angriffs durch äußere (vom Willen des Täters unabhängige) unvorhergesehene Umstände verändert, nachdem der Täter ein bestimmtes Tatobjekt anvisiert und seinen Vorsatz darauf konkretisiert hat, sodass es im Ergebnis zu einer **Abweichung von Angriffs- und Verletzungsobjekt** kommt.

Bei dem oben S. 30 angesprochenen error in persona unterliegt der Täter einem **vorgelagerten Identitätsirrtum**. Der Angriff erreicht und verletzt genau das Objekt, das der Täter anvisiert und auf das er seinen Vorsatz konkretisiert hat. Angriffs- und Verletzungsobjekt sind also identisch.

Abgrenzung zum error in persona

Einigkeit besteht darüber, dass bei einer aberratio ictus der Vorsatz in Bezug auf das tatsächlich getroffene Opfer/Objekt zum Vorsatzausschluss führt, wenn es nicht dieselben rechtlichen Eigenschaften aufweist wie das anvisierte.

Fortsetzung des o.g. Beispiels: Trifft der Stein statt des anvisierten Opfers N dessen Hund tödlich, ist A nur aus versuchter (gefährlicher) Körperverletzung an N gemäß §§ 223, 224 Abs. 1 Nr. 2, 22 zu bestrafen. Die Tötung des Hundes war als aberratio ictus eine nicht mehr vom Vorsatz zu einer Sachbeschädigung getragene aberratio ictus. Da § 303 nicht fahrlässig begehbar ist, § 15, bleibt A hierfür straffrei.

33

3. Abschnitt
Die wichtigsten Deliktsarten im Einzelnen

Streit über die Rechtsfolge bei gleichwertigen Tatobjekten

Umstritten ist, welche Rechtsfolge die aberratio ictus bei rechtlich gleichwertigen individuellen Tatobjekten/-opfern hat.

Abwandlung des vorgenannten Beispiels: Der Stein trifft aufgrund der Änderung seiner Flugbahn nicht den N, sondern dessen Freundin F und verletzt diese am Kopf.

Nach der im Schrifttum vertretenen **Gleichwertigkeitstheorie** ist trotz des Fehlgehens eine Bestrafung aus Vorsatztat möglich, wenn die Zielverfehlung innerhalb der Lebenserfahrung lag und die Tat deshalb keine andere Bewertung verdient. Die Abweichung zwischen anvisiertem und getroffenem Tatobjekt/-opfer sei hingegen unbeachtlich, da sich der Vorsatz ausschließlich auf die gesetzlichen Merkmale (z.B. anderer Mensch) und nicht auf bestimmte Objekte/Opfer beziehen müsse.

Nach der herrschenden sog. **Konkretisierungstheorie** ist der Vorsatz des Täters bezüglich des tatsächlich verwirklichten Erfolges stets ausgeschlossen. Aufgrund der wesentlichen Kausalabweichung zwischen der auf das bestimmte Opfer oder Objekt konkretisierten Vorstellung des Täters und tatsächlichem Geschehen seien objektiver und subjektiver Tatbestand nicht mehr deckungsgleich. Gemäß § 16 Abs. 1 S. 2 sei der Täter deshalb wegen (sofern mit Strafe bedroht) fahrlässiger Tat bezüglich des verletzten und (sofern mit Strafe bedroht) wegen Versuchs bezüglich des anvisierten Tatobjekts/-opfers zu bestrafen.

Nach dieser Ansicht entfällt hinsichtlich der gefährlichen Körperverletzung gemäß § 224 Abs. 1 Nr. 2 zum Nachteil der F der Vorsatz (§ 16 Abs. 1 S. 1). A hat sich jedoch wegen fahrlässiger Körperverletzung gemäß § 16 Abs. 1 S. 2 in Verbindung mit § 229 an F strafbar gemacht. Hinzu kommt eine versuchte gefährliche Körperverletzung gemäß §§ 224 Abs. 1 Nr. 2, Abs. 2, 22, 23 zum Nachteil des anvisierten, aber nicht verletzten N.

cc) Vorsatzformen

(1) Wissentlichkeit

Beim direkten Vorsatz dominiert das Wissenselement; wollen muss der Täter den Erfolg dann nicht.

Streichen wir die beiden Worte „nicht" in § 16 Abs. 1 S. 1, ergibt sich die Aussage, dass zumindest derjenige vorsätzlich gehandelt hat, der alle Umstände des gesetzlichen Tatbestandes **positiv gekannt** hat. Diese Vorsatzform beschreibt der Gesetzgeber in verschiedenen Strafvorschriften als „wissentlich" (z.B. § 258 Abs. 1) oder „wider besseres Wissen" (z.B. in §§ 164 Abs. 1, 187). Wir nennen sie **direkten Vorsatz** oder **dolus directus 2. Grades**. Psychologisch liegt der Schwerpunkt dieser Vorsatzform im kognitiven Bereich, also in der Wahrnehmung von Tatsachen. Das Willenselement tritt demgegenüber so stark in den Hintergrund, dass es gleichgültig

A. Das vollendete vorsätzliche Erfolgsdelikt als Begehungstat

ist, ob der Täter die Tatbestandsverwirklichung wollte oder nicht. Direkter Vorsatz ist auch dann gegeben, wenn der Täter die als sicher vorausgesehene Folge lieber vermieden hätte.

Beispiel: Bei einem Tauchgang in großer Tiefe versagt die Atemluftversorgung des Sporttauchers S. Um ihn zu retten, entreißt A dem weiteren Tauchkameraden T dessen Mundstück und Pressluftflasche. S wird gerettet. T stirbt. – A hat den T vorsätzlich getötet. Er wusste, dass T ohne Atemluft sterben würde. Dass er dies nicht gewollt hat, ist unerheblich. Wie wir später noch sehen werden, ist die Tat auch weder gerechtfertigt noch entschuldigt. A ist strafbar wegen Totschlags.

(2) Absicht

Nun steht in manchen Vorschriften auch das Wort „absichtlich", wie z.B. in dem schon erwähnten Strafvereitelungstatbestand, § 258 Abs. 1. Wir nennen diese Vorsatzform **Absicht oder dolus directus 1. Grades.** Hier ist die Tatbestandsverwirklichung das Ziel des Täters, d.h. ihm kommt es gerade auf die Verwirklichung des Tatbestandes an. Dies muss aber nicht das Endziel des Täters sein. Es reicht, dass es sich um ein Zwischenziel handelt. Hier dominiert also das Willenselement. Das kognitive Element kann reduziert sein, sodass Absicht deshalb auch vorliegt, wenn der Täter den Erfolgseintritt nur für möglich hält.

Bei der Absicht dominiert das Willenselement. Hat der Täter zielgerichteten Willen, so genügt es, wenn er den Erfolgseintritt nur für möglich hält.

Beispiel: So handelt auch mit Strafvereitelungsabsicht, wer nicht sicher ist, ob derjenige, zugunsten dessen er die Spuren beseitigt, wirklich der Täter war.

Bitte verwechseln Sie die Absicht als Vorsatzform zur Verwirklichung des objektiven Tatbestandes nicht mit subjektiven Tatbestandsmerkmalen, die häufig eine bestimmte „Absicht" des Täters verlangen. Letztere beschreiben ein über den objektiven Tatbestand hinausgehendes Ziel, wie etwa die Verdeckungsabsicht beim Mord, § 211. Darauf komme ich unter b) zurück.

!

(3) Eventualvorsatz

Psychologisch unterhalb von Absicht und Wissentlichkeit liegt der sog. **Eventualvorsatz**, lateinisch: **dolus eventualis.** Er wird nirgendwo im Gesetz ausdrücklich genannt, ist aber die für jedes Delikt ausreichende Vorsatzform, sofern im Tatbestand keine Absicht oder Wissentlichkeit verlangt wird. Allgemein lässt sich der Eventualvorsatz beschreiben als innere Entscheidung für die als möglich erkannte Rechtsverletzung. Damit ist aber noch nicht viel gewonnen. Die Inhaltsbestimmung vollzieht sich in der **Abgrenzung zur (bewussten) Fahrlässigkeit.** Diese Abgrenzung ist deshalb so wichtig, weil viele Straftatbestände fahrlässig gar nicht begehbar sind und dort, wo dies der Fall ist, bei Fahrlässigkeit im Vergleich

Der Eventualvorsatz ist die schwächste und juristisch umstrittenste Vorsatzform.

35

3. Abschnitt Die wichtigsten Deliktsarten im Einzelnen

zur Vorsatztat eine erheblich geringere Strafe droht. Da es – wie gesagt – keine gesetzlichen Vorgaben gibt, haben viele Rechtslehrer hier eigene Lehrmeinungen entwickelt.

! *Die Diskussion um den dolus eventualis ist leider ein abschreckendes Beispiel für die Ausuferung von „Streitständen" im Strafrecht und hat heute mehr rechtsgeschichtliche als praktische Bedeutung. Die noch vertretenen Auffassungen gelangen im Wesentlichen zu den gleichen Ergebnissen, streiten aber über die richtige Beschreibung für den Eventualvorsatz. Für eine Klausur müssen sie den Streit nur in groben Umrissen kennen.*

Abgrenzung Eventualvorsatz und bewusste Fahrlässigkeit

(a) Unbestritten ist zunächst, dass der Täter beim Eventualvorsatz **mit der Möglichkeit gerechnet** haben muss, dass der Taterfolg eintreten kann. Wer sich dessen nicht bewusst ist, hat keinen Vorsatz! Erst was darüber hinaus erforderlich ist, ist umstritten:

(b) Früher wurde - auch in der Rechtsprechung - die Auffassung vertreten, dass der Täter die Tatbestandsverwirklichung **billigen**, also gutheißen, oder ihr jedenfalls **gleichgültig** gegenüberstehen müsse. Vorsatz war demnach ausgeschlossen, wenn der Täter hoffte, der Erfolg würde ausbleiben. Nach wie vor findet sich in der Rechtsprechung die Formulierung, dass der Täter die Tatbestandsverwirklichung **billigend in Kauf nehmen** müsse. Entgegen dem allgemeinen Sprachgebrauch soll ein **„Billigen im Rechtssinne"** jedoch auch dann vorliegen, wenn der Täter hofft, die Tatbestandsverwirklichung werde ausbleiben. In der Literatur wird in der Regel auf den Begriff „Billigen" verzichtet. Die meisten Autoren setzen voraus, dass der Täter die Tatbestandsverwirklichung ernsthaft für möglich hält und sich mit ihr abfindet. Hält der Täter die Tatbestandsverwirklichung für möglich, ist Vorsatz nach diesen Auffassungen nur dann zu verneinen, wenn er auf ihr Ausbleiben vertraut.

(c) Eine in der Literatur verbreitete Auffassung geht davon aus, dass kein Willenselement notwendig sei, um den Eventualvorsatz zu beschreiben. Es reiche aus, wenn der Täter die Tatbestandsverwirklichung **(ernsthaft) für möglich** halte. Andere setzen voraus, dass der Täter die Tatbestandsverwirklichung für **wahrscheinlich** halte, wobei umstritten ist, wie hoch die vom Täter angenommene Wahrscheinlichkeit sein muss. Auch nach diesen Auffassungen scheidet Vorsatz aus, wenn der Täter auf das Ausbleiben der Tatbestandsverwirklichung vertraut.

A. Das vollendete vorsätzliche Erfolgsdelikt als Begehungstat | **3. Abschnitt**

Mit folgender Faustregel lässt sich die Abgrenzung veranschaulichen:

- Eventualvorsatz liegt vor, wenn sich der Täter sagt: „Na wenn schon!"

- Nur (bewusste) Fahrlässigkeit liegt vor, wenn sich der Täter sagt: „Es wird schon gut gehen!"

Ist im Sachverhalt schlicht davon die Rede, dass der Täter die Tatbestandsverwirklichung für möglich hält, billigt oder sich damit abfindet, ist ohne Diskussion Vorsatz anzunehmen. Vertraut der Täter darauf, dass der Erfolg nicht eintritt, ist Vorsatz abzulehnen. Enthält der Sachverhalt die Angabe, dass der Täter zwar mit der Möglichkeit des Erfolgseintritts rechnete, aber hoffte, er werde ausbleiben, sollte dargestellt werden, dass die Ansichten, die ein Billigen oder Gleichgültigkeit des Täters verlangen, jedenfalls der Sache nach nicht mehr vertreten werden. Auch in diesen Fällen sollte daher ohne große Diskussion der einzelnen Auffassungen Vorsatz bejaht werden. !

Enthält der Sachverhalt keinen Hinweis auf die subjektive Seite des Täters, hüten Sie sich davor, den Eventualvorsatz einfach zu unterstellen. Das ist ein ganz häufiger Anfängerfehler! Dieser Schluss ist nur dann zulässig, wenn die Handlung des Täters so extrem gefährlich war, dass kein vernünftiger Mensch mehr auf das Ausbleiben des Erfolges vertrauen konnte.

Beispiel: Wer mit einer Axt oder einem Messer ungezielt auf Kopf und Oberkörper eines Menschen einwirkt, hat in aller Regel Tötungsvorsatz.

Gegenbeispiel: Wer als Aidsinfizierter mit einem Partner (ohne dessen Wissen um die Infektionsgefahr) ungeschützten Sexualverkehr ausübt, vertraut häufig darauf, dass es nicht zu einem tödlichen Verlauf einer Infektion kommt. Es liegt also allenfalls Vorsatz für eine lebensgefährliche Körperverletzung (§ 224 Abs. 1 Nr. 5), nicht aber für Totschlag (§ 212) oder Mord (§ 211) vor.

	Absicht (dolus directus 1)	**direkter Vorsatz** (dolus directus 2)	**Eventualvorsatz** (dolus eventualis)
kognitiv:	Erfolg aus Tätersicht sicher oder möglich	Erfolg aus Tätersicht **sicher**	Erfolg aus Tätersicht **möglich**
voluntativ:	**zielgerichteter Erfolgswille**	Erfolg kann sogar unerwünscht sein	Erfolg billigend **in Kauf genommen**/damit abgefunden

37

| 3. Abschnitt | Die wichtigsten Deliktsarten im Einzelnen |

b) Sonstige subjektive Tatbestandsmerkmale

Deliktsspezifische subjektive Tatbestandsmerkmale ergeben sich aus den Straftatbeständen des StGB BT!

Viele Delikte verlangen neben dem Tatbestandsvorsatz noch eine zusätzliche **besondere Absicht oder ein Motiv** des Täters. Man erkennt solche Merkmale in der Regel an den Präpositionen „um zu" oder „in der Absicht" (verbunden mit einem Zweck, z.B. bei § 242: Zueignungsabsicht) und „aus" (verbunden mit einem bestimmten Handlungsantrieb, z.B. in § 211: Habgier). Auch für die subjektiven Tatbestandsmerkmale gilt das Simultanprinzip. Abzustellen ist also auf den Moment der Tathandlung. Die subjektiven Tatbestandsmerkmale weisen immer über den objektiven Tatbestand hinaus und verlangen ein weiteres Unrechtselement. Dieses muss aber ausschließlich aus dem Vorstellungsbild des Täters begründet werden.

Check: Subjektiver Tatbestand

1. In welchem Zeitpunkt muss der Vorsatz vorliegen?

1. Nach § 16 Abs. 1 S. 1 muss der Vorsatz im Moment der Begehung der Tat vorliegen, d.h. nach § 8 im Zeitpunkt der Vornahme der Tathandlung. Diese muss nach § 22 zugleich der Versuchsbeginn der Tat sein.

2. Ist der Tatbestand des § 212 erfüllt, wenn A sein vorgesehenes Tatopfer B mit C verwechselt und C erschießt?

2. § 212 ist objektiv und auch subjektiv erfüllt: A hat einen anderen Menschen getötet. Für den Vorsatz genügt es, dass A die Umstände gekannt hat, die der objektive Tatbestand des § 212 beschreibt, nämlich die Tötung eines anderen. Dieses Wissen hatte A. Sein Irrtum über die Identität des Opfers liegt außerhalb des Tatbestandes und ist deshalb ein unbeachtlicher Motivirrtum.

3. Ist der Tatbestand des § 212 auch erfüllt, wenn A auf eine Schaufensterpuppe schießen will und infolge einer Verwechslung den B tötet?

3. § 212 ist zwar objektiv erfüllt, doch fehlt der Vorsatz des A: Infolge seiner Verwechslung wusste A schon nicht, dass er einen anderen Menschen tötete. (Gegeben ist nach § 16 Abs. 1 S. 2 fahrlässige Tötung gemäß § 222 in Tateinheit mit versuchter Sachbeschädigung, §§ 303 Abs. 1, Abs. 3, 22, 23.)

4. Kann ein Rechtsirrtum über das Vorliegen eines Tatbestandsmerkmals den Vorsatz ausschließen?

4. Ein Rechtsirrtum in Bezug auf ein Tatbestandsmerkmal schließt nur dann den Vorsatz aus, wenn dem Täter dadurch sogar der nur vereinfachte, laienhafte, rechtliche Bedeutungsgehalt des Merkmals verschleiert wird. Hat der Täter als juristischer Laie die erforderliche Parallelwertung noch richtig vollzogen und hält er das Merkmal nur im konkreten Fall aufgrund fehlerhafter Subsumtion für nicht erfüllt, so ist sein Vorsatz trotzdem gegeben. Infrage kommt dann allenfalls ein Verbotsirrtum nach § 17.

5. Definieren Sie Eventualvorsatz auf der Grundlage der h.M.

5. Eventualvorsatz (bedingter Vorsatz) liegt nach herrschender Meinung vor, wenn der Täter die Tatbestandsverwirklichung ernsthaft für möglich hält und sich mit ihr abfindet. Die Rechtsprechung verlangt zwar, dass der Täter die Tatbestandsverwirklichung billigend in Kauf nehme, nimmt ein Billigen im Rechtssinne aber auch dann an, wenn der Täter hofft, die Tatbestandsverwirklichung werde ausbleiben.

6. Wann hat der Täter Absicht i.S.v. dolus directus 1. Grades?

6. Bei Absicht oder dolus directus 1. Grades muss es dem Täter als voluntatives Element auf die Verwirklichung des tatbestandlichen Erfolges ankommen. In kognitiver Hinsicht genügt es, dass er den Erfolg für möglich hält.

3. Abschnitt | Die wichtigsten Deliktsarten im Einzelnen

II. Die Rechtswidrigkeit

Die Verwirklichung des Tatbestandes „indiziert" die Rechtswidrigkeit. Damit ist gemeint, dass bei Erfüllung der objektiven und subjektiven Tatbestandsmerkmale einer Norm im Normalfall auch von der Rechtswidrigkeit der Tat ausgegangen werden kann. Die Straftatbestände erfassen ja solche Verhaltensweisen, die typischerweise Unrecht darstellen.

! *Greifen offensichtlich keine Rechtfertigungsgründe ein, reicht deshalb in der Klausur die schlichte Feststellung der Rechtswidrigkeit aus!*

Eine Besonderheit sind die Nötigung (§ 240) und die Erpressung (§ 253). Diese Tatbestände sind so weit gefasst, dass allein die Verwirklichung der Tatbestandsmerkmale noch nicht genügt, um auch nur ein vorläufiges Unwerturteil über die Tat zu fällen. Hier muss die Rechtswidrigkeit begründet werden. Dafür muss zusätzlich festgestellt werden, dass das tatbestandsmäßige Verhalten verwerflich ist **(= positive Rechtswidrigkeitsprüfung)**.

Rechtfertigungsgründe sind Erlaubnistatbestände.

Rechtfertigungsgründe erlauben ausnahmsweise die Rechtsgutverletzung in einem konkreten Fall. Sie sind als **Erlaubnistatbestände** Gegennormen zu den Straftatbeständen und beseitigen das Unrecht.

Anders als bei den Verbotstatbeständen gilt für die tätergünstigen Erlaubnistatbestände der Bestimmtheitsgrundsatz nicht.

Rechtfertigungsgründe für Straftaten müssen auch nicht zwangsläufig aus dem StGB kommen. Da die Rechtsordnung eine Einheit bildet, können Rechtfertigungsgründe vielmehr aus jedem beliebigen Rechtsgebiet herangezogen werden. Denn was zivilrechtlich oder öffentlich-rechtlich erlaubt ist, kann unter strafrechtlicher Betrachtung nicht verboten sein. Rechtfertigungsgründe müssen nicht einmal gesetzlich normiert, sondern können gewohnheitsrechtlich anerkannt sein.

Wie für Verbotstatbestände ist aber auch für Erlaubnistatbestände neben den **objektiven Voraussetzungen** eine korrespondierende **subjektive Rechtfertigungsseite** erforderlich. Nach dem Schrifttum genügt hierfür allein die Kenntnis der objektiven Sachlage, während die Rechtsprechung sogar Rechtfertigungsabsicht verlangt.

Im Folgenden schauen wir uns zunächst die häufigsten Rechtfertigungsgründe an. Danach befassen wir uns – wie schon oben beim Vorsatz – mit den Folgen der Unkenntnis der eigenen Rechtswidrigkeit wegen irriger Annahme eines Rechtfertigungsgrundes.

1. Die wichtigsten Rechtfertigungsgründe

BGB	StGB	StPO	ungeschrieben
▪ § 228 (Defensivnotstand) ▪ § 904 (Aggressivnotstand) ▪ § 859 (Besitzwehr/-kehr) ▪ § 229 (Selbsthilfe)	▪ § 32 (Notwehr) ▪ § 34 (Notstand)	▪ § 127 Abs. 1 S. 1 (Jedermann-Festnahme-recht)	▪ Pflichten-kollision ▪ Einwilligung ▪ mutmaßliche Einwilligung

a) Notwehr gemäß § 32

Die Notwehr ist der schärfste Rechtfertigungsgrund überhaupt. Wer angegriffen wird, darf sich gegen den Angreifer wehren, ohne abwägen zu müssen, ob seine Interessen mehr wert sind als der Schaden, der durch die Verteidigung beim Angreifer entsteht. Zum Schutz von Eigentum kann daher durchaus die Verletzung und unter Umständen sogar die Tötung des Angreifers erlaubt sein. Das **Folgenrisiko trägt der Angreifer**. Der Notwehr liegen zwei Prinzipien zugrunde: Zum einen das **Schutzprinzip**, welches dem Grundbedürfnis jedes Menschen Rechnung trägt, seine Rechtsgüter vor Angriffen zu schützen. Zum anderen das sog. **Rechtsbewährungsprinzip:** „Recht braucht Unrecht nicht zu weichen".

Prinzipien der Notwehr: Schutzprinzip und Rechtsbewährungsprinzip

---

Aufbauschema: Notwehr, § 32

- **Notwehrlage, Nothilfelage**
  - Angriff entweder auf den Verteidiger oder Dritte (dann: Nothilfe)
  - Gegenwärtigkeit des Angriffs
  - Rechtswidrigkeit des Angriffs
- **Verteidigungshandlung**
  - Nur gegen Rechtsgüter des Angreifers
  - Erforderlichkeit
  - Gebotenheit
- **Notwehrwille/Nothilfewille**
  - Kenntnis der objektiven Voraussetzungen und Verteidigungswille (str.)

| 3. Abschnitt | Die wichtigsten Deliktsarten im Einzelnen |

aa) Notwehrlage

Gegenwärtiger, rechtswidriger Angriff

Ein so scharfes Abwehrrecht wie die Notwehr kann nur in ganz engen zeitlichen und rechtlichen Grenzen gewährt sein, weil in einer funktionierenden Gesellschaft Polizei und Gerichte und nicht der Einzelne für die Lösung von Konflikten zuständig sind. Diese Grenzen der Notwehr werden zuerst durch die Notwehrlage bestimmt. Die Notwehrlage besteht in einem gegenwärtigen rechtswidrigen Angriff.

(1) Ein Angriff ist jede Bedrohung rechtlich geschützter Interessen durch menschliches Verhalten.

Rechtlich geschützte Interessen sind vor allem solche, die dem einzelnen zustehen, also Leib, Leben, Eigentum, aber auch Ehre, das Recht am eigenen Bild und die Privatsphäre. Darauf, dass sich der Angreifer strafbar gemacht hat, kommt es nicht an. Auch ein nicht strafbares Verhalten kann einen Angriff begründen.

Beispielsweise ist die Wegnahme einer fremden Sache in der irrigen Annahme, die eigene genommen zu haben, nicht strafbar. Sie stellt jedoch einen Angriff dar. Allerdings darf gegen einen im Irrtum Handelnden nur in beschränktem Maß Notwehr geübt werden (dazu unter bb) (3) Gebotenheit der Verteidigungshandlung).

Objektiv muss **tatsächlich eine Bedrohung** bestehen.

Tiere können nicht rechtswidrig handeln. Daher scheiden solche Aggressionen als Angriff i.S.v. § 32 aus!

Nur menschliches Verhalten im strafrechtlichen Sinn stellt einen Angriff dar. Nicht umfasst werden menschliche Verhaltensweisen, die nicht willensgetragen sind und damit **keine Handlungsqualität** besitzen, sowie rein tierisches Verhalten. Möglich ist auch ein **Angriff durch Unterlassen**. Weitgehend besteht hierbei Einigkeit, dass ein Angriff durch Unterlassen eine Rechtspflicht zum Handeln voraussetzt. Der Hundehalter, der seinen aggressiven Fifi entgegen bestehender Anleinpflicht umherlaufen lässt, kann damit zum Angreifer durch Unterlassen werden, wenn der Hund Spaziergänger anfällt.

Der Angriff muss sich nicht gegen den Notwehr Übenden selbst richten. Das Gesetz erlaubt auch Notwehr zugunsten jedes Dritten (s. § 32 Abs. 2: „Angriff von sich oder einem anderen"). Man spricht dann von **Nothilfe**. Hier gibt es aber zwei Einschränkungen:

Der Staat ist kein „Anderer" i.S.v. § 32 Abs. 2, wohl aber i.S.v. § 34!

Der Angegriffene „andere" muss ein individueller Rechtsgutträger sein, z.B. der von Jugendlichen angegriffene Fahrgast in der U-Bahn. Nothilfe zugunsten der Allgemeinheit oder des Staates ist nicht gestattet. Sonst könnte sich jeder Bürger zum Wahrer der Rechtsordnung aufschwingen und hätte mit der „Staatsnothilfe"

42

A. Das vollendete vorsätzliche Erfolgsdelikt als Begehungstat

mehr Rechte als die Polizei- und Ordnungsbehörden! Möglich ist allenfalls eine Rechtfertigung aus Notstand, § 34.

Zudem darf Nothilfe nicht gegen den Willen des Angegriffenen aufgedrängt werden.

(2) Ein Angriff ist dann **gegenwärtig**, wenn er unmittelbar bevorsteht oder wenn er gerade stattfindet oder noch fortdauert, also noch nicht fehlgeschlagen, noch nicht endgültig aufgegeben und auch noch nicht vollständig durchgeführt ist. Ist ein Angriff noch nicht gegenwärtig, kann allerdings schon eine Gefahr im Sinne der Notstandsregeln vorliegen.

(3) Rechtswidrigkeit des Angriffs

Bei diesem Merkmal besteht Uneinigkeit über die Definition:

Der BGH und Teile der Lit. bejahen die Rechtswidrigkeit eines Angriffs dann, wenn der Angegriffene die drohende Rechtsgutverletzung nicht zu dulden braucht. Maßgeblich ist also das drohende **Erfolgsunrecht**.

Viele Rechtslehrer stellen hingegen darauf ab, ob das Angreiferverhalten objektiv im Widerspruch zur Rechtsordnung steht oder nicht, d.h. es entscheidet hier das sog. **Verhaltensunrecht**. Nach dieser Auffassung entfällt ein rechtswidriger Angriff nicht nur dann, wenn für die drohende Rechtsgutbeeinträchtigung ein Rechtfertigungsgrund besteht, sondern auch, wenn der Täter sich objektiv fehlerfrei verhalten hat. Der Streit wird bedeutsam bei einem unvermeidbaren Irrtum über das Vorliegen eines rechtswidrigen Angriffs.

Beispiel: Die Oberschüler A, B und C wollen für ihren Leistungskurs Sozialkunde die mangelnde Zivilcourage vieler Mitbürger dokumentieren. Sie verabreden, dass A so tut, als würde er den B an einer Bushaltestelle körperlich attackieren. Sie erwarten, dass keiner der Vorbeikommenden eingreift. C will alles aus einiger Entfernung auf Video aufnehmen. Der Mitbürger X sieht, wie A vermeintlich den B angreift. Er bemerkt C nicht und hat auch sonst keine Anhaltspunkte, dass der Angriff nur vorgetäuscht ist. X ist schon im Begriff, den vermeintlichen Angreifer A zu schlagen, als C seinen Arm festhält. - C hat mit dem Festhalten den X genötigt (§ 240), A nicht zu schlagen. Diese Nötigung könnte jedoch nach § 32 gerechtfertigt sein. Hierfür müsste X den A rechtswidrig angegriffen hat. Da A den B nicht angegriffen hat, konnte X nicht wegen Notwehr gerechtfertigt handeln. Durch seinen Schlag wäre daher das Erfolgsunrecht einer Körperverletzung eingetreten. Ließe man dieses ausreichen, wäre der Angriff des X auf A rechtswidrig und C hätte X nach § 32 gerechtfertigt festgehalten. Da X die wahre Sachlage jedoch nicht erkennen konnte, fehlte es am Verhaltensunrecht. Sieht man das Verhaltensunrecht als entscheidend an, hätte X den A nicht rechtswidrig angegriffen. Das Festhalten durch C könnte dann nicht nach § 32, sondern nur nach § 34 gerechtfertigt sein.

3. Abschnitt — Die wichtigsten Deliktsarten im Einzelnen

Ein Verschulden ist nach keiner Ansicht notwendig.

Die Rechtswidrigkeit des Angriffs entfällt – unabhängig vom oben dargestellten Meinungsstreit –, wenn der **Angreifer seinerseits gerechtfertigt** ist und damit ein **Eingriffsrecht** hat, das eine **Duldungspflicht** des Angegriffenen nach sich zieht.

Ist also der Angreifer seinerseits **beispielsweise** bei einer Körperverletzungshandlung durch Notwehr gerechtfertigt, kann sich der Angegriffene mangels Rechtswidrigkeit des Angriffs nicht mit einer Notwehrhandlung dagegen wehren („Keine Notwehr gegen Notwehr").

! *Solche ineinander geschachtelten Prüfungen von Rechtfertigungsgründen sind in Klausuren durchaus beliebt. Der Anknüpfungspunkt für die Verschachtelung ist dabei stets das Merkmal der Rechtswidrigkeit des Angriffs!*

bb) Verteidigungshandlung

(1) Nur gegen den Angreifer

Keine Drittwirkung der Notwehr

Die Notwehrhandlung muss „Verteidigung" sein. Notwehr setzt damit bereits begrifflich voraus, dass sich die Handlung des Täters ausschließlich gegen Rechtsgüter des Angreifers richtet. Eingriffe in Rechte und Rechtsgüter dritter, unbeteiligter Personen erlaubt das Notwehrrecht folglich nach h.M. nicht. Dazu kann sich der Täter allenfalls auf die schwächeren Notstandsregeln berufen. Die Gegenansicht, die auch in der Rspr. vertreten wird, erstreckt die Notwehr ausnahmsweise auch auf die Rechtfertigung von Tatbeständen zum Schutz der Allgemeinheit, wenn deren Begehung untrennbar mit der Notwehrhandlung verbunden ist.

Beispiel: Autofahrer A wird von einer Gruppe bewaffneter Schläger umringt, die ihn aus dem Auto zerren und schwer verletzen wollen. Um sich zu retten, fährt A auf die Angreifer zu und verletzt einen von ihnen. – Hier ist die Körperverletzung gemäß §§ 223, 224 Abs. 1 Nr. 2 Alt. 2 und Nr. 5 aus Notwehr gerechtfertigt; nach Ansicht des BGH auch der gefährliche Eingriff in den Straßenverkehr nach § 315 b Abs. 1 Nr. 3. Die h.M. im Schrifttum, die eine Drittwirkung der Notwehr ablehnt, würde einen rechtfertigenden oder jedenfalls einen entschuldigenden Notstand annehmen.

(2) Erforderlichkeit der Verteidigungshandlung

(a) Nicht jede Abwehr einer objektiv bestehenden Notwehrlage ist auch erlaubt. Die Verteidigungshandlung ist vielmehr durch das Merkmal der **Erforderlichkeit** in **tatsächlicher Hinsicht** begrenzt. Die Verteidigungshandlung muss zunächst überhaupt **geeignet** sein, den Angriff sofort und nachhaltig abzuwehren. Der Verteidiger darf das für ihn erreichbare Abwehrmittel wählen, das eine sofortige und endgültige Beseitigung des Angriffs erwarten lässt. Er

A. Das vollendete vorsätzliche Erfolgsdelikt als Begehungstat | **3. Abschnitt**

ist grundsätzlich nicht gehalten, auf die Anwendung weniger gefährlicher Verteidigungsmittel zurückzugreifen, wenn deren Wirkung für die Abwehr zweifelhaft ist.

(b) Die Verteidigungshandlung muss darüber hinaus auch **notwendig** sein. Auf unsichere Abwehrhandlungen braucht sich der Angegriffene aber nicht einzulassen. Auch kennt die Notwehr kein Gebot der Waffengleichheit oder der Konfliktvermeidung. Wir erinnern uns: **Recht braucht Unrecht nicht zu weichen!** Wenn jedoch mehrere gleichermaßen geeignete Abwehrmittel zur Wahl stehen, dann und grundsätzlich nur dann hat der Verteidiger das mildeste Mittel zu wählen, das aus einer Betrachtung der „Kampflage" im Voraus (sog. ex ante-Sicht) Erfolg verspricht. Das zwingt bei **Einsatz lebensgefährlicher Waffen** zur Prüfung, ob eine vorherige **Androhung** oder ein **weniger verletzender Einsatz** für die Abwehr ausgereicht hätte. Man spricht auch vom **„relativ" mildesten Mittel**.

Notwendiges Mittel = relativ mildestes Mittel

(3) Gebotenheit der Verteidigungshandlung

Das Erfordernis der Gebotenheit wird von der h.M. aus dem Wortlaut des § 32 Abs. 1 gefolgert und begrenzt die Verteidigungshandlung zusätzlich in **rechtlich-ethischer Hinsicht**. Dadurch werden die Fälle erfasst, in denen nach den Besonderheiten des Konflikts und der Beteiligten die unbeschränkte Notwehr ausnahmsweise rechtsmissbräuchlich erscheint.

Die Erforderlichkeit kennzeichnet die tatsächliche, die Gebotenheit die rechtliche Begrenzung der Eingriffsbefugnisse.

Je nach Fallgestaltung kann zum einen mangels Gebotenheit das Notwehrrecht ganz **ausgeschlossen** sein; zum anderen kann aber auch lediglich **verhältnismäßige (abgestufte) Notwehr** geboten sein. Folgende Fallgruppen haben sich herausgebildet:

■ **Krasses Missverhältnis zwischen Erhaltungsgut und Eingriffsgut**

Schulfall: Der wegen einer Querschnittslähmung an den Rollstuhl gefesselte A sieht, wie ein Nachbar in einen seiner Apfelbäume klettert, um einen Apfel zu stehlen. Seine einzige Möglichkeit, diesen Angriff auf sein Eigentum zu unterbinden, läge darin, den Nachbarn mit einem Gewehr aus dem Baum zu schießen. Hier wäre wegen des krassen Missverhältnisses zwischen dem Eingriffsgut „Leben" und dem Erhaltungsgut „Eigentum an Äpfeln im Wert von Centbeträgen" eine Notwehr durch A überhaupt nicht geboten. Es greift auch kein anderer Rechtfertigungsgrund für den Einsatz einer tödlichen Waffe ein!

Nur ausnahmsweise kommt es hier dann doch zu einer Interessenabwägung, die sonst der Notwehr fremd ist.

■ **Absichtsprovokation**

Darunter versteht man Fälle, in denen der spätere Verteidiger die Attacke des Angreifers gezielt herausgefordert hat, nur um Notwehr üben zu können. Die Notwehr dient hier nur vorder-

45

3. Abschnitt — Die wichtigsten Deliktsarten im Einzelnen

gründig der Verteidigung; in Wahrheit soll ein eigener Angriff durch den Deckmantel der Notwehr verschleiert werden. Hierin liegt ein Missbrauch des Notwehrrechts.

Beispiel: Der Jurastudent J hat gehört, dass eine durch Notwehr gerechtfertigte Tat nicht bestraft werden kann. Dies möchte J sich nun auch praktisch zunutze machen, indem er seinen leicht erregbaren Rivalen R solange überheblich angrinst, bis dieser auf ihn losgeht. Da der J dem R körperlich weit unterlegen ist, hat er sich vorsorglich mit Pfefferspray ausgerüstet. Als R den J gerade anspringen will, sprüht ihm dieser mit den Worten „Recht braucht Unrecht nicht zu weichen!" das Pfefferspray in die Augen. – J hat hier eine gefährliche Körperverletzung (§§ 223, 224 Abs. 1 Nr. 2 Alt. 1; Pfefferspray als Defensiv-„Waffe") begangen, die nicht nach § 32 gerechtfertigt ist. Zwar lag ein gegenwärtiger rechtswidriger Angriff des R vor, und die Verteidigung des J war unter den gegebenen Umständen auch erforderlich; allerdings war hier die Notwehr wegen Absichtsprovokation nicht geboten. Die Tat ist nicht gerechtfertigt.

Diese Provokationsfälle sind besonders klausurrelevant. Im Detail gibt es hier noch viel Streit. Für die Zwischenprüfungsklausur genügt die Linie der h.M.

■ **Sonstige vorwerfbare Provokation**

Auch wer – ohne es darauf abzusehen – durch sein Vorverhalten für die spätere Notwehrlage verantwortlich ist, kann sich nicht mehr unbeschränkt auf das Rechtsbewährungsprinzip berufen.

Eines ist dabei unbestritten: Rechtlich erlaubtes oder sogar gebotenes Verhalten löst keine Notwehrbeschränkung aus, selbst wenn erkennbar war, dass es zu einem Angriff führen könnte. Auch muss sich das Vorverhalten gegen Rechtsgüter des späteren Angreifers gerichtet und in zeitlich-räumlichem Zusammenhang mit dem späteren Angriff gestanden haben.

Im Übrigen ist umstritten, welche Qualität das Vorverhalten haben muss: Die Rechtspraxis beschränkt das Notwehrrecht bereits dann, wenn das Vorverhalten **sozialethisch zu beanstanden** ist, also etwa seinem Gewicht nach einer schweren Beleidigung gleichkommt, z.B. Herausekeln aus einem Zugabteil durch fortwährendes Öffnen des Fensters. Das Schrifttum betont demgegenüber, dass nur derjenige Beschränkungen seines Notwehrrechts hinnehmen müsse, der durch sein Vorverhalten **selbst rechtswidrig** und nicht nur sozialethisch missbilligenswert gehandelt habe.

Je schwerer die Provokation, desto stärker die Einschränkung des Notwehrrechts!

Notwehrbeschränkung: Ausweichen – Schutzwehr – Trutzwehr – erst wenn all dies nicht mehr möglich ist: lebensgefährliche Verteidigung!

Ist nach dem Vorgenannten eine Notwehrbeschränkung zu bejahen, darf der Verteidiger nur noch „abgestufte" oder „verhältnismäßige" Notwehr üben, d.h. er muss zunächst versuchen, dem Konflikt auszuweichen oder durch Ausweichen zu einem weniger gefährlichen Einsatz seiner Verteidigungsmittel zu kommen, auch wenn nicht sicher ist, ob der Angriff endgültig gebrochen wird. Nur wenn der Angegriffene diese Möglichkei-

A. Das vollendete vorsätzliche Erfolgsdelikt als Begehungstat | **3. Abschnitt**

ten ausgeschöpft hat oder wenn sie von vornherein ausgeschlossen waren, darf er als allerletztes Mittel zu einem lebensgefährlichen Verteidigungsmittel greifen. Die Tat selbst ist dann gerechtfertigt.

Es stellt sich aber das Folgeproblem, ob die Herbeiführung der Notwehrlage in Verbindung mit dem später gerechtfertigten Erfolg als Fahrlässigkeit strafbar ist. Die Rspr. hält dies für möglich, wenn gerade in der Provokation der Vorwurf sorgfaltswidrigen und vorhersehbaren Fehlverhaltens liegt. Die Lit. lehnt eine Fahrlässigkeitstat in dieser Konstellation mangels objektiver Zurechenbarkeit ab: Da der Erfolg von der Rechtsordnung (wegen der Rechtfertigung) erlaubt sei, habe sich darin gerade nicht mehr das verbotene Risiko des Vorverhaltens verwirklicht.

■ **Angriffe schuldlos Handelnder**

Wer den Angriff nicht vorwerfbar, also schuldlos, begeht, verdient auch nicht die volle Härte des Rechtsbewährungsprinzips. Gegen ihn darf Notwehr auch nur in abgestufter Form wie bei der vorgenannten Fallgruppe der schuldhaften Notwehrprovokation geübt werden. Schuldlos sind schuldunfähige (§§ 19, 20), entschuldigte (z.B. §§ 33, 35) oder im unvermeidbaren Irrtum handelnde Angreifer.

cc) Notwehrwille/Nothilfewille

Zumindest ist erforderlich, dass der Verteidiger **alle objektiven Umstände der Notwehr oder Nothilfe gekannt hat**, also die tatsächlichen Umstände, die den gegenwärtigen rechtswidrigen Angriff, Erforderlichkeit und Gebotenheit ausmachen.

Die Rspr. folgert aus dem Gesetzeswortlaut („um zu"), dass der Täter **Verteidigungsabsicht** gehabt haben muss. Aufwallende Wut ist so lange unschädlich, wie diese Emotion lediglich ein Nebenmotiv bleibt. Tritt hingegen der Verteidigungswille völlig in den Hintergrund, scheidet danach eine Rechtfertigung aus.

b) Rechtfertigender Notstand gemäß §§ 228, 904 BGB, § 34 StGB

Prägend für den Notstand ist das **Prinzip der Güterabwägung**: Wer in einem anders nicht lösbaren Konflikt zweier Interessen das höherwertige schützt, indem er das geringerwertige verletzt, begeht kein Unrecht. Dabei differenziert der Gesetzgeber für die verschiedenen Notstandsregeln den Maßstab der Interessenabwägung:

Prinzip des rechtfertigenden Notstandes: Abwägung

47

| 3. Abschnitt | Die wichtigsten Deliktsarten im Einzelnen |

- **§ 228 BGB (Defensivnotstand)** betrifft eine Einwirkung auf eine fremde Sache, wenn gerade durch diese Sache die Gefahr für ein geschütztes Interesse besteht. Die tatbestandsmäßige Notstandshandlung, die sich gegen die Gefahrenquelle richtet, ist **grundsätzlich gerechtfertigt**, es sei denn, der an dem Eingriffsgut verursachte Schaden wäre unverhältnismäßig groß.

Der Abwägungsmaßstab ist also beim Defensivnotstand für den Täter günstiger als beim Aggressivnotstand.

- **§ 904 BGB (Aggressivnotstand)** erfasst eine **Einwirkung auf eine an der Gefahrentstehung unbeteiligte Sache**. Die tatbestandsmäßige Notstandshandlung ist **nur dann gerechtfertigt**, wenn das Erhaltungsinteresse das Eingriffsgut **wesentlich überwiegt**.

- **§ 34** ist eine Art **Rechtfertigungsgrund**, der – soweit keine speziellen Notstandsregeln eingreifen – **Einwirkungen auf sonstige Rechtsgüter** sowohl im **Aggressiv- als auch im Defensivnotstand** erlaubt. Die tatbestandsmäßige Notstandshandlung, die sich gegen Rechtsgüter Unbeteiligter richtet, ist **nur dann gerechtfertigt**, wenn das Erhaltungsinteresse das Eingriffsgut wesentlich überwiegt (entspricht § 904 BGB). Allerdings wird dieser Maßstab bei Handlungen gegen den Urheber der Gefahr analog § 228 BGB wieder korrigiert.

Prüfen Sie bei Einwirkungen auf Sachen zunächst die spezielleren Rechtfertigungsgründe der §§ 228 und 904 BGB, bevor sie auf § 34 zurückgreifen.

Beispiel: Der Hund des A reißt sich von der Leine los und attackiert den Briefträger B. B erschlägt den Hund mit einem Regenschirm, den er der Passantin P entrissen hat. Dabei zerbricht der Regenschirm. – Da hier B fremde Sachen zerstört hat (§ 303 Abs. 1), sind zur Rechtfertigung die spezielleren §§ 228, 904 BGB dem § 34 StGB vorzuziehen. Die Einwirkung auf den gefahrbringenden Hund des A geschah im Defensivnotstand und ist nach § 228 BGB zu rechtfertigen. Die Einwirkung auf den an der Gefahrentstehung unbeteiligten Regenschirm der P geschah im Aggressivnotstand und ist nach § 904 BGB erlaubt.

Aufbauschema: Rechtfertigender Notstand gemäß § 34

- **Notstandslage**
  - Rechtlich geschütztes Interesse betroffen
  - Gefahr
  - Gegenwärtigkeit der Gefahr
- **Notstandshandlung**
  - Erforderlichkeit der Notstandshandlung (= nicht anders abwendbar)
  - Interessenabwägung zwischen Erhaltungsinteresse und Eingriffsgut
  - Angemessenheit der Notstandshandlung
- **Notstandswille**

aa) Notstandslage

(1) Notstandsfähig ist jedes beliebige rechtlich geschützte Interesse (sog. **Erhaltungsinteresse**). Die Aufzählung in § 34 ist – wie sich bereits aus dem Wortlaut ergibt („... anderes Rechtsgut ...") – nicht abschließend. Das notstandsfähige Interesse muss auch hier nicht dem Täter, sondern kann auch Dritten zustehen (sog. Notstandshilfe). Nach umstrittener Ansicht sind sogar – anders als bei § 32 – Interessen der Allgemeinheit notstandsfähig.

(2) Gefahr ist jede Bedrohung rechtlich geschützter Interessen, bei der nach den tatsächlichen Umständen der Eintritt eines Schadens wahrscheinlich ist. Diese Wahrscheinlichkeit muss sich aus tatsächlich vorliegenden Umständen ergeben. Eine bloße Anscheinsgefahr reicht für § 34 nicht aus.

> Der Begriff der „Gefahr" ist weiter als der des „Angriffs". Das strahlt auch auf das Merkmal der „Gegenwärtigkeit" aus.

(3) Gegenwärtig ist die Gefahr, wenn die Bedrohungslage bei natürlicher Weiterentwicklung jederzeit in einen Schaden umschlagen kann. Aufgrund dieses weiten Verständnisses sind nicht nur die **akute Gefahr** und die sog. **Augenblicksgefahr** (z.B. Gefahr des Erstickens durch Verschlucken einer Fischgräte) gegenwärtig. Es reicht schon aus, dass eine Gefahrenlage jederzeit, also im nächsten Moment in einen Schaden umschlagen kann oder dass der Schadenseintritt sich noch eine Zeit lang hinauszögert (sog. **Dauergefahr**, z.B. Gefährlichkeit eines einsturzgefährdeten Bauwerks).

> Im Gegensatz zu § 32 ist die Gegenwärtigkeit bei § 34 auch dann zu bejahen, wenn der Schaden nicht in unmittelbarer zeitlicher Nähe zur Ausgangssituation einzutreten droht.

bb) Notstandshandlung

(1) Das Merkmal „ ... nicht anders abwendbar ..." besagt dasselbe wie die Erforderlichkeit bei der Notwehr. Der vom Täter durch die Tatbestandserfüllung beschriebene Rechtsguteingriff muss geeignetes und zugleich relativ mildestes Mittel gewesen sein, um die Gefahr endgültig zu beseitigen. Für die Eignung ist nicht notwendig, dass die Handlung die Gefahrenlage sicher oder mit hoher Wahrscheinlichkeit beseitigt. Es genügt, wenn durch die Handlung überhaupt eine Rettungschance bestand. Allerdings sind bei der Gefahrenabwehr – im Gegensatz zur Erforderlichkeit § 32 – auch **Ausweichmöglichkeiten** vom Täter zu nutzen.

> Ausweichmöglichkeiten sind hier – im Gegensatz zur Notwehr – zu nutzen!

(2) Der Kern der Rechtfertigungsprüfung besteht in der **Abwägung der kollidierenden Rechtsgüter und Interessen**. Diese Abwägung vollzieht sich in folgenden Schritten:

(a) Erst einmal müssen Sie die betroffenen Güter und Interessen, also das **Eingriffsgut und das Erhaltungsgut oder -interesse, ermitteln und benennen**. Das Eingriffsgut ist leicht zu bestimmen. Es ergibt sich aus dem Tatbestand, den die Notstandshandlung erfüllt.

> Die Güterabwägung hat zunächst abstrakt, dann aber auch konkret zu erfolgen!

| 3. Abschnitt | Die wichtigsten Deliktsarten im Einzelnen |

Soll etwa eine tatbestandsmäßige Freiheitsberaubung gemäß § 239 als Notstandshandlung gerechtfertigt werden, ist das Eingriffsgut die Fortbewegungsfreiheit, bei einer Nötigung gemäß § 240 die Willensbetätigungsfreiheit usw.

Das Erhaltungsgut ist dasjenige, das sich in gegenwärtiger Gefahr befindet.

Rangverhältnis (abstrakt)

(b) Sodann ist das abstrakte **Rangverhältnis** der betroffenen Rechtsgüter herauszuarbeiten. Dabei gelten folgende Grundsätze:

■ Personenwerte sind höherwertig als Sachwerte. Dies lässt sich bereits der Wertung des Art. 1 GG entnehmen.

■ Unter den Personenwerten rangiert das Leben als höchstrangiges Rechtsgut vor der „bloßen" körperlichen Unversehrtheit.

■ Hinsichtlich aller sonstigen Rechtsgüter kann aus der abstrakten Strafdrohung (also aus dem Strafrahmen, den das Gesetz für einen Eingriff in das jeweilige Rechtsgut vorsieht) auf den abstrakten Wert eines Rechtsguts geschlossen werden.

(c) Der abstrakte Rang eines Rechtsguts hat aber für die Güterabwägung erst einmal nur **indizielle Bedeutung**. Letztentscheidend ist die konkrete Beurteilung in der jeweiligen Notstandssituation. Kriterien hierfür sind:

Schadensumfang und Gefahrengrad (konkret)

■ **Intensität und Umfang des drohenden Schadens, Größe der Rettungschancen sowie der Grad der drohenden Gefahr**; also qualitative und quantitative Überlegungen. Hierdurch kann es dann auch zu Verschiebungen in der Rangfolge kommen, die den betroffenen Rechtsgütern abstrakt zukommt.

Beispiel: Ist einerseits eine nur ganz geringfügige Körperverletzung zu befürchten, droht auf der anderen Seite aber ein Sachschaden in Millionenhöhe, kann in einem solchen Extremfall konkret das Erhaltungsinteresse am Eigentum das Eingriffsinteresse an der körperlichen Unversehrtheit wesentlich überwiegen, obwohl den Rechtsgütern bei abstrakter Betrachtungsweise ein anderes Rangverhältnis zukommt.

Jeder qualitativen und quantitativen Abwägung entzogen ist jedoch das **Rechtsgut Leben als höchstrangiges Gut**. Art. 1 GG verbietet sowohl die Bewertung als höher- oder geringerwertiges Leben als auch das Aufaddieren vieler gegen wenige Leben.

■ Ferner ist die Unterscheidung von Aggressiv- und Defensivnotstand, die nur für Sacheinwirkungen in §§ 228 und 904 BGB ausdrücklich geregelt ist, ein allgemeiner Grundsatz für alle Notstandsregeln, der auch im Rahmen des § 34 zu berücksichtigen ist. Deshalb wird bei Einwirkungen auf Rechtsgüter des **Gefahrurhebers im Defensivnotstand** die Güterabwägung des § 34

A. Das vollendete vorsätzliche Erfolgsdelikt als Begehungstat

3. Abschnitt

abweichend von dessen Wortlaut nach dem Maßstab des § 228 BGB vorgenommen, selbst wenn hier die Gefahr nicht von einer Sache ausgeht, sondern von einer Person. Es reicht dann für die Rechtfertigung aus, dass der Schaden am Eingriffsgut nicht außer Verhältnis zur abgewendeten Gefahr für das Erhaltungsgut steht, selbst wenn für sich gesehen kein eindeutiger Wertüberhang des Erhaltungsguts gegeben ist. Allerdings kann mit der Analogie zu § 228 BGB nicht die Tötung des Gefahrurhebers gerechtfertigt werden.

(3) Das Erfordernis der Angemessenheit nach § 34 S. 2 stellt – vergleichbar mit der Gebotenheitsklausel des § 32 Abs. 1 bei der Notwehr – eine **zusätzliche juristische Wertungsstufe** nach der Güterabwägung dar. Eine Notstandshandlung, die das an sich höherwertige Gut schützt, kann also dennoch unangemessen und somit nicht nach § 34 gerechtfertigt sein:

Normative Grenze der Güterabwägung: Angemessenheit

■ Dies kommt insbesondere bei einem **Verstoß gegen oberste Rechtsprinzipien** in Betracht.

> Der sog. **„Nötigungsnotstand"** spielt hier eine klausurwichtige Rolle. Nötigungsnotstand liegt vor, wenn sich der Täter zur Abwendung eines ihm angedrohten oder zugefügten Übels zum Werkzeug eines rechtswidrig handelnden Dritten machen lässt. Die Tatbegehung erfolgt also, um den Drohenden von der Realisierung des Übels abzuhalten, das dieser gerade deshalb angekündigt hat, um die Begehung der Tat zu erzwingen. Nach überwiegender Auffassung kommt in einem solchen Fall keine Rechtfertigung in Betracht, da der Täter auf die Seite des Unrechts getreten sei. Die Rechtsordnung gerate in Widerspruch zu sich selbst, wenn durch Zwang aus Unrecht Recht würde. Möglich sei allenfalls eine Entschuldigung des Täters nach § 35 (dazu später).

■ Weitere Fallgruppen der Unangemessenheit sind medizinische (Zwangs-)Eingriffe und Organentnahmen – mögen sie auch zur Lebensrettung Dritter dienen – und **Verschulden der Notstandslage**.

cc) Notstandswille

Auch im Rahmen der Notstandsregelungen ist ein subjektives Rechtfertigungselement erforderlich. Dies wird bei § 34 aus der Formulierung „um ... abzuwenden" geschlossen. Gleiches gilt für § 228 BGB. Bei § 904 BGB ergibt sich das subjektive Rechtfertigungselement aus systematischer Auslegung als strafrechtlicher Erlaubnissatz. Wie bei der Notwehr ist umstritten, ob die **Kenntnis der Notstandslage** genügt oder ob der Täter mit **Rechtfertigungsabsicht**, also mit dem Ziel der Gefahrbeseitigung gehandelt haben muss.

Check: Notwehr; rechtfertigender Notstand

1. Welches sind die tragenden Prinzipien der Notwehr und des rechtfertigenden Notstandes?

1. Der Notwehr liegen das Rechtsbewährungs- und Schutzprinzip zugrunde, nicht dagegen das Güterabwägungsprinzip, sodass auch die Verletzung oder sogar Tötung zum Schutz von Sachwerten durch Notwehr gerechtfertigt sein kann.
Der rechtfertigende Notstand basiert dagegen auf dem Güterabwägungsprinzip, sodass der Täter – vom Sonderfall des Defensivnotstandes abgesehen – nur dann gerechtfertigt handelt, wenn er das höherwertige Interesse schützt.

2. Worin bestehen die Unterschiede zwischen der Notwehrlage und der Notstandslage?

2. Notwehr ist nur bei einem akuten im Widerspruch zur Rechtsordnung stehenden Angriff eines Menschen erlaubt. Eine Notstandslage besteht darüber hinaus auch schon im Vorfeld eines rechtswidrigen Angriffs sowie bei Naturereignissen und Tierverhalten.

3. Was bedeutet „erforderlich" in § 32 und „nicht anders abwendbar" in § 34?

3. Inhaltlich meinen beide Begriffe dasselbe: Der vom Täter durch die Tatbestandserfüllung beschriebene Rechtsguteingriff muss geeignetes und zugleich relativ mildestes Mittel gewesen sein, um den Angriff/die Gefahr endgültig zu beseitigen. Sie unterscheiden sich insoweit, als beim Notstand – anders als bei der Notwehr – auch Ausweichen ein milderes Mittel ist.

4. In welchen Fällen kann die Notwehrhandlung nicht „geboten" sein?

4. Die Gebotenheit fehlt u.a. bei krassem Missverhältnis zwischen verteidigtem und geschütztem Rechtsgut, ferner bei Absichtsprovokation und bei sonst vorwerfbar herbeigeführter Notwehrlage.

5. Was bewirkt die analoge Anwendung des § 228 BGB im Rahmen von § 34?

5. Richtet sich die Notstandshandlung nicht gegen unbeteiligte Dritte, sondern gegen den Gefahrurheber selbst, reicht es für die Rechtfertigung aus, dass der Schaden am Eingriffsgut nicht außer Verhältnis zur abgewendeten Gefahr für das Erhaltungsinteresse steht, selbst wenn für sich gesehen kein eindeutiger Wertüberhang des Erhaltungsguts gegeben ist. Allerdings kann mit der Analogie zu § 228 BGB nicht die Tötung des Gefahrurhebers gerechtfertigt werden.

6. In welchen Fällen ist bei § 34 eine Abwägung ausgeschlossen und wann kann die Angemessenheit fehlen?

6. Nach Art. 1 GG ist es rechtlich ausgeschlossen, Leben quantitativ oder qualitativ im Verhältnis zum Leben anderer zu relativieren.
Unangemessen i.S.v. § 34 S. 2 ist eine Notstandshandlung, die gegen oberste Rechtsprinzipien verstößt oder rechtlich bindende Entscheidungen eines Individuums verletzt, ferner der Rechtsguteingriff nach Verschulden der Notstandslage.

c) Die Jedermann-Festnahme gemäß § 127 Abs. 1 S. 1 StPO

Die Festnahme nach der StPO geschieht zur Sicherung des Strafverfahrens gegen einen Straftäter. Sie ist „vorläufig", wenn noch kein Haftbefehl vorliegt; dann muss unverzüglich ein Richter über die Fortdauer des Freiheitsentzuges entscheiden, § 128 StPO. In der Regel geschieht die vorläufige Festnahme durch Staatsanwaltschaft und Polizei, § 127 Abs. 2 StPO. Sind aber keine Strafverfolgungsorgane vor Ort, überträgt der Gesetzgeber unter engen Voraussetzungen das Recht zur vorläufigen Festnahme auf jeden Bürger.

Bei der Jedermann-Festnahme darf der Bürger unter engen Voraussetzungen für den Staat handeln.

Aufbauschema: Festnahme gemäß § 127 Abs. S. 1 StPO

- **Festnahmelage**
  - Andere Person auf frischer (Straf-)Tat betroffen o. verfolgt
  - Fluchtverdacht oder Identität nicht sofort feststellbar
- **Festnahmehandlung**
  - Erklärung der Festnahme und zwangsweise Durchsetzung
  - Verhältnismäßigkeit
- **Festnahmeabsicht**

---

aa) Festnahmelage

(1) „Tat" kann immer nur eine **Straftat sein, die zum Erlass eines Haftbefehls berechtigen würde**. Da § 127 StPO die staatliche Strafverfolgung sichern will, muss es immer um eine in der Vergangenheit liegende tatbestandsmäßige, rechtswidrige und auch schuldhafte Straftat gehen. Der Versuch einer Straftat genügt, wenn er als solcher strafbar ist.

Umstritten ist, ob die Tat tatsächlich begangen sein muss. Nach der sog. Verdachtslösung (oder auch: **prozessualen Theorie**) ist erforderlich, aber auch ausreichend, dass sich aus der Zusammenschau aller erkennbaren äußeren Umstände im Tatzeitpunkt zweifelsfrei **dringender Tatverdacht** für eine Straftat ergibt. Da es bei § 127 Abs. 1 S. 1 StPO um einen strafprozessualen Rechtfertigungsgrund gehe und alle Eingriffsnormen der StPO nur an den Verdacht und nicht an die tatsächliche Begehung der Straftat anknüpften, müsse auch für das Festnahmerecht des Bürgers der – allerdings evidente – Tatverdacht ausreichen.

Die Auslegung des Merkmals „Tat" bei § 127 Abs. 1 S. 1 StPO ist das wichtigste Klausurproblem dieser Norm.

Nach der herrschenden, am materiellen Strafrecht orientierten Auffassung (deshalb: **materielle Theorie**) muss eine **Straftat wirklich begangen worden sein**. So wie bei der Notwehr der Scheinangriff keine Notwehr begründe, genüge bei § 127 Abs. 1 S. 1 StPO dringender Tatverdacht nicht. Für diese Ansicht spricht die Systematik des § 127 StPO. Wenn in Abs. 1 S. 1 ebenso wie in Abs. 2 für Staatsanwälte und Polizeibeamte (über den Verweis auf die Haftbefehlsvoraussetzungen) der dringende Tatverdacht ausreichen würde, wäre Abs. 2 praktisch überflüssig.

Der Betroffene muss ferner **„auf frischer Tat betroffen oder verfolgt"** worden sein. **„Betroffen auf frischer Tat"** ist jemand, wenn er bei der Erfüllung des Straftatbestands oder sofort danach am Tatort oder in dessen unmittelbarer Nähe gestellt wird. **Verfolgung „auf frischer Tat"** liegt vor, wenn sich der Täter bereits vom Tatort entfernt hat, sichere Anhaltspunkte auf ihn als Täter hinweisen und die Nacheile zum Zweck seiner Ergreifung aufgenommen wird.

! *Häufige Klausurfalle: Die Festnahme eines ausgebrochenen Strafgefangenen oder eines gesuchten Straftäters ist nach § 127 Abs. 1 S. 1 StPO nicht erlaubt: Die Selbstbefreiung ist nicht – auch nicht nach § 120 – strafbar, und die Tat, deretwegen jemand gesucht wird, ist nicht mehr „frisch"!*

(2) Des Weiteren muss entweder **Fluchtverdacht** bestehen oder die **Identität darf nicht sofort feststellbar** sein. Für Fluchtverdacht genügt die nach den Umständen und der Lebenserfahrung berechtigte Annahme, der Betroffene werde sich der Strafverfolgung durch Flucht entziehen. Die Identität ist nicht sofort feststellbar, wenn der Name des Betroffenen nicht bekannt ist und wenn er Angaben zur Person verweigert oder sich nicht ausweisen kann.

bb) Festnahmehandlung

(1) § 127 Abs. 1 S. 1 StPO erlaubt unter diesen Voraussetzungen zuallererst die Festnahme als solche sowie ihre zwangsweise Durchsetzung. Die Festnahme geschieht dadurch, dass der Bürger gegenüber dem Betroffenen erklärt, dass er wegen einer Straftat zur Polizei mitkommen müsse oder bis zum Eintreffen der Polizei an seinem gegenwärtigen Aufenthaltsort zu bleiben habe.

(2) Die Durchsetzung der Festnahme unterliegt aber wie jeder Eingriff nach öffentlichem Recht der **Verhältnismäßigkeit**. Diese deckt nur den Zwang, der zur Durchsetzung der Festnahme erforderlich ist, also die **Freiheitsberaubung** und **Nötigung** sowie die unmittelbar dazu erforderliche Gewalt und Beeinträchtigung des **körperlichen Wohlbefindens**, soweit diese darauf gerichtet sind, den Betroffenen zur Polizei zu bringen oder dessen Verbleiben bis zum Eintreffen der Polizei zu sichern.

Das schließt unterhalb dieser Intensitätsschwelle liegende Handlungen wie die Wegnahme von Ausweispapieren oder den vorübergehenden Entzug eines Fluchtmittels mit ein.

Weitergehende Befugnisse gewährt § 127 Abs. 1 S. 1 StPO nicht. Der Festnehmende hat insbesondere **kein Recht**

■ zu **Durchsuchungen** von Räumen oder Gegenständen;

■ zu **Handlungen, die zu einer ernsthaften Schädigung der Gesundheit des Festzunehmenden oder zu einer unmittelbaren Gefährdung seines Lebens führen, und zwar selbst dann nicht, wenn die Festnahme ohne sie nicht ausgeführt oder aufrechterhalten werden kann.** Unzulässig aus dem Gesichtspunkt der Festnahme sind damit lebensgefährliche Würgegriffe oder Schüsse auf einen Fliehenden.

Solche Handlungen können aus Notwehr oder Nothilfe erlaubt sein, wenn der Grund der Festnahme zugleich eine Notwehrlage auslöst oder wenn sich der Festzunehmende der Festnahme mit Gewalt widersetzt und dadurch (!) einen gegenwärtigen rechtswidrigen Angriff begeht, sog. **Festnahmenotwehr.**

cc) Festnahmeabsicht

In subjektiver Hinsicht ist neben der **Kenntnis der die Festnahme begründenden Umstände** noch die **Absicht** erforderlich, den Festgenommenen **den Strafverfolgungsorganen zuzuführen** (und nicht etwa, den Festgenommenen durch die Festhaltung selbst zu „bestrafen").

d) Die erklärte rechtfertigende Einwilligung

Von einer erklärten Einwilligung spricht man, wenn der Wille des Rechtsgutinhabers, auf den Schutz seiner Rechtsgüter zu verzichten, **ausdrücklich oder konkludent** vor der Tat **zum Ausdruck gebracht** worden ist. Gesetzlich geregelt ist die Einwilligung nicht. Dass sie trotzdem das Unrecht beseitigt, folgt daraus, dass Individualgüter der Verfügung des Rechtsgutträgers unterliegen und dass er deshalb auch auf den rechtlichen Schutz dafür verzichten kann. Dass die erklärte Einwilligung zudem Rechtfertigungsgrund ist, ergibt sich aus § 228 („... handelt nur dann rechtswidrig ...").

Die Einwilligung als Unrechtsausschluss folgt aus der Dispositionsbefugnis über Individualrechtsgüter.

| **3. Abschnitt** | Die wichtigsten Deliktsarten im Einzelnen |

Aufbauschema: Rechtfertigende Einwilligung

■ Zulässigkeit der Einwilligung

■ Wirksame Einwilligungserklärung
- Einwilligung vor der Tat geäußert und zur Tatzeit noch fortbestehend
- Einwilligungsfähigkeit
- Einwilligung ernstlich und frei von Willensmängeln
- Keine Sittenwidrigkeit i.S.d. § 228 (nur bei §§ 223 ff.)

■ Subjektiv: Handeln aufgrund der Einwilligung

aa) Zulässigkeit der Einwilligung

Nur Individualgüter sind disponibel, also kann auch nur in Verletzungen individualschützender Strafnormen eingewilligt werden.

(1) Dazu muss das **Rechtsgut**, in das eingegriffen werden soll, zu-allererst der Verfügung des Einzelnen unterliegen, also **disponibel** sein. Ob dies der Fall ist, hängt von dem hinter der jeweiligen Strafnorm geschützten Rechtsgut ab: Geht es um Rechtsgüter, die dem Einzelnen zustehen **(Individualgüter)**, so kann der verletzte Inhaber des Rechtsguts grundsätzlich auf diesen Schutz verzichten, in-dem er in einen Eingriff einwilligt. Handelt es sich bei dem durch die Norm geschützten Interesse hingegen ausschließlich oder teil-weise um ein **Allgemeininteresse**, so kann der Einzelne darüber nicht verfügen.

Man kann also in eine Verletzung des eigenen Körpers (§ 223) oder in eine Be-schädigung der eigenen Sache (§ 303) einwilligen, nicht aber in eine gemein-gefährliche Brandstiftung (§ 306 a), selbst wenn man Eigentümer des in Brand gesetzten Hauses ist!

Aus § 216 folgt eine Rechtfertigungssperre für eine Einwilligung des Op-fers in seine Tötung von fremder Hand.

Obwohl das eigene Leben ein Individualrechtsgut ist, kann die Ein-willigung des Opfers in dessen eigene Tötung den Täter nicht rechtfertigen. Das folgt aus § 216, der bei ausdrücklichem und ernstlichem Tötungsverlangen des Opfers die – wenn auch gegen-über § 212 gemilderte – Strafbarkeit androht. Der Wille des Opfers hat also nur unrechtsmindernde Wirkung. Würde er rechtfertigend wirken, könnte § 216 nie erfüllt sein!

! *Davon zu unterscheiden ist die Mitwirkung an der Selbsttötung eines Sterbewilligen. Der Suizid ist schon nicht tatbestandsmäßig i.S.d. §§ 211 ff. Auch der Behandlungsabbruch bei lebensgefährlich Erkrank-ten und Sterbenden kann unter engen Voraussetzungen gerechtfertigt sein. Dies sind aber Spezialfragen, die Sie erst zum Examen kennen müssen.*

(2) Der Einwilligende muss selbst **Inhaber des Rechtsguts** oder rechtlich zur Disposition über ein fremdes Recht befugt sein.

56

A. Das vollendete vorsätzliche Erfolgsdelikt als Begehungstat

3. Abschnitt

Beispiel: A und B haben eine gemeinsame Wohnung bezogen. Allein das Einzugsgeschenk der Schwiegermutter des A an das junge Paar, das Gemälde „Röhrender Hirsch im Sonnenuntergang", stört das häusliche Glück des A. Insbesondere seine Freunde nehmen regelmäßig das Bild zum Anlass, den A zu verspotten. Eines Tages hat F, ein Freund des A, mit diesem Mitleid und fragt A, ob er das „Kunstwerk" nicht entsorgen solle. A willigt freudig ein und übergibt dem F das Bild. F verbrennt es. Hat sich F nach § 303 Abs. 1 strafbar gemacht?

Der Tatbestand des § 303 Abs. 1 ist erfüllt. Die Sachbeschädigung könnte wegen einer ausdrücklich erteilten Einwilligung gerechtfertigt sein. § 303 schützt das Eigentum, also ein Individualgut. Daher ist eine Einwilligung bei diesem Tatbestand möglich. A müsste aber auch dispositionsbefugter Inhaber des Rechtsguts gewesen sein. Steht eine Sache im Miteigentum Mehrerer, muss jeder Miteigentümer seine Einwilligung erklärt haben. Das Bild war ein Geschenk an die Eheleute A und B. Daher sind beide Miteigentümer geworden. A konnte also allein nicht wirksam in eine Eigentumsbeeinträchtigung einwilligen; er war nicht dispositionsbefugt. Eine Rechtfertigung liegt nicht vor.

bb) Wirksame Einwilligungserklärung

(1) Die Einwilligung muss **vor der Tat erteilt, d.h. nach außen kundgetan worden sein**; eine nachträgliche Zustimmung (Genehmigung) beseitigt die einmal gegebene Strafbarkeit nicht. Das ist die Kehrseite des Simultanprinzips: Alle Deliktsmerkmale (außer dem Taterfolg) müssen im Zeitpunkt der Tathandlung vorgelegen haben. Ist das der Fall, ist auch die Strafbarkeit gegeben. Die Rechtslage kann dann nicht mehr – wie im Zivilrecht z.B. bei Anfechtung und Genehmigung – rückwirkend wieder umgestaltet werden. Weiterhin kann die vor der Tat erteilte Einwilligung auch jederzeit wieder zurückgenommen werden. Ein solcher Meinungswandel des Rechtsgutinhabers ist vom Täter zu respektieren. Die Einwilligung muss also **bei Tatbegehung noch fortbestehen**.

Im Strafrecht gibt es keine rückwirkende Genehmigung.

(2) Unter **Einwilligungsfähigkeit** versteht man die Fähigkeit des Einwilligenden, das Wesen, die Bedeutung und die Tragweite des Rechtsschutzverzichts zu erkennen. Nach h.M. kommt es allein auf die natürliche Einsichts- und Urteilsfähigkeit an. Diese kann im Einzelfall auch einem Minderjährigen zukommen. Die zivilrechtliche Geschäftsfähigkeit ist nicht nötig.

Einwilligungsfähigkeit verlangt nach h.M. nicht unbedingt Geschäftsfähigkeit!

(3) Weiterhin muss die Einwilligung **ernstlich und frei von Willensmängeln** sein. Eine durch Täuschung oder Zwang beeinflusste Einwilligung ist deshalb unwirksam. Irrtümer müssen nach herrschender Meinung rechtsgutbezogen sein, also den Blick auf Folgen, Bedeutung und Tragweite gerade im Hinblick auf das verletzte Rechtsgut verstellen.

Beispiel: Wer sich einer Operation unterzieht und annimmt, die Krankenversicherung werde die Kosten übernehmen, befindet sich bezüglich der Einwilligung in die Körperverletzung nicht in einem rechtsgutbezogenen Irrtum. Glaubt der

57

3. Abschnitt   Die wichtigsten Deliktsarten im Einzelnen

Patient aber irrtümlich, die Operation sei medizinisch notwendig, während sie tatsächlich durch konservative Behandlung vermeidbar ist, liegt ein rechtsgutbezogener Irrtum vor.

Trotz eines rechtsgutbezogenen Irrtums kann die fehlerhafte Einwilligung nach überwiegender Ansicht rechtfertigend wirken, wenn die Zustimmung auch ohne den Mangel erteilt worden wäre. Man spricht dann von hypothetischer Einwilligung. Diese ist inzwischen beim Behandlungsvertrag auch gesetzlich verankert, nämlich in § 630 h Abs. 2 S. 2 BGB.

(4) Eine **Einwilligung in eine Körperverletzung** unterliegt den zusätzlichen Beschränkungen des **§ 228.** Danach ist eine Körperverletzung trotz Einwilligung rechtswidrig, wenn die Tat den guten Sitten widerspricht. Als Faustregel zur Beurteilung kann man sich merken: Je schwerwiegender oder lebensgefährlicher die Körperverletzung und je negativer der vom Täter verfolgte Zweck ist, desto eher ist eine Sittenwidrigkeit i.S.v. § 228 anzunehmen.

Entscheidend ist die Sittenwidrigkeit der Körperverletzung, nicht die der Einwilligung!

Beispiel: Bei einer Boxveranstaltung, bei der nicht die Körperverletzung, sondern das sportliche Kräftemessen nach Regeln im Vordergrund steht, ist in der Regel von einer Rechtfertigung auszugehen.

Anders ist es nach der Rspr. bei einer vorher verabredeten Schlägerei rivalisierender Gruppen. Hier besteht eine derartige Eskalationsgefahr, dass eine Einwilligung durch vorherige Verabredung der Beteiligten nach § 228 unwirksam ist, auch wenn es tatsächlich nicht zu lebensgefährlichen Verletzungen gekommen ist.

! *Nach h.M. gilt § 228 nur bei Körperverletzungsdelikten. Eine Analogie wäre eine Beschränkung der Dispositionsbefugnis des Rechtsgutträgers und damit seiner Handlungsfreiheit. In diese darf gemäß Art. 2 Abs. 2 S. 2 GG nur aufgrund eines Gesetzes und nicht durch eine Gesetzesanalogie eingegriffen werden.*

cc) Handeln aufgrund der Einwilligung

Der Täter muss dafür von einem wirksamen Rechtsschutzverzicht ausgehen und durch den Willen des Rechtsgutträgers zur Tat motiviert worden sein.

e) Exkurs: Die tatbestandsausschließende Einwilligung, das sog. Einverständnis

Das Einverständnis schließt schon die objektive Tatbestandsmäßigkeit aus.

Der Rechtsschutzverzicht kann bei vielen Delikten schon den Tatbestand ausschließen, und zwar dann, wenn die Tathandlung unverzichtbar einen entgegenstehenden Willen des Rechtsgutinhabers voraussetzt. Man spricht dann von **Einverständnis.**

Beispiele: Bei der Freiheitsberaubung gemäß § 239 Abs. 1 ist schon die Tathandlung des „Beraubens" begrifflich nicht erfüllt, wenn das Opfer der fragli-

58

A. Das vollendete vorsätzliche Erfolgsdelikt als Begehungstat — 3. Abschnitt

chen Handlung zustimmt, sich zum Beispiel in ein Auto setzt, um irgendwohin mitgenommen zu werden.

Beim Diebstahl, § 242, verlangt die Wegnahme als Gewahrsamsbruch eine Gewahrsamsaufhebung gegen oder ohne den Willen des bisherigen Gewahrsamsinhabers. Ist der Gewahrsamsinhaber damit einverstanden, dass der Täter die Herrschaftsgewalt über die Sache erlangt, wie z.B. bei Aufstellung einer Tanksäule zum Selbsttanken, scheidet Diebstahl aus.

In seinen Voraussetzungen deckt sich das Einverständnis in den meisten Fällen mit der rechtfertigenden Einwilligung. Dann kommt es vor allem auf einen **rechtlich wirksam gebildeten Willen** an.

Beispiel: Wenn der Fahrgast darüber getäuscht wurde, dass die Mitnahme in dem Fahrzeug, also die vorübergehende Beeinträchtigung seiner Fortbewegungsfreiheit, nur dem Zweck diente, ihn auszurauben, so ist dieses durch Täuschung erlangte Einverständnis wegen Willensmangels unwirksam. Der Täter ist wegen Freiheitsberaubung strafbar, § 239 Abs. 1 Alt. 2.

Beschreibt das Tatbestandsmerkmal ausnahmsweise eine rein **tatsächliche Position**, ist der Tatbestand schon dann ausgeschlossen, wenn der Inhaber den **tatsächlichen Willen** hat, diese preiszugeben. Auf Irrtümer kommt es dann nicht an. Lediglich Zwang zur Preisgabe begründet kein Einverständnis.

Beispiel: Wenn der Tankkunde schon vor Beginn des Tankens nicht den Willen hat zu bezahlen, mag sich der Tankwart, der den Tankvorgang beobachtet, zwar in einem Irrtum befinden, doch ändert das nichts an seinem realen Willen, den Gewahrsam an dem Benzin zugunsten des Kunden zu verlieren. Diebstahl scheidet aus. Infrage kommt Betrug gegenüber dem Tankwart (§ 263) oder – sofern niemand getäuscht wurde – Unterschlagung (§ 246) an dem Benzin.

f) Die mutmaßliche Einwilligung

Die mutmaßliche Einwilligung ist ein **gewohnheitsrechtlich** anerkannter Rechtfertigungsgrund. Sie liegt vor, wenn ein tatsächlicher Wille des Rechtsgutinhabers nicht feststellbar ist, ein Eingriff aber in seinem Interesse liegt (Prinzip der Geschäftsführung ohne Auftrag). Daneben kann eine mutmaßliche Einwilligung auch dann eingreifen, wenn der Rechtsgutinhaber an einer Erhaltung seiner Güter offensichtlich kein Interesse hat (Prinzip des offensichtlich mangelnden Interesses). Rechtstechnisch tritt **an die Stelle des fehlenden tatsächlich erklärten Willens** der vermutete Wille des Betroffenen. Schon daraus ergibt sich, dass die mutmaßliche Einwilligung – abgesehen von der Einwilligungserklärung – **denselben Regeln** folgen muss wie die tatsächlich erklärte Einwilligung.

> Der mutmaßlichen rechtfertigenden Einwilligung liegt entweder das Prinzip der Geschäftsführung ohne Auftrag oder das Prinzip des offensichtlich mangelnden Interesses des Rechtsgutträgers zugrunde.

Die mutmaßliche Einwilligung darf nicht verwechselt werden mit der o.g. hypothetischen Einwilligung. Bei der mutmaßlichen Einwilligung liegt schon keine geäußerte Zustimmung vor, sondern wird durch eine **!**

59

Mutmaßung ersetzt. Bei der hypothetischen Einwilligung liegt eine Zustimmung vor, aber eine fehlerhafte. Hier beseitigt der hypothetische Wille den Willensmangel der erklärten Einwilligung.

Aufbauschema: Mutmaßliche Einwilligung

- Subsidiarität
  - Ausschluss bei erkennbar entgegenstehendem Willen
  - Vorherige Befragung erforderlich, wenn möglich
- Einwilligung rechtlich zulässig
- Übereinstimmung mit dem mutmaßlichen Willen des Rechtsgutinhabers
- Subjektiv: Handeln im Sinne des Einwilligungsberechtigten

Für eine mutmaßliche Einwilligung ist nur da Raum, wo der tatsächliche Wille des Rechtsgutinhabers nicht einholbar und sein entgegenstehender Wille nicht erkennbar ist.

aa) Subsidiarität

Grundsätzlich ist der Rechtsgutinhaber vor der Tat zu befragen. Hierauf kann nur bei offensichtlich mangelndem Interesse oder bei Leibes- und Lebensgefahr durch Abwarten, z.B. bei einer Notoperation, verzichtet werden. Auf eine mutmaßliche Einwilligung darf ferner nur abgestellt werden, wenn **kein entgegenstehender Wille** des Rechtsgutinhabers erkennbar ist. Selbst ein erkennbarer unvernünftiger Wille des Rechtsgutträgers ist zu respektieren.

bb) Einwilligung rechtlich zulässig

Wie die erklärte Einwilligung ist auch die mutmaßliche Einwilligung nur bei disponiblen Rechtsgütern möglich.

cc) Übereinstimmung mit dem mutmaßlichen Willen des Rechtsinhabers

Ausgangspunkt für die Ermittlung des mutmaßlichen Willens des Rechtsgutinhabers sind dessen persönliche Umstände und individuellen Interessen. Fehlen hierzu Feststellungen im Sachverhalt, darf unterstellt werden, dass der mutmaßliche Wille des Rechtsgutinhabers mit dem übereinstimmt, was gemeinhin, also objektiv als normal und vernünftig verstanden wird.

dd) Subjektives Rechtfertigungselement

Der Täter muss in der Absicht handeln, dem vermuteten Willen des Rechtsgutinhabers zu entsprechen. Die h.M. verlangt diesbezüglich zudem eine **gewissenhafte Prüfung** aller Umstände, die für den anzunehmenden Willen von Bedeutung sein könnten.

Check: Festnahmerecht; Einwilligung

1. Darf man jemanden zur Verhinderung einer Straftat aus § 127 Abs. 1 S. 1 StPO festnehmen?

1. Nein: § 127 Abs. 1 S. 1 StPO verlangt schon seinem Wortlaut nach eine „Tat", also etwas Geschehenes. Ein Vorhaben (wie etwa in § 138) ist noch keine „Tat". Zudem steht das Festnahmerecht in der StPO, also dem Verfahrensrecht zur Durchsetzung des staatlichen Strafanspruchs. Wo noch keine Strafbarkeit vorliegt, gibt es auch keinen durchzusetzenden Strafanspruch.

2. Verlangt der Begriff „Tat" in § 127 Abs. 1 S. 1 StPO eine tatsächlich begangene Tat?

2. Das wird von der materiellen Theorie so gesehen. Danach muss ein Bürger eine Festnahme nur dulden, wenn er tatsächlich tatbestandsmäßig, rechtswidrig und schuldhaft eine Straftat begangen hat. Die prozessuale Theorie lässt demgegenüber bereits den (allerdings zweifelsfreien) dringenden Verdacht der Begehung einer Straftat ausreichen.

3. Worin besteht der rechtstechnische Unterschied zwischen Einverständnis und Einwilligung?

3. Das Einverständnis schließt bereits den Tatbestand aus und ist immer dann bedeutsam, wenn schon der Tatbestand untrennbar mit dem Willen des Rechtsgutinhabers verknüpft ist. Die Einwilligung ist dagegen Rechtfertigungsgrund.

4. Bei welchen Delikten ist die Einwilligung unzulässig?

4. Bei allen Delikten, die Rechtsgüter der Allgemeinheit schützen, ferner bei § 216, weil diese Strafvorschrift das Verlangen des Getöteten (also eine gesteigerte Form der Einwilligung) lediglich als tatbestandliche Unrechtsminderung gegenüber § 212 einordnet.

5. Wann kann eine an sich zulässige Einwilligung unwirksam sein?

5. Eine Einwilligung ist unwirksam bei Einwilligungsunfähigkeit des Erklärenden, bei fehlender Ernstlichkeit, bei rechtsgutbezogenen Willensmängeln (die auch nicht durch eine hypothetische Einwilligung als bedeutungslos ausscheiden), ferner bei Sittenwidrigkeit der Tat, wenn es um eine Körperverletzung geht.

6. Was bedeutet Subsidiarität der mutmaßlichen Einwilligung?

6. Grundsätzlich ist der Rechtsgutinhaber vor der Tat zu befragen. Hierauf kann nur bei offensichtlich mangelndem Interesse oder bei Leibes- und Lebensgefahr verzichtet werden. Auf eine mutmaßliche Einwilligung darf ferner nur abgestellt werden, wenn kein entgegenstehender Wille des Rechtsgutinhabers erkennbar ist. Selbst ein erkennbarer unvernünftiger Wille des Rechtsgutträgers ist zu respektieren.

3. Abschnitt Die wichtigsten Deliktsarten im Einzelnen

2. Unkenntnis der objektiven Rechtswidrigkeit wegen Rechtfertigungsirrtums

a) Rechtfertigungsirrtum des Haupttäters

Diese Irrtumskonstellation ist ein „Klassiker" des Strafrechts. Kaum ein anderes Problem ist klausurrelevanter. Verdeutlichen wir uns zunächst die Fallkonstellationen an zwei Beispielen:

U-Bahn-Beispiel: Frau F fährt eines Nachts in der U-Bahn nach Hause. Weil sie sehr ängstlich ist, steht sie dicht an der Ausgangstür. Außer ihr ist nur der X im Wagen. Als sich X während der Fahrt der F nähert, fürchtet sie einen Überfall, zieht Pfefferspray aus ihrer Handtasche und verletzt damit den X. Dieser hatte gar keine bösen Absichten, sondern wollte vor dem Halt an der nächsten Station nur nahe an der Ausgangstür sein, weil er es eilig hatte. Strafbarkeit der F?

Wir nennen die Fälle der Verteidigung gegen einen nur eingebildeten Angriff Putativnotwehr, vom lateinischen putare = glauben, meinen.

Die F hat vorsätzlich eine Körperverletzung mittels einer Waffe verwirklicht, §§ 223, 224 Abs. 1 Nr. 2. Eine Rechtfertigung wegen Notwehr gemäß § 32 scheidet aus, weil von X kein Angriff ausging. Auch eine Gefahr für Rechtsgüter der F gemäß § 34 bestand objektiv nicht. Die Tat war damit objektiv rechtswidrig. F fehlte aber jegliches Bewusstsein, Unrecht zu tun. Sie stellte sich durch die Annahme eines Überfalls des X vielmehr eine Situation vor, bei der es ihr tatsächlich Notwehr erlaubt gewesen wäre, das Pfefferspray gegen X einzusetzen. F hatte also ein Vorstellungsbild, das auf dem Boden unserer Rechtsordnung alle Voraussetzungen des Erlaubnistatbestandes der Notwehr gemäß § 32 ausfüllte. Zwar war dieser Irrtum vermeidbar, weil die bloße Annäherung an die Ausgangstür durch X von einem besonnenen Menschen nicht als untrügliches Zeichen für einen beginnenden Angriff gedeutet worden wäre. Aber soll Frau F unter diesen Umständen noch aus einer Vorsatztat strafbar sein?

Spätfestnahme-Beispiel: Studienrat S erkennt in D den Mann, den er zwei Tage zuvor bei einem Diebstahl beobachtet hatte. Seine Frau rät ihm, per Handy erst die Polizei um Verhaltenshinweise zu bitten. S schlägt diesen Rat jedoch aus. In der Überzeugung, als gesetzestreuer Bürger einen Straftäter immer seiner gerechten Strafe zuführen zu dürfen, hält Studienrat S den D fest und ruft dann die Polizei per Handy herbei. Strafbarkeit des S?

S hat objektiv eine Freiheitsberaubung gemäß § 239 Abs. 1 Alt. 2 (und eine Nötigung gemäß § 240 Abs. 1) begangen, indem er den D festhielt. A hat die Verwirklichung der objektiven Tatumstände hier sogar beabsichtigt. Er handelte auch rechtswidrig: § 127 Abs. 1 S. 1 StPO greift nicht ein, weil die von D tatsächlich begangene Diebstahlstat nicht mehr „frisch" war (s.o. S. 54); Nothilfe zugunsten des Staates ist nicht erlaubt (s. o. S. 42) und Notstand(-shilfe) gemäß

62

§ 34 scheitert daran, dass das staatliche Strafverfolgungsinteresse nicht höherwertiger ist als die Fortbewegungsfreiheit des D.

So wie Frau F in unserem U-Bahn-Beispiel hatte auch S keinerlei Unrechtsbewusstsein, und zwar auch, weil er sein Verhalten für gerechtfertigt hielt. Aber erkennen Sie den Unterschied?

Anders als Frau F stellte sich S aber keine Umstände vor, die ihn tatsächlich berechtigt hätten, die Festnahme auszuführen. S befand sich in einem reinen Rechtsirrtum und überdehnte dadurch die Reichweite des Festnahmerechts. Sein Vorstellungsbild kann man gar nicht in Deckung mit unserer Rechtsordnung bringen. Der Irrtum des S war übrigens auch vermeidbar, weil S ohne Weiteres auf den Rat seiner Frau hätte hören können!

Wie können wir die andersartige Irrtumslage des S im Vergleich zu F strafrechtlich angemessen behandeln?

Das Gesetz stellt uns zur Bewältigung aller Fälle von strafbarkeitsbezogener Unkenntnis nur zwei Regelungsmodelle zur Verfügung. Wir haben sie bereits beim Vorsatz angesprochen (s.o. S. 28 ff.):

- § 16 Abs. 1: Kennt der Täter einen Umstand nicht, der zum gesetzlichen Tatbestand gehört, handelt er nicht vorsätzlich, S. 1. Existiert eine entsprechende Fahrlässigkeits-Strafnorm und beruht der Irrtum auf Fahrlässigkeit, so kann der Täter hieraus bestraft werden, S. 2.

- § 17: Bei fehlendem Unrechtsbewusstsein bleibt der Täter aus der Vorsatztat strafbar, wenn sein Irrtum über das Verbotensein der Tat vermeidbar war – was in der Regel der Fall ist, S. 2. Nur wenn der Irrtum ausnahmsweise unvermeidbar war, entfällt die Schuld, S. 1.

Der Vergleich zeigt: **§ 16 Abs. 1 ist für den Täter viel günstiger**: Längst nicht alle Vorsatztaten stehen auch bei Fahrlässigkeit unter Strafe und auch dann ist der Strafrahmen der Fahrlässigkeitstat deutlich geringer als der der Vorsatztat.

Auch unsere beiden Musterbeispiele von Rechtfertigungsirrtümern müssen entweder dem Regelungsmodell des § 16 Abs. 1 oder des § 17 zugeordnet werden. Aber wie? Dass das umstritten ist, liegt auf der Hand.

Hier zunächst der auf den ersten Blick verwirrende Meinungsstand:

(Die Lösung der ganz herrschenden Meinung ist grau unterlegt.)

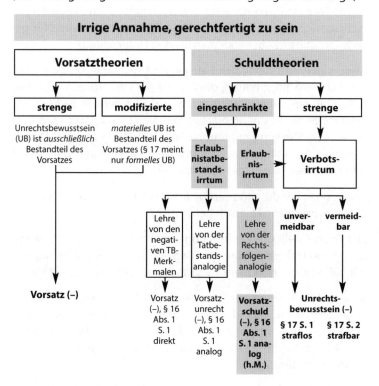

aa) Vorsatztheorien

Die Vorsatztheorien heißen so, weil sie das Unrechtsbewusstsein als Teil des Vorsatzes ansehen. Folglich entfällt der Vorsatz immer, wenn der Täter nicht die Vorstellung hat, Unrecht zu tun. Damit wären in den vorgenannten Beispielen weder Frau F wegen ihres Einsatzes von Pfefferspray in der U-Bahn noch Studienrat S für seine verspätete Festnahme aus einem Vorsatzdelikt strafbar. F wäre wegen der Vermeidbarkeit ihres Irrtums aus fahrlässiger Körperverletzung strafbar, § 229. S wäre – da die fahrlässige Freiheitsberaubung nicht strafbar ist, § 15 – sogar straflos. Die Vorsatztheorien sind heute in jeglicher Form durch § 17 widerlegt. Dessen Existenz zeigt, dass das Gesetz das Unrechtsbewusstsein der Schuld und nicht dem Vorsatz zuordnet, also der Schuldtheorie folgt (s. schon oben S. 30).

bb) Strenge Schuldtheorie

Bei strenger Gesetzesanwendung müsste man aus der Schuldtheorie bei Rechtfertigungsirrtümern die Konsequenz ziehen, dass

A. Das vollendete vorsätzliche Erfolgsdelikt als Begehungstat

3. Abschnitt

diese – da es sich eben nicht um Irrtümer auf Tatbestandsebene handelt – immer nur nach dem für den Täter ungünstigen § 17 behandelt werden.

So sieht es tatsächlich die **strenge Schuldtheorie**. Frau F und Studienrat S wären danach beide aus Vorsatztaten strafbar. Wegen Vermeidbarkeit ihrer Irrtümer gäbe es lediglich eine Strafmilderung. Die strenge Schuldtheorie vernachlässigt jedoch, dass der Irrtum über die sachlichen Voraussetzungen eines Erlaubnistatbestandes – wie bei Frau F – auf einer anderen Stufe steht als die rechtliche Überdehnung eines Erlaubnissatzes – wie bei Herrn S – und deshalb auch nicht beide Irrtumsfälle zum Regelungsmodell von § 17 passen: Vielmehr läuft die irrige Annahme aller Umstände eines anerkannten Erlaubnissatzes letztlich auf dasselbe hinaus wie die Unkenntnis von nur einem Umstand eines Straftatbestandes. Weil die vom Täter vorgestellten Umstände als wahr unterstellt keinen Unrechtsakt ergeben, bewegt er sich subjektiv auf dem Boden der geltenden Rechtsordnung und verdient deshalb keine Vorsatzbestrafung. Derjenige dagegen, der durch einen reinen Rechtsirrtum zu seinen Ungunsten einen Erlaubnissatz für gegeben hält und deshalb glaubt, nichts Verbotenes zu tun, steht auf derselben Stufe wie derjenige, der glaubt, sein Handeln sei schon gar nicht von einer Strafnorm erfasst. Beide befinden sich in einem Verbotsirrtum nach § 17.

cc) Eingeschränkte Schuldtheorie

Die unterschiedliche Behandlung des Irrtums über die sachlichen Voraussetzungen eines Rechtfertigungsgrundes – wie bei Frau F – und die rein rechtliche Verkennung eines Erlaubnissatzes – wie bei S – erreicht die **eingeschränkte Schuldtheorie**. Sie hat sich deshalb auch heute allgemein durchgesetzt. Ihre Bezeichnung folgt daraus, dass sie die Anwendung des § 17 für den Irrtum über Umstände eines Erlaubnissatzes, also in der Regel für Sachverhaltsirrtümer in Bezug auf Erlaubnistatbestandsmerkmale, einschränkt und dafür das tätergünstigere Regelungsmodell des § 16 eröffnet:

Die Abgrenzung zwischen dem sog. **Erlaubnistatbestandsirrtum** und dem sog. **Erlaubnisirrtum** muss in der Klausur detailgenau anhand des Prüfungsschemas des vorgestellten Rechtfertigungsgrundes dargestellt werden!

■ Nimmt der Täter irrig **Umstände** an, die – als zutreffend unterstellt – **alle Voraussetzungen eines Rechtfertigungsgrundes erfüllen würden**, so bezeichnet die eingeschränkte Schuldtheorie dies als **Erlaubnistatbestandsirrtum**. Dieser wird im Ergebnis nach § 16 Abs. 1 behandelt. Es besteht nach dieser Ansicht noch die Möglichkeit der Bestrafung aus Fahrlässigkeitstat, sofern der Irrtum des Täters auf Fahrlässigkeit beruhte und ein entsprechender Fahrlässigkeitstatbestand existiert. Streit be-

65

steht lediglich darüber, ob dieses Ergebnis aus direkter oder (weil tätergünstig: erlaubter!) analoger Anwendung des § 16 zu begründen ist. Dies ist aber in der Regel nicht mehr für den Täter, sondern nur noch für die Bestrafung von Teilnehmern relevant (dazu nachfolgend b).

■ Glaubt der Täter hingegen, gerechtfertigt zu sein, weil er die rechtlichen Grenzen eines anerkannten Rechtfertigungsgrundes überdehnt (sog. *Erlaubnisgrenzirrtum*) oder weil er für sich einen Rechtfertigungsgrund in Anspruch nimmt, den unsere Rechtsordnung gar nicht kennt (sog. *Erlaubnisnormirrtum*), liegt ein **Erlaubnisirrtum** vor, der nach § 17 behandelt wird.

Auch wenn der Täter einen Sachverhalt annimmt, bei dessen Vorliegen für sich gesehen die Voraussetzungen eines Erlaubnissatz gegeben wären, er aber **noch zusätzlich über die Grenzen** des vermeintlich einschlägigen Erlaubnissatzes irrt, liegt letztlich nur ein nach § 17 zu behandelnder Erlaubnisirrtum vor. Denn auch nach dem vom Täter vorgestellten Sachverhalt wäre der Täter tatsächlich nicht gerechtfertigt!

Nach diesen Grundsätzen unterlag Frau F in dem **U-Bahn-Beispiel** einem Erlaubnistatbestandsirrtum, der ihre Bestrafung aus Vorsatztat ausschließt. Wegen Vermeidbarkeit ihres Irrtums ist sie aus fahrlässiger Körperverletzung strafbar, § 229.

Studienrat S befand sich im **Spätfestnahme-Beispiel** dagegen nicht in einem Irrtum über die sachlichen Voraussetzungen der Festnahmebefugnis, sondern in einem Rechtsirrtum über deren Reichweite, weil er davon überzeugt war, jemanden auch dann noch festnehmen zu dürfen, wenn die begangene Straftat länger zurückliegt. Er unterlag einem Erlaubnisgrenzirrtum, der wie ein Verbotsirrtum nach § 17 behandelt wird. Da sein Irrtum vermeidbar war, ist S strafbar wegen Freiheitsberaubung. Das Gericht kann seine Strafe mildern.

b) Auswirkungen des Rechtfertigungsirrtums des Haupttäters auf Teilnehmer

Die Vertreter der eingeschränkten Schuldtheorie sind sich beim Erlaubnistatbestandsirrtum einig, *dass* § 16 anzuwenden ist, aber nicht, *wie* § 16 anzuwenden ist.

Hier muss ich zwar etwas vorgreifen, weil die Teilnahme, nämlich die Anstiftung gemäß § 26 und die Beihilfe gemäß § 27, erst später dran ist. Für den vorliegenden Zusammenhang ist nur ein Blick in das Gesetz wichtig: Beide Teilnahmeformen verlangen nämlich gleichlautend in den §§ 26, 27 eine **vorsätzliche** und rechtswidrige Tat eines anderen. Eine schuldhafte Tat ist für die Teilnahme nicht

| A. Das vollendete vorsätzliche Erfolgsdelikt als Begehungstat | 3. Abschnitt |

erforderlich. Wenn nun aber für den im Erlaubnistatbestandsirrtum handelnden Haupttäter mit der eingeschränkten Schuldtheorie die Vorsätzlichkeit verneint wurde, kann dann überhaupt noch eine teilnahmefähige Haupttat vorliegen?

Dieses Problem taucht nur beim Erlaubnistatbestandsirrtum auf. Beim Erlaubnisirrtum liegt immer eine vorsätzliche und rechtswidrige Haupttat vor. Ob den Haupttäter ein Schuldvorwurf trifft, ob also ein etwaiger Erlaubnisirrtum vermeidbar war oder nicht, ist für die Strafbarkeit des Teilnehmers bedeutungslos.

Auch beim Erlaubnistatbestandsirrtum begrenzt sich das Problem auf die Fälle, in denen der Mitwirkende die Sachlage im Gegensatz zum Haupttäter durchschaut, aber trotz seines überlegenen Wissens kein mittelbarer Täter sein kann. Damit bleiben die seltenen Fälle der Sonderdelikte im Erlaubnistatbestandsirrtum übrig. Dazu nachfolgendes

Unfallflucht-Beispiel: A hat beim Ausparken aus Unachtsamkeit ein anderes Auto stark beschädigt. Sein Beifahrer B verspricht ihm, den Geschädigten zu suchen und die Sache zu regeln. Kurze Zeit später kommt er zurück und erklärt, er habe den Halter des beschädigten Pkw gefunden. Dieser habe aber erklärt, die Sache interessiere ihn nicht, das Auto werde sowieso bald neu lackiert. Tatsächlich hat B gelogen. Er hatte sich hinter eine Häuserecke versteckt und die Geschichte mit dem nachsichtigen Geschädigten erfunden. A und B fahren davon.

A ist nicht wegen unerlaubten Entfernens vom Unfallort gemäß § 142 Abs. 1 Nr. 2 strafbar. Zwar hat er unter Verletzung seiner Wartepflicht den Unfallort vorsätzlich verlassen. Auch lag keine, nach herrschender Meinung rechtfertigende Einwilligung des feststellungsberechtigten Geschädigten vor. Aufgrund der Lüge des B stellte sich A aber Umstände vor, bei deren Vorliegen eine wirksame Einwilligung vorgelegen hätte. Dieser Erlaubnistatbestandsirrtum schließt nach der eingeschränkten Schuldtheorie die Vorsatzstrafbarkeit aus. Als Fahrlässigkeitstat ist § 142 nicht strafbar. A ist straflos.

Schwierig wird die Strafbarkeitsprüfung bei B: Zwar kann derjenige, der einen anderen durch einen den Vorsatz ausschließenden Irrtum zur Tatbegehung veranlasst, mittelbarer Täter sein. Das geht indessen nur bei Allgemeindelikten. § 142 ist aber ein Sonderdelikt, das nur ein „Unfallbeteiligter" nach der Definition des § 142 Abs. 5 als Täter verwirklichen kann. B hatte jedoch als Beifahrer mit dem Unfallgeschehen nichts zu tun, er war also kein „Unfallbeteiligter" i.S.v. § 142 Abs. 1, 5. Die einzige Möglichkeit, sein Verhalten strafrechtlich zu erfassen, kann Anstiftung zum unerlaubten Entfernen vom Unfallort sein, §§ 142, 26. Hier nun muss man Farbe bekennen, welcher der Untermeinungen der eingeschränkten Schuldtheorie man folgt:

aa) Lehre von den negativen Tatbestandsmerkmalen

Diese Meinung wendet § 16 direkt an, weil sie die Ebene der Rechtswidrigkeit als gegenüber den Verbotsmerkmalen gleichwertigen Teil eines „Gesamtunrechtstatbestandes" begreift. Nach dieser Auffassung sind deshalb Merkmale von Erlaubnissätzen nichts anderes als „negative Tatbestandsmerkmale". Der Täter, der sich über Umstände diesbezüglich irrt, irrt also ebenfalls über „Umstände des Tatbestandes", wie es § 16 Abs. 1 S. 1 beschreibt. Folge danach: Es liegt mangels Vorsatz auch beim Erlaubnistatbestandsirrtum keine teilnahmefähige Haupttat vor. B ist im Unfallflucht-Beispiel straflos.

bb) Unrechtstheorie

Diese durchaus von vielen vertretene Ansicht räumt ein, dass Tatbestand und Rechtswidrigkeit zwei selbstständige Deliktsstufen sind und dass deshalb § 16 beim Erlaubnistatbestandsirrtum nicht direkt zur Anwendung kommt. Zwischen Tatbestands- und Erlaubnistatbestandsirrtum besteht danach aber eine qualitative Gleichwertigkeit, so dass § 16 für den Haupttäter analog anzuwenden ist. Konsequenz (jedenfalls nach den meisten Vertretern dieser Meinung): Beim Erlaubnistatbestandsirrtum liegt wiederum keine teilnahmefähige Haupttat vor. Auch hiernach wäre B nicht strafbar.

cc) Rechtsfolgenverweisende eingeschränkte Schuldtheorie

Nach der rechtsfolgenverweisenden Variante entfällt analog § 16 Abs. 1 S. 1 erst die Vorsatzschuld.

Solche Strafbarkeitslücken vermeidet die sog. **rechtsfolgenverweisende Variante** der eingeschränkten Schuldtheorie. Analog § 16 Abs. 1 S. 1 entfällt danach erst die **Vorsatzschuld** als Schuldelement. Es wird nicht wegen Vorsatztat bestraft, sondern allenfalls analog § 16 Abs. 1 S. 2 wegen Fahrlässigkeitstat. Der Erlaubnistatbestandsirrtum wird hier lediglich in seinen Rechtsfolgen einem Tatbestandsirrtum gleichgestellt. Daher der Name!

Diese Meinung geht von einer **Doppelfunktion des Vorsatzes** aus. Der Vorsatz sei einerseits Verhaltensform (= Tatbestandsvorsatz i.S.v. vorsätzlichem Verhalten), andererseits Schuldform (= Vorsatzschuld i.S.v. subjektiver Vorwerfbarkeit des vorsätzlichen Verhaltens). Der Erlaubnistatbestandsirrtum führt also dazu, dass dem Täter sein vorsätzliches Verhalten subjektiv nicht mehr zum Vorwurf gemacht wird und er quasi entschuldigt ist.

Folge danach: Bei A fehlte infolge seines Erlaubnistatbestandsirrtums nur die Vorsatzschuld. Eine vorsätzliche und rechtswidrige Haupttat lag aber vor. Hierzu hat B den A vorsätzlich, rechtswidrig und schuldhaft angestiftet. B ist strafbar gemäß §§ 142, 26.

A. Das vollendete vorsätzliche Erfolgsdelikt als Begehungstat | **3. Abschnitt**

Die richtige Prüfung der irrigen Annahme eigener Rechtfertigung bereitet Schwierigkeiten, da das Problem seinen Ursprung auf der Ebene der Rechtswidrigkeit hat, sich dann aber entweder beim Vorsatz, bei der Rechtswidrigkeit oder erst bei der Schuld auswirkt. Folgender Prüfungsaufbau ist empfehlenswert:

!

*Auch wenn der Sachverhalt Anhaltspunkte für einen entsprechenden Irrtum enthält, beginnen Sie auf der Ebene der Rechtswidrigkeit mit der **sauberen Prüfung der objektiven Rechtfertigung** (z.B. Notwehr gemäß § 32). Kommen Sie dann zu dem Ergebnis, dass es tatsächlich an einer objektiven Voraussetzung des Rechtfertigungsgrundes fehlt (z.B. am Angriff), ist die Tat zunächst einmal rechtswidrig.*

Dann ist über den Einstieg „Der Täter hielt jedoch sein Verhalten für gerechtfertigt; umstritten ist die Behandlung solcher Rechtfertigungsirrtümer" ein kurzer theoretischer Aufriss der Schuldtheorie, der Vorsatztheorie und der eingeschränkten Schuldtheorie zu liefern.

*Lehnen Sie die Vorsatztheorie und je nach Fall auch die strenge Schuldtheorie zügig ab und prüfen Sie dann, ob sich der Täter in einem **Erlaubnistatbestandsirrtum** befunden hat. Zur Wiederholung: Das ist – nur dann! – der Fall, wenn die Umstände, die sich der Täter vorgestellt hat, auch **alle Voraussetzungen eines anerkannten Rechtfertigungsgrundes erfüllt hätten**. Sie müssen also beim Erlaubnistatbestandsirrtum das komplette Schema des jeweiligen Rechtfertigungsgrundes noch einmal durchprüfen, und zwar unter Zugrundelegung des Sachverhaltsbildes (nicht der Rechtsauffassung) des Täters. Ergibt diese Prüfung, dass sich der Täter in einem Erlaubnistatbestandsirrtum befunden hat, ist eine Bestrafung aus Vorsatztat ausgeschlossen. Weitere Untermeinungen brauchen Sie dann beim Haupttäter zur Begründung dieses Ergebnisses nur kurz zu streifen, Sie müssen diese aber nicht aufwendig diskutieren oder gar entscheiden.*

Da die herrschende Meinung bei einem Erlaubnistatbestandsirrtum dasselbe Ergebnis hat wie die Vorsatztheorie (keine Bestrafung mehr aus Vorsatztat) und bei einem Erlaubnisirrtum die Ergebnisse der eingeschränkten Schuldtheorie mit denen der strengen Schuldtheorie übereinstimmen (Behandlung nach § 17), können Sie je nach Fall sogar die Entscheidung zwischen den Theorien mit denselben Ergebnissen offenlassen.

69

Check: Rechtfertigungsirrtum

1. Was verbirgt sich hinter den Begriffen „Vorsatztheorie" und „Schuldtheorie" und welche liegt dem StGB zugrunde?

1. Nach der Vorsatztheorie gehört das Unrechtsbewusstsein zum Vorsatz. Folglich entfällt der Vorsatz immer, wenn dem Täter das Unrechtsbewusstsein fehlt. Die Schuldtheorie trennt den Vorsatz vom Unrechtsbewusstsein, lässt also den Vorsatz nicht schon bei Fehlen des Unrechtsbewusstseins entfallen. Das geltende Strafgesetz geht von der Schuldtheorie aus. Das beweist § 17, wonach trotz fehlenden Unrechtsbewusstseins (bei Vermeidbarkeit des Irrtums) eine Bestrafung aus Vorsatztat möglich bleibt.

2. Was versteht man unter „strenger" Schuldtheorie?

2. Die strenge Schuldtheorie wendet dann, wenn dem Täter das Unrechtsbewusstsein fehlt, ohne dass ein Tatbestandsirrtum vorliegt, § 17 an. Das gilt unterschiedslos auch bei allen Formen von Rechtfertigungsirrtümern.

3. Warum nennt man die eingeschränkte Schuldtheorie „eingeschränkt"?

3. Die eingeschränkte Schuldtheorie heißt so, weil sie beim Erlaubnistatbestandsirrtum die tätergünstige Regelung des § 16 Abs. 1 anwendet und insoweit die von der strengen Schuldtheorie unterschiedslos angewendete Vorschrift des § 17 einschränkt.

4. Der Täter nimmt irrtümlich eine Notwehrlage an. Darüber hinaus verteidigt er sich intensiver, als dies selbst nach dem von ihm vorgestellten Sachverhalt erlaubt wäre. Befindet er sich im Erlaubnistatbestandsirrtum?

4. Nein: Ein Erlaubnistatbestandsirrtum liegt nur dann vor, wenn die konkrete Handlung bei Wahrunterstellung des vom Täter vorgestellten Sachverhalts auch von dem jeweiligen Rechtfertigungsgrund gedeckt wäre. Alle anderen Fälle sind nach § 17 zu behandelnde Erlaubnisirrtümer.

5. Welche Theorien gibt es zur Begründung des Ausschlusses der Vorsatzstrafbarkeit beim Täter im Erlaubnistatbestandsirrtum?

5. Die Lehre von den negativen Tatbestandsmerkmalen wendet § 16 direkt an. Die Unrechtstheorie wendet § 16 insofern analog an, als sie den Irrtum über Umstände eines Erlaubnistatbestandes dem Irrtum über Umstände des Tatbestandes gleichstellt. Die rechtsfolgenverweisende Schuldtheorie wendet beim Erlaubnistatbestandsirrtum nur die Rechtsfolge von § 16 Abs. 1 an.

6. Nach welcher der eingeschränkten Schuldtheorien ist die im Erlaubnistatbestandsirrtum begangene Tat teilnahmefähig i.S.d. §§ 26, 27?

6. Nach der rechtsfolgenverweisenden Schuldtheorie, weil diese beim Erlaubnistatbestandsirrtum nur die Schuld des Haupttäters entfallen lässt.

A. Das vollendete vorsätzliche Erfolgsdelikt als Begehungstat | **3. Abschnitt**

III. Schuldunfähigkeit und Entschuldigungsgründe

1. Schuldunfähigkeit und actio libera in causa

Wie wir bereits wissen, darf keine Strafe ohne Schuld verhängt werden (s.o. S. 7). Schuld setzt die Fähigkeit zu normgemäßem Verhalten voraus. Bei Erwachsenen wird die Schuldfähigkeit vermutet.

a) Schuldunfähigkeit durch Alkohol

Ausnahmsweise kann die Schuldfähigkeit bei der konkreten Tat ausgeschlossen sein. Dies beurteilt sich allein nach § 20. Diese Vorschrift kombiniert biologische und psychologische Voraussetzungen für den Wegfall der Schuldfähigkeit:

Biologische Voraussetzung der Schuldunfähigkeit ist nach dem etwas antiquierten Sprachgebrauch des Gesetzes, dass zur Tatzeit beim Täter entweder eine krankhafte seelische Störung oder eine tiefgreifende Bewusstseinsstörung oder Schwachsinn oder eine andere schwere seelische Abartigkeit vorliegt. In **psychologischer** Hinsicht setzt § 20 voraus, dass der Täter infolge eines der genannten biologischen Defekte unfähig gewesen sein muss, entweder das Unrecht der Tat einzusehen (= Einsichtsunfähigkeit, 1. Alt.) oder nach dieser Einsicht zu handeln (= Steuerungsunfähigkeit, 2. Alt.). Das Gericht braucht dazu in der Regel einen Gutachter.

In den Klausuren geht es praktisch immer nur um eine krankhafte seelische Störung bzw. tiefgreifende Bewusstseinsstörung durch alkoholbedingte Rauschzustände. Entscheidend ist die bei dem Täter festgestellte **Blutalkoholkonzentration** (BAK), die in der Einheit „‰" angegeben wird. Anknüpfend an medizinische Erkenntnisse hat die Rspr. Leitlinien entwickelt, an denen die Schuldfähigkeit und -unfähigkeit gemessen wird:

■ Bei Blutalkoholkonzentrationen von **unter 2,0‰** kann bei einem erwachsenen, gesunden Menschen in der Regel von voller Schuldfähigkeit ausgegangen werden, sofern keine besonderen alkoholbedingten Ausfallerscheinungen vorliegen.

Für Drogen wie Marihuana oder Heroin existieren noch keine gesicherten Erfahrungswerte.

■ Bei einer Alkoholisierung von **mehr als 2,0‰** ist eine krankhafte seelische Störung möglich, aber nicht zwingend. Es ist im Einzelfall anhand der Persönlichkeit des Täters und seines Verhaltens vor, während und nach der Tat zu entscheiden, ob er bei Begehung der Tat schuldfähig war oder nicht. In derartigen Fällen kann jedoch von einer verminderten Schuldfähigkeit nach § 21 ausgegangen werden.

- **Ab 3,0‰** bei der Tatbegehung liegt in der Regel Schuldunfähigkeit nach § 20 vor. Auch dies ist aber nicht zwingend: Ist der Täter beispielsweise gewöhnt, Alkohol in großen Mengen zu sich zu nehmen, kann die Schuldfähigkeit auch in derartigen Fällen bejaht werden.

Wird in Ihrem Sachverhalt ein bestimmter Alkoholwert angegeben, so können Sie ohne weitere Prüfung sofort § 20 bejahen oder verneinen. Wird ein Alkoholwert im Bereich der Schuldunfähigkeit als „denkbar" oder „möglich" genannt, so müssen Sie bei der Frage der Schuldfähigkeit nach dem Grundsatz „in dubio pro reo" diesen hohen Wert als gegeben unterstellen. Kommen Sie dann (nach Prüfung einer actio libera in causa, dazu sogleich) zum Vollrausch, § 323 a, müssen Sie nach bislang herrschender, aber umstrittener Ansicht in dubio pro reo vom geringstmöglichen Alkoholgrad ausgehen. Das kann in Extremfällen zur völligen Straflosigkeit führen!

b) Vorsätzliche actio libera in causa

Wie soll nun ein Täter strafbar sein, der sich vorsätzlich schuldunfähig macht und schon dabei den Plan verfolgt, später in diesem Zustand eine schwere Straftat zu begehen, etwa einen Mord aus niedrigen Beweggründen, § 211. Im Zeitpunkt der Tötung ist der Täter wegen § 20 schuldunfähig und könnte deshalb nicht bestraft werden. Gemäß § 323 a (lesen!) kann er zwar immerhin noch aus vorsätzlichem Vollrausch bestraft werden. Allerdings eröffnet § 323 a eine Strafe von höchstens fünf Jahren. Spätestens hier wird eine Gesetzeslücke zwischen § 20 und § 323 a deutlich: Fünf Jahre für eine von vornherein geplante Tötung?

Zur Schließung dieser Lücke wendet die h.M. seit langem die Rechtsfigur der vorsätzlichen actio libera in causa an. „Actio libera in causa" ist lateinisch und bedeutet übersetzt: eine in ihrer Ursache freie (im Sinne von: schuldhafte) Tat.

aa) Voraussetzungen

Eine vorsätzliche a.l.i.c. setzt zunächst einmal voraus, dass der Täter im noch schuldfähigen Zustand eine Handlung vorgenommen hat, die **Bedingung** für die Tat im schuldunfähigen Zustand geworden ist (z.B. sich betrinken, Tabletten schlucken).

Weiter ist erforderlich, dass der Täter bei dieser Vorhandlung **Doppelvorsatz** hatte, nämlich sowohl bzgl. der Herbeiführung der Schuldunfähigkeit als auch konkret bzgl. der späteren Tat.

A. Das vollendete vorsätzliche Erfolgsdelikt als Begehungstat

3. Abschnitt

Die actio libera in causa wurde früher auch im Zusammenhang mit **fahrlässigen Erfolgsdelikten** angewendet. Das ist jedoch – zumindest für die §§ 222, 229, die lediglich eine fahrlässige Erfolgsverursachung beschreiben – überholt: Hat jemand in schuldunfähigem Zustand eine Ursache für den Erfolg gesetzt, kann der Fahrlässigkeitsvorwurf ohne Weiteres an diese Handlung angeknüpft werden. Zu fragen ist dann, ob bei Herbeiführung des Rauschzustandes Fahrlässigkeit im Hinblick auf den späteren Erfolg vorgelegen hat.

bb) Rechtliche Begründung

Die beiden wichtigsten Begründungsmodelle für die actio libera in causa sind die Schuldausnahme- und die Vorverlagerungstheorie.

(1) Nach der Schuldausnahmetheorie ist die actio libera in causa als **gewohnheitsrechtlich anerkannte Ausnahme** zu der von § 20 geforderten Simultaneität von Tatausführung und Schuld zu sehen. Die Ausnahmetheorie ist jedoch nicht vertretbar: § 20 sieht nicht einmal andeutungsweise die Möglichkeit vor, trotz Schuldunfähigkeit des Täters aus einer Vorsatztat zu bestrafen. Eine Strafbarkeitsbegründung unter Überschreitung der Wortlautgrenzen des § 20 verstößt gegen Art. 103 Abs. 2 GG.

> Die Schuldausnahmetheorie verstößt gegen den Bestimmtheitsgrundsatz und ist verfassungswidrig.

(2) Herrschend ist immer noch die **Vorverlagerungstheorie**. Diese erkennt an, dass der Täter für die im Rausch begangene Tat unmittelbar nicht zur Verantwortung gezogen werden kann. Da aber nach der Äquivalenztheorie alle Ursachen gleichwertig sind, sieht diese Meinung den Beginn der später im Rausch begangenen Tat bereits in der Herbeiführung des Rausches. Zu diesem Zeitpunkt müsse der Täter sowohl im Hinblick auf die Herbeiführung seiner Schuldunfähigkeit als auch im Hinblick auf die spätere Tat (also: doppel-)vorsätzlich, rechtswidrig und schuldhaft gehandelt haben.

> Die Vorverlagerungstheorie kollidiert mit § 22, wenn der Versuch schon beim Sichberauschen beginnen soll.

Allerdings lehnt die Rspr. die Vorverlagerungstheorie für solche Straftatbestände ab, die eine bestimmte Art und Weise der Tathandlung voraussetzen, sog. verhaltensgebundene Delikte (z.B. „Führen" eines Kraftfahrzeugs bei § 316). Wenn der Gesetzgeber eine bestimmte Modalität der Tatbestandsverwirklichung voraussetze, könne die Tat auch nicht früher beginnen. (Das „Führen" eines Fahrzeugs beginnt danach erst mit dem In-Bewegung-Setzen des Fahrzeugs und nicht schon beim Sichbetrinken in der Kneipe.)

Auch diese Ansicht hat Schwächen: Wenn die actio libera in causa-Tat schon bei der Herbeiführung der Schuldunfähigkeit beginnt, macht sich der Täter schon wegen Versuchs strafbar, obwohl für einen Schuldfähigen der Versuch nach § 22 erst mit dem „unmittelbaren Ansetzen" zur eigentlichen Tathandlung beginnt. Wer also nur wenig trinkt und dann vor der geplanten Tat einschläft, ist straflos; wer einschläft, nachdem er sich vollständig betrunken hat, ist wegen Versuchs strafbar. – Das kann nicht richtig sein.

Auch die Differenzierung der Vorverlagerung nach verhaltensneutralen und verhaltensgebundenen Delikten überzeugt nicht: Plant der actio libera in causa-Täter einen heimtückischen oder grausamen Mord, so wäre wegen der Verhaltensbezogenheit dieser Mordmerkmale eine actio libera in causa-Bestrafung aus § 211 ausgeschlossen, aber dieselbe Tat bliebe aus dem verhaltensneutralen Delikt des Totschlags gemäß § 212 i.V.m. actio libera in causa strafbar. Eine „gespaltene" Strafbarkeit ist auch keine angemessene Lösung. Vergessen Sie dann aber nicht § 323 a.

! *In einer Klausur empfehle ich, grundsätzlich die h.M. zu vertreten. Niemand wird es Ihnen aber ankreiden, wenn Sie aus den vorgenannten Gründen auch die Vorverlagerungstheorie ablehnen und darauf verweisen, dass die Gesetzeslücke nur durch den Gesetzgeber geschlossen werden kann.*

2. Die Entschuldigungsgründe

Anders als bei Rechtfertigungsgründen begeht der nur entschuldigte Täter immer noch Unrecht. Dies hat zur Konsequenz, dass auch gegenüber nur entschuldigtem Verhalten Notwehr geübt werden darf, da ja ein rechtswidriger Angriff bestehen bleibt. Ferner kann man an einer entschuldigten Tat immer noch Anstifter oder Gehilfe sein, denn für die Strafbarkeit eines Teilnehmers braucht nur eine tatbestandsmäßige und *rechtswidrige* Haupttat vorzuliegen. Es ist also nicht egal, ob ein Täter mangels Rechtswidrigkeit oder mangels Schuld straflos ist.

a) Der Notwehrexzess des § 33

Dafür entschuldigt zu sein, dass man aus einem Affekt heraus die objektiven Rechtfertigungsgrenzen überschritten hat, gibt es nur bei Notwehr und Nothilfe!

Nach h.M. stellt der Notwehrexzess einen Entschuldigungsgrund dar. Der Gesetzgeber hat in dieser Vorschrift die besondere Situation des Notwehr Übenden berücksichtigt: Dieser darf sich zwar – aufgrund der objektiv bestehenden Notwehrlage – gegen den Angriff verteidigen, läuft dabei aber Gefahr, aus einem Gefühl der Schwäche oder Angst mehr zu tun, als zur Abwehr des Angriffs erlaubt ist. Auf einen Schuldvorwurf kann in diesen Fällen gemäß § 33 verzichtet werden, da das Unrecht einer solchen Tat in zweierlei Hinsicht erheblich gemildert ist: Objektiv wegen der Abwehr eines Angreifers und subjektiv wegen Handelns im defensiven Affekt.

A. Das vollendete vorsätzliche Erfolgsdelikt als Begehungstat

3. Abschnitt

In einer Klausur sollten Sie immer an Notwehrexzess denken, wenn eine Rechtfertigung des Täters daran scheitert, dass bei bestehender Notwehrlage seine Verteidigung nicht erforderlich oder nicht geboten war und im Sachverhalt etwas von „Panik" oder „Schrecken" steht.

Aufbauschema zum Notwehrexzess, § 33

- Notwehrlage und Überschreiten der Grenzen der Notwehr
- Überschreitung aus asthenischem Affekt
  - Verwirrung, Furcht oder Schrecken beim Verteidiger
  - Kausalität („ … aus … ")
- Kein Ausschluss der Entschuldigung

---

aa) Notwehrlage und Überschreiten der Grenzen der Notwehr

Unstreitig von § 33 erfasst wird der sog. **intensive Notwehrexzess**. Dieser liegt vor, wenn der Angegriffene während einer objektiv vorliegenden Notwehrlage zu seiner Verteidigung mehr unternimmt, als erforderlich oder geboten ist.

§ 33 erfasst nach h.M. nur den intensiven, nicht aber den extensiven Notwehrexzess und erst recht nicht den Putativnotwehrexzess.

Die Voraussetzung ergibt sich in einer Klausurbearbeitung bereits aus der Ablehnung der Rechtfertigung aus § 32, sodass Sie an dieser Stelle die erforderliche Notwehrlage sowie die Überschreitung von Erforderlichkeit oder Gebotenheit nicht erneut zu prüfen brauchen. Hier reicht ein Verweis nach oben.

Umstritten ist, ob § 33 auch die Überschreitung der zeitlichen Grenze der Notwehr erfasst, wenn also eine Verteidigungshandlung vorgenommen wird, obwohl der Angriff noch gar nicht begonnen hat oder bereits beendet ist, sog. extensiver Notwehrexzess. Nach h.M. lässt sich dies nicht mit dem oben dargestellten Gesetzeszweck vereinbaren, da der Handelnde im Zeitpunkt der Verteidigung keinem Angreifer (mehr) gegenübersteht. Hiernach bleibt der Anwendungsbereich des § 33 auf die Fälle des intensiven Notwehrexzesses beschränkt.

Nach h.M. gilt § 33 erst recht nicht analog beim sog. Putativnotwehrexzess, also wenn der Täter zum einen über das Vorliegen einer Notwehrlage irrt (s.o. unser U-Bahn-Beispiel S. 62) und dann auch noch aus einem der in § 33 genannten Affekte die Grenzen der Notwehr überschreitet. Auch fehlt es an der objektiven Unrechtsminderung, und der Affekt allein ist kein Entschuldigungsgrund.

75

3. Abschnitt — Die wichtigsten Deliktsarten im Einzelnen

Der asthenische Affekt kommt aus der Schwäche, der sthenische Affekt aus der Stärke.

bb) Überschreitung aus „asthenischem Affekt"

Die Überschreitung der Notwehrbefugnis muss weiterhin auf einem der **asthenischen** (verständlicher gesagt: **defensiven**) **Affekte** beruhen.

(1) Darunter versteht man auf dem Gefühl der Schwäche beruhende Gemütsregungen wie Verwirrung, Furcht oder Schrecken. Den Gegensatz zu den asthenischen Affekten bilden die sog. **sthenischen (aggressiven) Affekte.** Das sind alle auf dem Gefühl der Stärke basierenden Gemütsregungen wie Hass, Empörung, Zorn, Kampfeseifer etc. Bei all diesen Affektzuständen liegt kein entschuldigender Notwehrexzess i.S.d. § 33 vor.

(2) Für die **Kausalität** zwischen dem Affektzustand und der Notwehrüberschreitung genügt es, dass der Affekt jedenfalls so stark war, dass die Fähigkeit, das Geschehen richtig zu verarbeiten, erheblich beeinträchtigt worden ist.

Auch beim Notwehrexzess gibt es klausurrelevante Provokationsfälle!

cc) Kein Ausschluss der Entschuldigung

(1) Im Fall der **Absichtsprovokation** der Notwehrlage (s.o. S. 45 f.) ist eine Entschuldigung gemäß § 33 ausgeschlossen: Wo Notwehr schon von vornherein ausgeschlossen ist, kann es auch keinen Notwehrexzess geben.

(2) Umstritten ist, ob und inwieweit bei **sonst vorwerfbarer Provokation** der Notwehrlage (s.o. S. 46) noch eine Entschuldigung aufgrund Notwehrexzesses gemäß § 33 möglich ist. Die h. M. hält § 33 grundsätzlich für anwendbar. Wenn in diesen Fällen trotz vorwerfbarer Provokation noch ein (eingeschränktes) Notwehrrecht gemäß § 32 bestehe, müsse auch bei Überschreitung der Grenzen dieses eingeschränkten Notwehrrechts noch eine Entschuldigung wegen Notwehr(rechts-)exzesses gemäß § 33 möglich sein.

Alle Ausführungen zum Notwehrexzess gelten sinngemäß auch für den Nothilfeexzess.

b) Der entschuldigende Notstand des § 35

Im Gegensatz zum rechtfertigenden Notstand gewährt § 35 jedem, der sich in einem existenzbedrohenden Konflikt befindet, die Nachsicht des Rechts, auch wenn die bedrohten Rechtsgüter nicht höherwertig sind als die geopferten.

Schiffsjungen-Beispiel: Schiffbrüchige töten und verspeisen einen Schiffsjungen, um selbst nicht zu verhungern.

A. Das vollendete vorsätzliche Erfolgsdelikt als Begehungstat | 3. Abschnitt

---

Aufbauschema: Entschuldigender Notstand, § 35

■ **Notstandslage**

- ■ Gegenwärtige Gefahr nur für Leib, Leben, Freiheit
- ■ Für den Täter, einen Angehörigen oder eine nahestehende Person

■ **Notstandshandlung**

- ■ Erforderlichkeit („ … nicht anders abwendbar …")
- ■ Unzumutbarkeit der Hinnahme der Gefahr (§ 35 Abs. 1 S. 2)

■ **Notstandswille**

- ■ Pflichtgemäße Prüfung der objektiven Voraussetzungen
- ■ Gefahrabwehrwille

---

aa) Notstandslage

Lesen Sie bitte zuerst § 35. Im Unterschied zum rechtfertigenden Notstand des § 34 fällt sofort auf, dass die Anforderungen an die **Notstandslage bei § 35 enger** sind.

> Die Notstandslage ist bei § 35 enger als bei § 34, dafür gibt es aber keine Güterabwägung!

(1) Der Begriff der gegenwärtigen Gefahr entspricht dem Merkmal in § 34. Insofern ergeben sich keine Besonderheiten. Es genügt – in Abweichung zu § 34 – nicht, wenn die gegenwärtige Gefahr irgendein Rechtsgut betrifft. Vielmehr muss die Gefahr für eines der in § 35 abschließend aufgezählten Rechtsgüter vorliegen. Notstandsfähig sind deshalb nur

■ das **Leben**,

■ der **Leib**, d.h. die körperliche Unversehrtheit, und

■ die **Freiheit**, die die h.M. nicht auf die bloße Willensbetätigungsfreiheit beschränkt, sondern auch auf die Fortbewegungsfreiheit i.S.d. § 239 bezieht.

(2) Ferner ist der Personenkreis beschränkt auf den **Täter** selbst, auf **Angehörige** (lesen Sie dazu § 11 Abs. 1 Nr. 1) und sonstige **nahestehende Personen**, die Angehörigen vergleichbar sind (z.B. nichteheliche Lebenspartner, enge Freunde, grundsätzlich aber nicht bloße Arbeitskollegen oder Nachbarn).

bb) Notstandshandlung

(1) Die Abwehrhandlung muss weiterhin **erforderlich** sein, d.h. dass der Täter von mehreren gleichermaßen geeigneten Abwehrmitteln stets das relativ mildeste Mittel wählen muss. Die Prüfung

3. Abschnitt   Die wichtigsten Deliktsarten im Einzelnen

entspricht grundsätzlich der in § 34, wobei im Rahmen des § 35 **keine Güterabwägung** stattfindet.

Die Zumutbarkeitsklausel bildet bei § 35 die normative Begrenzung, vergleichbar der Angemessenheitsklausel bei § 34 und der Gebotenheitsklausel bei § 32!

(2) Als weitere Einschränkung der Entschuldigungsmöglichkeit sind im Gesetz selbst die Voraussetzungen der **Zumutbarkeit** der Hinnahme der Gefahr geregelt. Als nicht abschließende Beispiele nennt **§ 35 Abs. 1 S. 2** zwei wichtige Fälle, in denen eine Entschuldigung wegen Zumutbarkeit der Hinnahme der Gefahr ausgeschlossen ist:

■ die (schuldhafte!) Gefahrverursachung durch den Täter selbst sowie

■ das Bestehen einer Duldungspflicht aufgrund besonderen Rechtsverhältnisses (Polizist, Feuerwehrmann, Soldat etc.)

cc) Notstandswille

Subjektiv ist erforderlich, dass der Täter das Vorliegen des Konflikts und Handlungsalternativen sorgfältig **geprüft** und **zum Zweck der Gefahrabwendung gehandelt hat**.

dd) Unkenntnis schuldhaften Verhaltens wegen irriger Annahme der Voraussetzungen des entschuldigenden Notstandes

Hier gewährt das Gesetz gemäß § 35 Abs. 2 ähnlich wie beim Verbotsirrtum nur dann Strafausschluss, wenn der Täter sich Umstände vorgestellt hat, die ihn im Fall ihres Vorliegens tatsächlich entschuldigt hätten, sog. Entschuldigungstatbestandsirrtum.

So etwa in einer **Abwandlung** zu unserem eingangs erwähnten **Schiffsjungen-Beispiel**, wenn die Seeleute den Jungen getötet hätten, um ihn zu essen, ohne wissen zu können, dass sie alsbald gerettet wurden.

War der Irrtum vermeidbar, gewährt der Gesetzgeber – anders als in § 17 – keine nur mögliche, sondern zwingende Strafmilderung.

c) Der übergesetzliche entschuldigende Notstand, § 35 analog

Greift zumeist beim quantitativen Lebensnotstand ein, nach vorzugswürdiger Ansicht aber nur, wenn ohnehin todgeweihtes Leben geopfert wird.

Der übergesetzliche entschuldigende Notstand steht, wie der Name schon sagt, nicht im Gesetz und kann leicht vergessen werden. Immer wenn §§ 34 und 35 verneint worden sind und es um einen lebensbedrohlichen Konflikt geht, müssen Sie an übergesetzlichen Notstand denken! Die häufigsten Fälle sind diejenigen, bei denen der Täter einzelne Menschenleben opfert, um viele zu schützen, sog. **quantitativer Lebensnotstand**.

78

A. Das vollendete vorsätzliche Erfolgsdelikt als Begehungstat

Beispiel: A leitet ein Bahnstellwerk. Ein mit wenigen Fahrgästen besetzter Regionalzug nähert sich mit hoher Geschwindigkeit einem Hauptbahnhof, in dem ein vollbesetzter ICE angehalten hat. Der Regionalzug lässt sich nicht stoppen, weil der Zugführer einen Herzinfarkt erlitten hat und wegen eines technischen Defekts die automatischen Bremsanlagen nicht funktionieren. A kann den drohenden Zusammenstoß mit dem ICE und den Tod vieler Menschen nur dadurch vermeiden, dass er den Regionalzug auf ein Rangiergleis umleitet und dort ungebremst gegen einen Güterwaggon prallen lässt. Dadurch kommen alle Insassen dieses Zuges zu Tode. – Für den Eingriff in den Zugverkehr gemäß § 315 und die Sachbeschädigung an dem Regionalzug sowie dem Güterwaggon ist A aus § 34 gerechtfertigt. Aber was ist mit der Tötung der Zuginsassen gemäß § 212 Abs. 1?

Hier drohte der Tod der Reisenden im ICE sowie der Fahrgäste auf dem Bahnsteig durch das Auffahren des Regionalzuges. Rechtfertigungsfähig ist die Tötung weniger zur Rettung vieler aus § 34 nicht, weil Art. 1 GG eine Abwägung Leben gegen Leben verbietet. Die Gefahr betraf zudem einen Personenkreis, der dem A nicht nahestand, wie § 35 voraussetzt.

Dennoch bejaht die h.M. in solchen Fällen existenzbedrohender Konflikte ohne Handlungsalternative eine Entschuldigung des Täters analog § 35. Umstritten ist die Begründung.

Viele Literaten sehen es als ausreichend an, dass der Täter bei **„ethischer Gesamtbewertung"** das geringere Übel gewählt hat. Hieran ist zu kritisieren, dass die „ethische Betrachtung" letztlich doch wieder ein Einfallstor für quantitative Überlegungen ist.

Theorie des ethisch geringeren Übels

Die Gegenauffassung verlangt deshalb einschränkend, dass zwischen den geopferten und den gefährdeten Menschen eine **„Gefahrengemeinschaft"** bestehen müsse. Damit soll sichergestellt werden, dass der Täter nur solche Menschenleben opfert, die ohne sein Tun sowieso verloren gewesen wären. Ein Entschuldigung dafür, dass der Täter die Gefahr auf andere Menschen abwälzt, soll es danach nicht geben.

Theorie der Gefahrengemeinschaft

In unserem Bahn-Beispiel bejahen alle Theorien einen entschuldigenden Gewissenskonflikt: A hat mit den Insassen des Regionalzuges im Verhältnis zur sonst unübersehbaren Zahl von Toten im Bahnhof das ethisch geringere Übel gewählt. Außerdem wären die Menschen im Regionalzug auch ohne seinen Eingriff umgekommen. A hat auch – wie in § 35 – die Situation pflichtgemäß geprüft und ist aus dem Gewissenskonflikt zur Gefahrabwendung tätig geworden.

79

3. Unkenntnis schuldhaften Verhaltens wegen irriger Annahme der Voraussetzungen des entschuldigenden Notstandes

Weiß der Täter nicht, dass er objektiv schuldhaft handelt, weil er sich irrtümlich die Voraussetzungen des Notstandes vorstellt, so gilt § 35 Abs. 2 analog (s.o. S. 78).

4. Verbotsirrtum

Dieser „normale" Verbotsirrtum beurteilt sich – wie wir bereits wissen, s.o. S. 63 – nach **§ 17**. Die Folgen richten sich nach der **Vermeidbarkeit** des Irrtums: War der Irrtum unvermeidbar, entfällt gemäß § 17 S. 1 die Schuld, sodass eine Strafbarkeit nicht in Betracht kommt. Bei Vermeidbarkeit des Irrtums entfällt die Schuld hingegen nicht, sodass der Täter sich strafbar macht; seine Strafe kann allerdings gemildert werden.

Ein Verbotsirrtum ist **vermeidbar**, wenn die Fähigkeiten und Kenntnisse des Täters ihm hätten Anlass geben müssen, über die mögliche Rechtswidrigkeit seines Vorhabens nachzudenken oder bei anderen nachzufragen, um so zur Unrechtseinsicht zu kommen.

Beispiel: Bauer A lässt, nachdem er sein Feld gedüngt hat, die restliche Gülle in den Main ab, so wie das schon alle seine Vorfahren getan haben. A denkt sich dabei nichts Böses. – Hier hat A tatbestandsmäßig und rechtswidrig eine vorsätzliche Gewässerverunreinigung gemäß § 324 begangen. Da A allerdings sein Tun offensichtlich nicht als verboten einstufte, war er in Unkenntnis über das Unrecht seines Tuns (= fehlendes Unrechtsbewusstsein). Nach § 17 S. 1 lässt dieser Verbotsirrtum nur dann die Schuld entfallen, wenn er unvermeidbar war. Hier war der Irrtum aber vermeidbar, denn A hätte bei Anspannung seines Gewissens und Einsatz seiner Erkenntniskräfte darauf kommen können, dass man einen Fluss, in dem Fische leben und der zur Trinkwassergewinnung dient, nicht einfach verschmutzen darf.

Check: Schuld

1. Ab welchem Blutalkoholwert liegt in der Regel Schuldunfähigkeit nach § 20 vor?

1. Schuldunfähigkeit liegt in der Regel ab 3,0‰ bei der Tatbegehung vor.

2. Was versteht man unter einer vorsätzlichen actio libera in causa?

2. Actio libera in causa bedeutet Verursachung einer späteren Straftat durch Herbeiführung der eigenen Schuldunfähigkeit. Bei der vorsätzlichen actio libera in causa muss der Täter in noch schuldfähigem Zustand Vorsatz sowohl für die Herbeiführung der Schuldunfähigkeit als auch für die konkrete spätere Straftat haben.

3. Was ist an der Ausnahmetheorie und an der Vorverlegungstheorie als Erklärungsmodelle für die actio libera in causa zu kritisieren?

3. Die Ausnahmetheorie verstößt gegen das in Art. 103 Abs. 2 GG verankerte Gesetzlichkeitsprinzip, weil eine strafbegründende Ausnahme zu § 20 im StGB nicht vorgesehen ist und auch durch Gewohnheitsrecht nicht begründet werden darf. Die Vorverlagerungstheorie gerät in Konflikt mit § 22, weil sie für den actio libera in causa-Täter den Versuch schon beim Schuldunfähigwerden und damit vor einer konkreten Gefährdung beginnen lässt.

4. Gilt § 33 für den intensiven Notwehrexzess, den extensiven Notwehrexzess und den Putativnotwehrexzess?

4. § 33 gilt nur für den intensiven Notwehrexzess, also nur dann, wenn der tatsächlich gegenwärtig und rechtswidrig Angegriffene die Grenzen der Notwehr aus einem defensiven Affekt heraus überschreitet.

5. Worin unterscheiden sich der rechtfertigende und der entschuldigende Notstand voneinander?

5. Die Notstandslage bei § 35 muss eines der dort bezeichneten Rechtsgüter betreffen. Die Gefahr muss dem Täter oder einem Angehörigen oder einer ihm nahestehenden Person drohen. Dafür gibt es beim entschuldigenden Notstand keine Güterabwägung, sondern nur das Korrektiv des § 35 Abs. 1 S. 2.

6. Wann ist ein Verbotsirrtum vermeidbar?

6. Ein Verbotsirrtum ist vermeidbar, wenn die Fähigkeiten und Kenntnisse dem Täter hätten Anlass geben müssen, über die mögliche Rechtswidrigkeit seines Vorhabens nachzudenken oder bei anderen nachzufragen, um so zur Unrechtseinsicht zu gelangen.

81

3. Abschnitt   Die wichtigsten Deliktsarten im Einzelnen

B. Der Versuch des Erfolgsdelikts als Begehungstat

Versuch ist das subjektiv auf Vollendung gerichtete und nach dem Täterplan begonnene, aber aus tatsächlichen oder rechtlichen Gründen nicht vollständig verwirklichte vorsätzliche Erfolgsdelikt.

Prima, jetzt haben wir alle Elemente der vollendeten Begehungstat zusammen. Was ist nun, wenn der Täter den Erfolg zwar wollte, dieser aber ausgeblieben ist. Soll ein solcher Zufall dann zur Straflosigkeit führen? Im Regelfall nicht, denn der Täter hat schon durch die Betätigung seines verbrecherischen Willens die Rechtsordnung erschüttert und den Rechtsfrieden gestört. Deshalb gibt es den Deliktstyp des Versuchs, der aber dann straflos wird, wenn der Täter hiervon freiwillig zurückgetreten ist.

Am häufigsten ist der Versuch zu prüfen, wenn ein Merkmal des objektiven Tatbestandes wegen äußerer Umstände nach Tatbeginn nicht erfüllt ist.

Beispiel: Der mit Tötungsabsicht abgefeuerte Schuss geht daneben.

Zum Versuch gehören aber auch die Fälle, in denen das vorgestellte Delikt von vornherein gar nicht erfüllt werden konnte, sei es aus tatsächlichen oder aus rechtlichen Gründen. Der Täter nimmt hier ein strafbegründendes Merkmal zu seinen Ungunsten an, das tatsächlich nicht gegeben ist. Es geht also um Irrtumsfälle, aber spiegelbildlich zu den bei der Vollendungstat dargestellten Fällen, in denen der Täter ein strafbegründendes Element nicht kennt (s.o. S. 28 ff.)

Beispiel: A schießt mit Tötungsabsicht auf den am Boden liegenden B, ohne zu wissen, dass dieser bereits tot ist.

Aufbauschema: Versuch, § 22

I. Vorerörterung
- Keine Strafbarkeit aus Vollendung
- Strafbarkeit des Versuchs gemäß §§ 23 Abs. 1, 12

II. Tatbestandsmäßigkeit
1. **Tatentschluss (subjektiver Tatbestand!)**
   - Vorsatz bzgl. aller objektiven Tatbestandsmerkmale und vorbehaltloser Handlungswille
   - Ggf. sonstige subjektive Tatbestandsmerkmale
2. **Versuchsbeginn, § 22**

III. Rechtswidrigkeit

IV. Schuld
   speziell: Strafaufhebungsgrund Rücktritt, § 24

V. Strafverfolgungsvoraussetzungen oder -hindernisse

Ich kann es Ihnen nicht ersparen: Auswendig lernen!

I. Vorerörterungen

Beim Versuch sind kurze Ausführungen zur Nichtvollendung und zur Versuchsstrafbarkeit angezeigt, wenn zuvor kein vollendetes Delikt geprüft und abgelehnt worden ist und wenn sich die Versuchsstrafbarkeit nicht unproblematisch aus dem Gesetz ergibt.

1. Keine Strafbarkeit aus Vollendung

Zunächst ist festzustellen, dass nicht aus vollendetem Delikt bestraft werden kann. Das kann aus rechtlichen oder tatsächlichen Gründen der Fall sein.

Beispiel: A schießt auf B, verfehlt diesen jedoch. – Hier ist schon aus tatsächlichen Gründen keine Vollendung eingetreten; es kommt nur Versuch in Betracht.

In solchen Fällen kann man wegen der Evidenz der Nichtvollendung sofort mit der Versuchsprüfung beginnen.

> Überlegen Sie in der Klausur sorgfältig, ob zunächst das vollendete Delikt und erst in einem zweiten Schritt das Versuchsdelikt geprüft wird oder ob die Nichtvollendung in der Vorerörterung des Versuchs festgestellt werden soll. Letzteres bietet sich nur dann an, wenn die Nichtvollendung offensichtlich ist.

!

2. Strafbarkeit des Versuchs

Des Weiteren muss klargestellt werden, ob ein Versuch des zu prüfenden Straftatbestandes **überhaupt strafbar** ist. Die Versuchsstrafbarkeit richtet sich nach § 23 Abs. 1. Darin wird nun an die bereits bekannte Differenzierung zwischen Vergehen und Verbrechen in § 12 angeknüpft (s.o. S. 14). Danach ist der Versuch eines Verbrechens immer mit Strafe bedroht, der Versuch eines Vergehens hingegen nur dann, wenn dies ausdrücklich in dem jeweiligen Straftatbestand angeordnet ist (vgl. z.B. § 223 Abs. 2).

In der Regel genügt hier ein kurzer Hinweis oder sogar nur die Zitierung der einschlägigen Vorschriften, z.B.: „A könnte durch ... einen als Verbrechen gemäß §§ 23 Abs. 1, 12 Abs. 1 strafbaren versuchten Totschlag gemäß §§ 212 Abs. 1, 22 begangen haben."

> Besondere Ausführungen zur Versuchsstrafbarkeit sind eigentlich nur nötig, wenn es darum geht, ob eine Qualifikation aus einem Vergehen ein Verbrechen macht oder bei Versuchen im Zusammenhang mit Erfolgsqualifikationen, s.u. S. 125.

II. Tatbestandsmäßigkeit

Der Versuch ist strafbar, weil der Täter seinen rechtsfeindlichen Willen betätigt hat und schon dadurch der Rechtsfrieden beeinträchtigt werden kann. Damit ist klar, dass der rechtsfeindliche Wille und dessen Betätigung die beiden zwingenden Tatbestandsvoraussetzungen für den Versuch sind. Der rechtsfeindliche Wille muss sich auf die Verwirklichung eines bestimmten Straftatbestandes beziehen. Wir nennen dies **Tatentschluss**. Objektiv muss der Täter seinen Tatentschluss **betätigt** haben. Bloß innerlich gebliebene Vor-

3. Abschnitt Die wichtigsten Deliktsarten im Einzelnen

stellungen oder Handlungen, die noch im Vorfeld des Versuchsbeginns liegen, begründen noch keine Versuchsstrafbarkeit. Nach § 22 hat der Versuch begonnen, wenn der Täter „nach seiner Vorstellung von der Tat unmittelbar zur Tatbestandsverwirklichung ansetzt."

Unbedingt merken: !
Umgekehrte Prüfungs-
reihenfolge beim Versuch: Erst der subjektive
Tatbestand (Tatentschluss), dann der „verkümmerte" objektive Tatbestand (unmittelbares
Ansetzen)!

*Da der Versuchsbeginn nach Vorgabe des § 22 auch nur aufgrund der subjektiven Vorstellung des Täters von der Tat beurteilt werden kann, ist zwingend erforderlich, **zuerst** den Tatentschluss, der diese Tätervorstellung beinhaltet, zu prüfen und danach erst das unmittelbare Ansetzen.*

1. Tatentschluss (= subjektiver Tatbestand)

Tatentschluss ist der endgültig gefasste Handlungswille und Vorsatz zur Verwirklichung aller den jeweiligen Tatbestand ausfüllenden Tatumstände bei gleichzeitigem Vorliegen deliktsspezifischer subjektiver Tatbestandsmerkmale.

a) Vorsatz und vorbehaltloser Handlungswille

Es ist also zunächst der Vorsatz hinsichtlich aller Tatumstände des objektiven Tatbestandes festzustellen. Wenn nicht besondere Vorsatzformen vorgeschrieben sind, genügt auch bedingter Vorsatz.

!

Geprüft wird der Tatentschluss immer ausgehend von der Sachverhaltsperspektive des Täters und nach der Reihenfolge der Merkmale, wie sie der objektive Tatbestand vorgibt.

Das Merkmal „Entschluss"
ist in der Klausur nur zu
problematisieren, wenn
im Sachverhalt erkennbar
ist, dass der Täter seine
Willensbildung (nicht
etwa nur die Tatausführung) noch von Bedingungen abhängig macht
bzw. erkennbar mit der
endgültigen Entscheidung zögert.

Der Begriff **„Entschluss"** kennzeichnet den vorbehaltlosen, also endgültigen Handlungswillen und grenzt zur bloßen Tatgeneigtheit ab, bei der die Entscheidung zu handeln noch nicht gefallen ist. **Objektive Ausführbarkeitsbedingungen**, die vom Willen des Täters unabhängig sind und auf die er keinen Einfluss hat, stellen den Tatentschluss nicht infrage, können aber für das unmittelbare Ansetzen bedeutsam sein.

Beispiel: A erklärt mit vorgehaltener Waffe, wenn B sich nicht entschuldige, werde er ihn erschießen. Tatsächlich will A mit der Drohung „ernst machen", wenn B sich nicht fügt. B entschuldigt sich und A steckt die Pistole wieder ein. – A hat natürlich durch die mittels Drohung erzwungene Entschuldigung eine vollendete Nötigung gemäß § 240 begangen. Die mitverwirklichte Bedrohung gemäß § 241 wird davon rechtlich mitabgegolten, tritt also auf Konkurrenzebene zurück (dazu unten S. 152 genauer). Aber hat er auch einen Tötungsversuch gemäß §§ 212, 22, 23 begangen? Tatentschluss zur Tötung hatte er. Auf den Eintritt der Bedingung („Entschuldigung des B") hatte er keinen Einfluss. Mit der Drohung als solcher hat A aber noch nicht zur Tötung unmittelbar an-

84

gesetzt. Wer droht, zeigt gerade, dass nach seinem Tatplan erst dann das Rechtsgut unmittelbar gefährdet ist, wenn der Bedrohte sich nicht fügt. Dazu ist es aber nicht gekommen, eben weil sich B vorher entschuldigt hat.

b) Irrige Annahme von Umständen, die zum gesetzlichen Tatbestand gehören – der untaugliche Versuch und Abgrenzung zum Wahndelikt sowie zum abergläubischen Versuch

aa) Der untaugliche Versuch

Unter den Versuch können auch die Irrtumsfälle der irrigen Annahme zuungunsten des Täters fallen (s.o. S. 28 ff.). Stellt sich der Täter Umstände i.S.d. § 16 Abs. 1 S. 1 vor, die tatsächlich gar nicht vorliegen, unterliegt er einem **„umgekehrten Tatbestandsirrtum"**. Da das Vorstellungsbild aber schon nicht der Realität entspricht, kann auch das Gewollte nicht zum Erfolg führen. Wir nennen das einen **untauglichen Versuch**. Mag es auf den ersten Blick auch schwer verständlich sein: Der untaugliche Versuch ist ebenso strafbar wie der taugliche, denn es kommt nach § 22 nur auf die „Vorstellung des Täters von der Tat" an. Nach § 23 Abs. 3 ist sogar der „grob unverständige" untaugliche Versuch mit Strafe bedroht. Das Gericht kann aber in solchen Fällen schlicht blödsinniger Verkennung der Untauglichkeit von Strafe absehen oder diese mildern.

Auch der untaugliche Versuch ist strafbar.

Es lassen sich drei Fallgruppen des untauglichen Versuchs unterscheiden:

- Versuch am untauglichen Objekt oder Opfer

   Beispiel: Tötungsversuch an einer Leiche

- Versuch mit untauglichen Mitteln

   Beispiel: Verwendung einer zu schwachen Giftdosis

- Versuch des untauglichen Subjekts

   Beispiel: Der Nichtbeamte begeht ein Amtsdelikt in der irrigen Vorstellung, Beamter zu sein.

bb) Abgrenzung zum straflosen Wahndelikt

Ein Wahndelikt liegt vor, wenn sich der Täter für strafbar hält, obwohl ein Straftatbestand für sein Verhalten gar nicht existiert. Es liegt auf der Hand, dass ein solcher rechtlicher Irrglaube keine Strafbarkeit auslöst.

Beispiel: A glaubt, die unbefugte Benutzung eines Tretbootes am Seeufer sei mit Strafe bedroht.

3. Abschnitt   Die wichtigsten Deliktsarten im Einzelnen

Schwierig wird es, wenn der Täter aufgrund eines Rechtsirrtums glaubt, sein Verhalten falle unter eine Strafnorm, die tatsächlich existiert. Ist bei dieser Norm dann auch noch der Versuch unter Strafe gestellt, steht man vor dem Problem, ob ein strafbarer untauglicher Versuch oder ein strafloses Wahndelikt vorliegt.

Beispiel: A wird von einem übereifrigen Staatsanwalt nach seiner Zeugenvernehmung vereidigt. A hat bei der Aussage gelogen und weiß nicht, dass nur Richter Eide abnehmen dürfen, § 161 a Abs. 1 S. 3 StPO. Er glaubt vielmehr, dass jede Falschbeeidung vor einer Hoheitsperson als Meineid strafbar sei. Hat A deshalb einen versuchten Meineid gemäß §§ 154 Abs. 1, 22, 23 Abs. 1, 12 Abs. 1 begangen?

Die Rspr. kehrt einfach die Parallelwertung (s.o. S. 31) um und bejaht einen untauglichen Versuch. Ausreichend ist danach, dass der Täter die Norm des § 154 laienhaft richtig bewertet hat, nämlich: Du darfst im Strafverfahren nichts Falsches beschwören!

Das Schrifttum wendet ein, dass der Täter durch seinen Rechtsirrtum zugleich die Norm des § 154 überdehnt habe und kommt zum straflosen Wahndelikt.

cc) Abgrenzung zum straflosen abergläubischen Versuch

Kennzeichnend für diese skurrile Fallgruppe ist, dass jemand einen tatbestandlichen Erfolg mit okkulten Mitteln wie Magie und Zauber herbeiführen will.

Beispiel: A will dem B durch einen Voodoo-Ritual Schmerzen zufügen, indem er mit einer Nadel eine Strohpuppe durchbohrt, die den B symbolisieren soll.

Der rationale Strafrechtler glaubt nicht an solchen Humbug. Es liegt schon kein Tatentschluss zu einer Körperverletzung vor. Tatentschluss hat nur, wer sich Umstände vorstellt, bei deren Vorliegen der Erfolg kausal und zurechenbar erfüllt wäre. Zauber und Magie können aber für sich nicht einmal kausal werden. Zudem stellen sie kein rechtlich missbilligtes Risiko dar, weil sie nicht existieren und folglich der menschlichen Beherrschbarkeit entzogen sind. Basta!

c) Deliktsspezifische subjektive Tatbestandselemente

Weitere Elemente des Tatentschlusses sind bestimmte Absichten oder Motive. Wenn der Gesetzgeber diese zusätzlich zum objektiven Tatbestand verlangt, ist der Tatentschluss erst komplett, wenn der Täter auch ein hierzu passendes Vorstellungsbild hatte.

Schreiben Sie bitte nicht: „Der Täter müsste Vorsatz oder Tatentschluss zur Absicht rechtswidriger Zueignung besessen haben!" Das Subjektive des Subjektiven gibt es nicht. Schreiben Sie bitte direkt im Zusammenhang mit der Untersuchung des Tatentschlusses: „Der Täter muss auch die Absicht rechtswidriger Zueignung (etc.) besessen haben."

!

2. Versuchsbeginn

Ohne Versuchsbeginn kein Versuch und ohne Versuch keine Vorsatztat (s.o. S. 82 f.). Der Versuchsbeginn ist die Grenzlinie zwischen Straflosigkeit und Strafbarkeit bei der Vorsatztat. Maßgebliche Vorschrift ist § 22. Hieraus ist die allgemeine Ansatzformel abzuleiten, die für die Bewältigung der Normalfälle ausreicht. Für besondere Fallgruppen des Versuchs sollten Sie aber auch die dazu entwickelten Formeln gehört haben.

Das unmittelbare Ansetzen bildet die Grenze zwischen dem grundsätzlich straflosen Vorbereitungsbereich und dem grundsätzlich strafbaren Stadium.

a) Allgemeine Ansatzformel

Nach **§ 22** muss der Täter **„nach seiner Vorstellung von der Tat"** zur Verwirklichung des Tatbestandes „unmittelbar ansetzen". Dadurch wird klar, dass der Versuchsbeginn ausgehend von der Tätervorstellung von Tatsituation und Tatverlauf zu prüfen ist und eventuelle Vorbehalte der Tatausführung zu berücksichtigen sind (= Tatplanhorizont des Täters)

Die allgemeine Ansatzformel heißt auch „Gefährdungsformel" oder „Zwischenaktformel". Gemeint ist damit praktisch dasselbe.

Wie bereits oben (S. 85) gesagt, ist das Abstellen auf die Sachverhaltsperspektive des Täters auch der gesetzliche Grund dafür, dass untaugliche Versuche strafbar sind.

Nach dieser Vorstellung muss die Tathandlung in ein Stadium eingetreten sein, in dem der Täter subjektiv die Schwelle zum **„Jetzt geht es los"** überschreitet und objektiv das tatbestandlich geschützte Rechtsgut **konkret gefährdet** hat, sodass es im ungestörten Fortgang – also **ohne einen weiteren wesentlichen Zwischenakt** – zur Tatbestandsverwirklichung kommen konnte.

Man fragt also zuerst: **Wie hat sich der Täter die Tatsituation und den Tatverlauf vorgestellt?** (= subjektive Bewertungsgrundlage). Danach fragt man: Wann liegt auf dieser als wahr unterstellten Tatsachenbasis unter Anwendung des Kriteriums „Unmittelbarkeit" der Übergang von der Vorbereitung zum Versuchsbeginn vor, kurz: **Wann geht es los?** Letzteres beurteilt der objektive Betrachter unter Zugrundelegung des Täterplans und indem er fragt, ob das angegriffene Rechtsgut aufgrund des zeitlichen und räumlichen Kontakts zwischen Täter und Opfer bereits konkret gefährdet war oder

| 3. Abschnitt | Die wichtigsten Deliktsarten im Einzelnen |

ob dafür noch wesentliche Zwischenakte, insbesondere Willensimpulse des Täters, erforderlich waren.

Beispiel: A will auf jeden schießen, der an seinem in einer Straße mit vielen Wohnhäusern und Geschäften gelegenen Haus vorbeigeht, und legt sich mit dem geladenen Gewehr im Anschlag auf die Lauer. Die Polizei hatte von dem Amokschützen schon vorher Kenntnis und die Zufahrten ohne Wissen des A abgesperrt, sodass niemand auf der sonst sehr belebten Straße erscheint. A wird festgenommen. – Versuchter Totschlag gemäß §§ 212 Abs. 1, 22, 23? A hatte Tötungsentschluss. Nach seiner Vorstellung wäre mit Sicherheit irgendein Mensch erschienen. Dass dies nicht so war, also die Tat gar nicht vollendet werden konnte, begründet allenfalls einen untauglichen, aber ebenfalls strafbaren Versuch. A hätte auch nicht längere Zeit abwarten müssen. Nach seiner Vorstellung war bereits in den nächsten Sekunden ein Mensch im Gefahrenbereich der Waffe. A hat schon unmittelbar zum Totschlag angesetzt. Er ist wegen versuchten Totschlags strafbar.

Abwandlung: A legt sich auf die Lauer, um sich an B zu rächen und nur diesen zu erschießen. Wieder erscheint niemand, weil die Zufahrt zur Straße vorher abgesperrt worden ist. A wird festgenommen. Versuchter Totschlag? – Hier hätte A nach seinem Tatplan den B erst noch identifizieren müssen. Diese Zielkonkretisierung war nach seiner Vorstellung von der Tat noch wesentlicher Zwischenschritt. Dazu ist es aber nicht gekommen. A ist straflos!

b) Teilverwirklichungsformel

Die Teilverwirklichungsformel darf nur dann angewendet werden, wenn die Tat auch in einem Zuge durchgeführt werden soll. Dann ist mit dem ersten Teilakt auch das Delikt insgesamt begonnen worden.

Hat ein Täter bereits ein oder mehrere Tatbestandsmerkmale eines mehraktigen oder zusammengesetzten Delikts verwirklicht (nicht alle, da sonst Vollendung vorliegt), so ist aufgrund der **Teilverwirklichung** dieses Delikts vom Versuchsbeginn auszugehen.

Beispiel: A stürmt mit Raubvorsatz auf den Geldboten zu und fordert ihn unter Bedrohung mit der Pistole auf, das Geld zu übergeben. Bevor das geschieht, flüchtet A, weil unerwartet ein Polizeiauto auftaucht. Raubversuch gemäß §§ 249 Abs. 1, 22, 23 ist zu bejahen. Hier ist bereits das qualifizierte Nötigungsmittel der Drohung mit gegenwärtiger Gefahr für Leib oder Leben angewendet worden und damit der aus einem Nötigungs- und Wegnahmeteil zusammengesetzte § 249 teilverwirklicht. Folglich liegt der Versuchsbeginn vor.

c) Entlassungsformel

aa) Abgeschlossenes Täterhandeln

Es gibt Fälle, in denen man mit der Anwendung der allgemeinen Ansatzformel dem tatsächlichen Täterverhalten nicht gerecht wird. Das sind all jene Situationen, in denen es zwar noch nicht zu einer unmittelbaren Rechtsgutgefährdung gekommen ist, der Täter aber seine **Ausführungshandlung bereits abgeschlossen** hat, d.h. nach seiner Vorstellung das seinerseits Erforderliche eigentlich schon getan hat.

B. Der Versuch des Erfolgsdelikts als Begehungstat · 3. Abschnitt

Beispiel: Der Terrorist A will mit einer Zeitbombe einen Anschlag auf ein Flughafengebäude verüben. Er deponiert die Bombe in einem Abfalleimer in der Nähe eines Stützpfeilers des Abfertigungsgebäudes und stellt den Zeitzünder auf vier Stunden ein. Nach seiner Vorstellung kann es nach Ablauf der vier Stunden ungehindert zum Einsturz des Gebäudes unter Verletzung und Tötung einer großen Zahl von Menschen kommen. Drei Stunden vor dem Zünden der Bombe wird A in seinem Hotelzimmer festgenommen und die Bombe entschärft. Kann sich A dem Vorwurf des heimtückischen und gemeingefährlichen Mordversuchs (§§ 211, 22, 23) dadurch entziehen, dass es noch nicht zu einer konkreten Gefährdung und damit noch nicht zum Versuchsbeginn gekommen ist, obwohl A eigentlich schon alles getan hatte, um die Tat von selbst zur Vollendung kommen zu lassen?

Hier wird nach nicht unumstrittener Ansicht die allgemeine Ansatzformel durch die sog. Entlassungsformel erweitert. Danach ist zu unterscheiden:

Die Entlassungsformel lässt den Versuch schon vor einer unmittelbaren Gefährdung beginnen.

- **Gibt** der Täter bei abgeschlossener Handlung die Kontrolle über das weitere Geschehen **aus der Hand**, so hat der Versuch bereits in diesem Moment begonnen, und zwar unabhängig vom Gefährdungs- und Zwischenaktkriterium (dies gilt jedenfalls bei zeitnaher Tatverwirklichung).

  Daher hat A im obigen Beispiel bereits mit Verlassen des Flughafengeländes unmittelbar zur Verwirklichung des heimtückischen und gemeingefährlichen Mordes angesetzt.

- Wenn der Täter bei abgeschlossener Handlung das weitere Geschehen **in der Hand behält** und so kontrolliert, dass er es jederzeit noch stoppen kann, verbleibt es bei der allgemeinen Ansatzformel mit dem Gefährdungs- und Zwischenaktkriterium.

  Abwandlung zum obigen Beispiel: Hält sich A weiterhin in unmittelbarer Nähe des Abfalleimers auf, sodass er jederzeit in der Lage bleibt, die Bombe mit einem Handgriff zu entschärfen, verbleibt es bei der allgemeinen Ansatzformel. Ein unmittelbares Ansetzen kann erst bejaht werden, wenn kurz vor Ablauf der vier Stunden der Explosionszeitpunkt unmittelbar bevorsteht.

bb) Mitwirkungshandlungen des ahnungslosen Opfers

Bei diesen sog. **„Fallen-Fällen"** benutzt der Täter das Opfer quasi als ahnungsloses Werkzeug gegen sich selbst.

Strukturell ähneln diese Fälle der mittelbaren Täterschaft (s.u. S. 135).

Beispiele: Der Täter installiert am Auto eine Sprengfalle, die durch Betätigen der Zündung durch das ahnungslose Opfer ausgelöst werden soll.

Der Täter vergiftet die Milch, die das ahnungslose Opfer beim Frühstück austrinken soll. Der Täter manipuliert die Hauselektrik so, dass das ahnungslose Opfer beim Betätigen des Lichtschalters einen Stromschlag erhalten soll.

3. Abschnitt Die wichtigsten Deliktsarten im Einzelnen

Auch hier ist mit der Entlassungsformel zu unterscheiden:

- Stellt sich der Täter die Vornahme der Mitwirkungshandlung durch das ahnungslose Opfer **als sicher** vor, so ist ein unmittelbares Ansetzen bereits im Zeitpunkt des **Handlungsabschlusses** beim Täter gegeben – jedenfalls bei zeitnah erwarteter Mitwirkung.

- Stellt sich der Täter die Vornahme der Mitwirkungshandlung durch das ahnungslose Opfer **als zwar möglich, aber noch ungewiss** vor, ist ein unmittelbares Ansetzen erst dann zu bejahen, wenn eine tatsächliche Gefährdung des Opfers durch **Übergang zum gefährlichen Mitwirkungsakt** eintritt.

III. Irrige Annahme der Rechtswidrigkeit der eigenen Tat

1. Unkenntnis objektiv rechtfertigender Umstände

Hält der Täter sein Handeln für rechtswidrig, weil ihm ein tatsächlich vorliegender rechtfertigender Sachverhalt unbekannt ist, befindet er sich in einem umgekehrten Erlaubnistatbestandsirrtum. Man kann auch schlichter formulieren: Ihm fehlt jegliches subjektive Rechtfertigungselement.

Beispiel: Der aggressive A erkennt in der Dunkelheit seinen Erzfeind B. Ohne zu zögern, zieht er seine Waffe und erschießt B. A weiß nicht, dass B ihm aufgelauert hatte, um ihn seinerseits zu töten und dass er bereits die schussbereite Waffe in der Hand hatte.

Sie werden fragen, warum ich diesen Fall beim Versuch anspreche. A hat den B doch vorsätzlich erschossen, also war der Totschlag vollendet. Und gerechtfertigt ist A auch nicht. Zwar befand er sich in einer Notwehrlage gemäß § 32 und hatte nur die Möglichkeit, den B zu erschießen, wenn er ungeschoren davonkommen wollte. Ihm fehlte aber schon die Kenntnis der Notwehrlage. – Tatsächlich löst die Rspr. den Fall so. Dass A objektiv im Einklang mit der Rechtsordnung gehandelt hat, kann danach nur bei seiner Strafzumessung berücksichtigt werden.

So einfach macht es sich das herrschende Schrifttum aber nicht. Nach dieser Ansicht ist A nur wegen Versuchs strafbar. Wie das? Hinter dieser Lösung steckt die Unterscheidung von **Handlungsunrecht** und **Erfolgsunrecht**: Das Unrecht eines Erfolgsdelikts setzt danach beides voraus, nämlich das Auflehnen gegen die Rechtsordnung durch Vornahme der tatbestandsmäßigen Handlung (= Handlungsunrecht) sowie die Rechtsgutverletzung im Wi-

B. Der Versuch des Erfolgsdelikts als Begehungstat | 3. Abschnitt

derspruch zur Rechtsordnung (= Erfolgsunrecht). Das Erfolgsunrecht fehlt nach diesem Verständnis zum einen, wenn der Erfolg ausgeblieben ist, also z.B. wenn der Täter danebengeschossen hat. Es fehlt aber auch dann, wenn der Erfolg zwar eingetreten ist, aber im Einklang mit der Rechtsordnung stand, wie es insbesondere der Fall ist, wenn der Täter objektiv gerechtfertigt ist. Übrig bleibt in solchen Fällen das Handlungsunrecht, also die Auflehnung gegen die Rechtsordnung. Und genau hierfür gibt es bei der Vorsatztat die Versuchsregeln! In unserem Beispielsfall ist A deshalb nach dem herrschenden Schrifttum nur wegen versuchten Totschlags strafbar!

2. Unkenntnis der rechtlichen Reichweite eines tatsächlich erfüllten Erlaubnissatzes

Hier fehlt das subjektive Rechtfertigungselement nicht, weil der Täter die tatsächlichen Voraussetzungen des Rechtfertigungsgrundes kennt und auch zum Zweck der Gefahrbeseitigung handelt. Er unterliegt nur einem Rechtsirrtum, nämlich einem umgekehrten Erlaubnisirrtum.

Beispiel: Kain fällt über Abel her und beginnt, ihn zu erwürgen. Abel rettet im letzten Moment sein Leben, indem er den Kain ersticht. Abel hatte erkannt, dass er nur so sein Leben retten konnte. Dennoch ist er der Meinung, ein Mörder zu sein, weil man seinen Bruder niemals töten dürfe. – Abel ist durch Notwehr gerechtfertigt, da die objektiven Voraussetzungen nach § 32 vorlagen und er subjektiv in Kenntnis der tatsächlichen Voraussetzungen der Notwehr und mit Verteidigungswillen gehandelt hat. Abel hat einen durch einen Rechtfertigungsgrund erlaubten Vorgang infolge einer Fehlvorstellung über die Rechtslage (= Rechtsirrtum) nur als unerlaubt eingestuft. Diese Fehlvorstellung begründet keine Strafbarkeit, sondern ist ein strafloses Wahndelikt.

Check: Versuch

1. Was prüft man beim Tatentschluss?

1. Der Tatentschluss verlangt vorbehaltlosen Handlungswillen, ferner die nach dem jeweiligen Tatbestand geforderte Vorsatzform für alle Umstände des objektiven Tatbestandes sowie die Erfüllung etwaiger deliktsspezifischer subjektiver Tatbestandsmerkmale.

2. Wodurch unterscheiden sich untauglicher Versuch und Wahndelikt voneinander?

2. Beim untauglichen Versuch stellt sich der Täter irrtümlich vor, alle Umstände des objektiven Tatbestandes zu verwirklichen, obwohl diese tatsächlich durch die konkrete Handlung nicht erfüllbar sind. Er ist trotzdem – wie sich aus §§ 22, 23 Abs. 3 ergibt – wegen Versuchs strafbar. Beim Wahndelikt nimmt der Täter aufgrund eines Rechtsirrtums und in völliger Verkennung des Unrechtskerns irrtümlich an, sein Verhalten unterfalle einer Strafnorm. Das Wahndelikt ist straflos.

3. Definieren Sie den Versuchsbeginn nach der allgemeinen Ansatzformel.

3. Der Täter beginnt mit dem Versuch, wenn er nach seinem Tatplan die Schwelle zum „Jetzt geht es los" überschreitet und nach objektiven Kriterien das tatbestandlich geschützte Rechtsgut konkret gefährdet, weil es aus seiner Sachverhaltsperspektive im ungestörten Fortgang – also ohne einen weiteren wesentlichen Zwischenakt – zur Tatbestandsverwirklichung kommen konnte.

4. A will B erschießen und legt sich auf die Lauer. B kommt vorbei, doch erkennt ihn A nicht und lässt deshalb seine Waffe stecken. Versuchter Totschlag?

4. Noch kein unmittelbares Ansetzen und damit kein Totschlagsversuch: Nach dem Tatplan des A hätte der Versuch frühestens mit Identifizierung des B begonnen. Dazu ist es aber infolge des Identitätsirrtums gerade nicht gekommen.

5. Was besagt die Entlassungsformel?

5. Nach der Entlassungsformel beginnt der Versuch schon dann, wenn der Täter alles zur Erfolgsherbeiführung Erforderliche getan und die Kontrolle über das weitere Geschehen aus der Hand gegeben hat. Bedarf es zur Erfolgsherbeiführung einer Mitwirkung des Opfers, muss der Täter sicher sein, dass es dazu zeitnah kommt.

6. Wie wirkt sich das Fehlen des subjektiven Rechtfertigungselements bei objektiver Rechtfertigung einer vollendeten Tat aus?

6. Nach der Rspr. entfällt bei fehlendem subjektivem Rechtfertigungselement die Rechtfertigung und der Täter ist bei Erfolgseintritt aus Vollendungstat strafbar. Die Lit. verneint das Erfolgsunrecht und bestraft nur aus Versuch.

B. Der Versuch des Erfolgsdelikts als Begehungstat | **3. Abschnitt**

IV. Der strafbefreiende Rücktritt des Alleintäters, § 24 Abs. 1

Spezieller Strafaufhebungsgrund des Versuchs ist der Rücktritt gemäß § 24. Liegen dessen Voraussetzungen vor, wird von einer Bestrafung des Täters abgesehen, obwohl er tatbestandsmäßig, rechtswidrig und schuldhaft eine versuchte Straftat begangen hat.

Der Grund hierfür liegt – nach der herrschenden **Strafzwecktheorie** – darin, dass der Zurückgetretene das Vertrauen der Rechtsbevölkerung in die Geltung des Rechts wieder gestärkt und sich als minder gefährlich und damit nicht mehr strafwürdig gezeigt hat. Ganz pragmatisch sehen viele auch im **Opferschutz** einen tragenden Grund: Wenn der Täter noch Strafbefreiung erlangen kann, wird er vielleicht eher motiviert, von seiner Tat abzulassen, als wenn er nichts mehr zu verlieren hat.

> Kein Versuch ohne Gedanken an Rücktritt! Dieser kommt immer in Betracht, wenn der Täter aufhört, obwohl er weitermachen könnte.

Für vollendete Taten gibt es keinen Rücktritt. Das folgt schon aus dem Gesetz. § 24 Abs. 1: „Wegen Versuchs wird nicht bestraft ...". Hat also der Täter bei einem Versuch ein anderes Delikt vollendet, so bleibt er daraus strafbar, selbst wenn er vom Versuch zurückgetreten ist.

Beispiel: A hat B mit Tötungsvorsatz niedergeschlagen. Nun reut ihn sein Verhalten und er rettet das Leben des B. – Rücktritt vom Versuch des Totschlags. A bleibt aber strafbar wegen vollendeter Körperverletzung, §§ 223, 224 Abs. 1 Nr. 5.

Auch dann bleibt es bei der Vollendungsstrafbarkeit, wenn der Täter nach Versuchsbeginn von der Tat Abstand nimmt und irrtümlich glaubt, es könne nicht mehr zum Erfolg kommen und dieser trotzdem aufgrund der Versuchshandlung noch eintritt.

Beispiel: Die A gibt dem B eine kleine Giftdosis und plant, ihm noch weiteres Gift zu geben, um ihn umzubringen. Dann bereut sie ihr Verhalten und verzichtet auf die weitere Giftbeibringung. B stirbt bereits an den Folgen der ersten Giftmenge. – A ist nach h.M. strafbar wegen vollendeten heimtückischen Mordes, § 211.

Der Rücktritt des Alleintäters richtet sich nach § 24 Abs. 1.

Aufbauschema: Rücktritt vom Versuch gemäß § 24 Abs. 1
■ Rücktrittshandlung
■ Aufgeben der weiteren Tatausführung, *§ 24 Abs. 1 S. 1 Alt. 1, beim unbeendeten Versuch*
■ Verhinderung der Tatvollendung, *§ 24 Abs. 1 S. 1 Alt. 2, beim beendeten Versuch*
■ Ernsthaftes Bemühen um Vollendungsverhinderung, *§ 24 Abs. 1 S. 2, beim beendeten Versuch*, aber fehlender Verhinderungskausalität
■ Freiwilligkeit

| 3. Abschnitt | Die wichtigsten Deliktsarten im Einzelnen |

1. Rücktrittshandlung

Welches Rücktrittsverhalten die Strafbefreiung auslöst, hängt davon ab, was sich der Täter von der Wirkung des bisher Verwirklichten vorstellt.

Nur beim noch unbeendeten Versuch kann der Täter nach § 24 Abs. 1 S. 1 Alt. 1 durch bloße Passivität Strafbefreiung erlangen!

a) Nach § 24 Abs. 1 S. 1 Alt. 1 kann der Täter zurücktreten, indem er die weitere Ausführung der Tat aufgibt. Dies setzt zum einen voraus, dass er sich vorstellt, noch nicht alles getan zu haben, was für die Tatbestandsverwirklichung erforderlich ist **(unbeendeter Versuch).**

Beispiel: A legt mit einem Gewehr auf B an, um ihn zu erschießen. Im letzten Moment überlegt er es sich anders und drückt nicht ab. A stellt sich vor, abdrücken zu müssen, um B zu töten. Er geht also davon aus, noch nicht alles für die Tatbestandsverwirklichung Erforderliche getan zu haben. In dieser Situation kann er zurücktreten, indem er nicht abdrückt und so die weitere Ausführung der Tat aufgibt.

Zum anderen setzt ein Rücktritt durch Aufgeben der weiteren Tatausführung voraus, dass der Täter sich vorstellt, den Tatbestand verwirklichen zu können. Ansonsten liegt ein **fehlgeschlagener Versuch** vor, von dem er nicht zurücktreten kann. Ob der Täter den Tatbestand tatsächlich verwirklichen könnte, ist irrelevant.

Wenn A im letzten Moment meint, sein Gewehr doch nicht geladen zu haben und B daher doch nicht töten zu können, kann er nicht zurücktreten, indem er nicht abdrückt. Er würde damit nicht die weitere Ausführung der Tat aufgeben. Ob das Gewehr tatsächlich geladen war, spielt keine Rolle.

Klarzustellen ist, dass der Fehlschlag nur auf die Erfüllbarkeit des jeweiligen Tatbestandes bezogen wird. Darauf, ob das Weitermachen aus Sicht des Täters **sinnlos** erscheint, kommt es nach h.M. nicht an. Entscheidend ist, dass er aus seiner Sicht immer noch den konkreten Tatbestand vollenden könnte, davon aber absieht.

Wenn A im letzten Moment erkennt, dass es sich bei der Person, auf die er zielt, nicht um B, sondern um C handelt, kann er die weitere Ausführung der Tat aufgeben, indem er nicht abdrückt.

Beim beendeten Versuch muss der Täter Gegenaktivitäten entfalten, um die Vollendung zu verhindern.

b) Nach § 24 Abs. 1 S. 1 Alt. 2 kann der Täter zurücktreten, indem er die Vollendung verhindert. Hierfür muss er sich vorstellen, bereits alles getan zu haben, was für die Tatbestandsverwirklichung erforderlich ist **(beendeter Versuch).** Ausgeschlossen sind damit auch Fälle des **Fehlschlags**, in denen der Täter meint, die Tat könne nicht vollendet werden.

Beispiel: A schießt auf B, der - wie A erkennt - lebensgefährliche Verletzungen erleidet. Als er den B hilflos liegen sieht, überkommt ihn Reue. A verständigt umgehend einen Krankenwagen. B überlebt deswegen. A hat die Vollendung

94

des Tötungsdelikts verhindert und ist daher vom versuchten Tötungsdelikt strafbefreiend zurückgetreten.

Der Rücktritt setzt in diesem Fall mindestens voraus, dass der Täter aktiv gegensteuert und so die Verhinderung der Vollendung wirklich verursacht (= Gegenaktivität mit Verhinderungskausalität). Umstritten ist, ob darüber hinaus weitere Voraussetzungen erfüllt werden müssen. Ein Teil der Lit. verlangt im Gegensatz zur h.M., dass der Täter von mehreren Verhinderungsmöglichkeiten die aus seiner Sicht effektivste ergreift.

Hätte A sich **beispielsweise** vorgestellt, zusätzlich Erste-Hilfe-Maßnahmen ergreifen zu können, welche die Überlebenschancen des B erhöht hätten, hätte er diese Maßnahmen nach einem Teil der Lit. ergreifen müssen. Nach h.M. wäre A hingegen alleine deshalb strafbefreiend vom Tötungsdelikt zurückgetreten, weil er eine Ursache für die Rettung gesetzt hat, indem er den Krankenwagen rief. Die Mindermeinung steht im Widerspruch zum Gesetzeswortlaut des § 24 Abs. 1 S. 1 Alt. 2 und verstößt durch das zusätzliche Erfordernis der Ernsthaftigkeit aus § 24 Abs. 1 S. 2 (s. nachfolgend) gegen das Analogieverbot.

c) Fehlende Verhinderungskausalität beim beendeten Versuch. Nun gibt es Fälle, in denen ein beendeter Versuch vorliegt, das Ausbleiben des Erfolges aber nicht auf der Rücktrittsaktivität des Täters beruht. **Bei fehlender Verhinderungskausalität gilt § 24 Abs. 1 S. 2.** Das Gesetz belohnt dann schon das Bemühen des Täters, den Erfolg zu verhindern. Allerdings muss das Bemühen „ernsthaft" gewesen sein. Der Täter muss also die aus seiner Sicht effektivsten Möglichkeiten ausschöpfen.

> Bei fehlender Verhinderungskausalität genügt ernsthaftes und freiwilliges Bemühen, den Erfolg zu verhindern!

Wenn im **Beispielsfall** vor dem A schon ein Passant einen Krankenwagen gerufen hätte, wäre B ohnehin gerettet worden. In diesem Fall hätte A also die Vollendung des Tötungsdelikts nicht mit seinem Anruf verhindert und wäre daher nicht nach § 24 Abs. 1 S. 1 Alt. 2 zurückgetreten. Ein Rücktritt nach § 24 Abs. 1 S. 2 kommt nur in Betracht, wenn er sich ernsthaft bemüht hätte, die Vollendung zu verhindern. Hierfür hätte A auch Erste-Hilfe-Maßnahmen ergreifen müssen, wenn er meinte, damit die Überlebenschancen des B zu erhöhen.

Möglicherweise hat der Täter auch deshalb die Vollendung nicht verhindert und ist daher nicht nach § 24 Abs. 1 S. 1 Alt. 2 zurückgetreten, weil sein Versuch untauglich war. Auch in diesen Fällen kommt ein Rücktritt nach § 24 Abs. 1 S. 2 in Betracht.

!

Beispiel: A will seine Ehefrau E vergiften. Zu diesem Zweck mischt er ihr ein Päckchen Schlaftabletten in ihren abendlichen Tee. A weiß nicht, dass die Schlaftabletten aufgrund einer erheblichen Überschreitung ihres Haltbarkeitsdatums jede Wirksamkeit verloren haben. Die vermeintliche Überdosierung war somit von Anfang an harmlos. Als E gerade zum Trinken ansetzt, erinnert sich A an glücklichere Momente der letzten zwanzig Jahre Ehe. Mit dem Ruf: „Nicht trinken, es ist Gift!" springt A auf und will der E die Tasse aus der Hand schlagen. Er stolpert jedoch, und E trinkt die Tasse aus, ohne dass ihr etwas passiert. – Strafbefreiender Rücktritt nach § 24 Abs. 1 S. 2!

2. Freiwilligkeit

Ob die Rücktrittsmotive ethisch hochwertig sind oder nicht, ist unerheblich.

Freiwillig ist der Rücktritt, wenn er der eigenen autonomen Entscheidung des Täters entspringt, bei der der Täter noch „Herr seiner Entschlüsse" bleibt, also weder durch eine innere noch äußere Zwangslage von der weiteren Tatausführung abgehalten wird.

Beispiel: Regelmäßig der Fall bei Rücktritt aus Reue, besserer Erkenntnis, Mitleid usw.

Unfreiwillig ist der Rücktritt, wenn er durch fremdbestimmte, vom Täterwillen unabhängige Hinderungsgründe veranlasst wird, die die Situation zuungunsten des Täters so wesentlich verändern, dass er die damit verbundenen Nachteile vernünftigerweise nicht mehr in Kauf zu nehmen vermag.

Beispiele: Rücktritt, weil der Täter kein Blut sehen kann oder weil er glaubt, durch herannahende Personen entdeckt zu werden.

3. Einzelakt oder Gesamtbetrachtung

Schon der Wortlaut des § 24 verlangt, dass sich die Rücktrittshandlung auf **dieselbe Versuchstat** bezieht, die der Täter zuvor begonnen hat. Wer gestern vergeblich einen Mordanschlag ausgeführt hat und heute noch einmal dazu ansetzt, kann wohl vom zweiten Versuch, nicht aber „rückwirkend" auch vom ersten Versuch zurücktreten.

Bei **zeitlich aufeinanderfolgenden Handlungen** stellt sich aber die Frage, wann hier ein Versuch seinen tatsächlichen Abschluss gefunden hat mit der Folge, dass der Täter die Möglichkeit des Rücktritts verliert.

Beispiel: A schießt mit Tötungsvorsatz auf den hakenschlagend fliehenden B. Nach sieben haarscharf vorbeigegangenen Schüssen verzichtet er „aus Respekt vor der sportlichen Leistung des B" auf den letzten Schuss. Soll das strafbefreiender Rücktritt sein?

Einzelakttheorie

Für die sog. **Einzelakttheorie** hat jeder Versuch spätestens in dem Zeitpunkt seinen tatsächlichen Abschluss gefunden, in dem jeweils eine aus Tätersicht zur Herbeiführung des Taterfolges ausreichende Handlung vorgenommen wurde.

Nach dieser Auffassung ist im vorliegenden **Beispiel** schon mit dem ersten Schuss ein tatsächlich abgeschlossener Versuch gegeben. Von diesem konnte er nicht mehr zurücktreten. Da er nach dem Schuss davon ausging, noch nicht alles für die Erfolgsherbeiführung erforderliche getan zu haben, käme nur ein Rücktritt nach § 24 Abs. 1 S. 1 Alt. 1 in Betracht. A stellte sich jedoch vor, die Tat durch den ersten Schuss nicht vollenden zu können, weshalb der Rücktritt aus-

B. Der Versuch des Erfolgsdelikts als Begehungstat | **3. Abschnitt**

scheidet (Fehlschlag). Erst recht kann A nach dem siebten Schuss keinen strafbefreienden Rücktritt für die sieben Versuche davor erlangen.

An dieser Lösung wird zu Recht kritisiert, dass sie ein einheitliches Geschehen künstlich aufsplittert. Derjenige, der dasselbe Ziel bei derselben Tatgelegenheit durch Wiederholung desselben Tatmittels oder durch ein anderes Mittel verfolgt und erreicht, wird auch nicht wegen Tatvollendung und tateinheitlich damit wegen einer Vielzahl selbstständiger Versuche bestraft. Vielmehr liegt nur eine vollendete Tat vor, hinter der der vorherige einheitliche Versuch zurücktritt. Die Einzelakttheorie hat sich deshalb nicht durchgesetzt.

Hätte A im Beispiel den B mit dem siebten Schuss tödlich getroffen, hätte er sich wegen eines vollendeten Tötungsdelikts strafbar gemacht. Hinter das vollende Tötungsdelikt würde der durch die sieben Schüsse begangene einheitliche Versuch im Wege der Gesetzeskonkurrenz zurücktreten.

In Lit. und Rspr. dominiert schon seit Längerem die **Gesamtbetrachtungslehre.** Danach wird zunächst auf das letzte Vorstellungsbild des Täters vor der Entscheidung zum Nichtweiterhandeln abgestellt. Man nennt dies den **Rücktrittshorizont**. Im nächsten Schritt wird gefragt, ob sich der Täter noch weitere Handlungsmöglichkeiten vorgestellt hat und ob diese – wären sie verwirklicht worden – mit den bereits verwirklichten Handlungen eine **natürliche Handlungseinheit**, also ein zeitlich-situativ zusammengehöriges Geschehen bilden würden. Das nennt man **Gesamtbetrachtung**. Könnte der Täter nach seiner Vorstellung ohne zeitliche Unterbrechung und ohne grundlegende Änderung seines ursprünglichen Tatplans weitermachen, so befindet er sich noch bei demselben, durch die erste Handlung begonnenen Versuch. Glaubt er in diesem Zeitpunkt, dass der Erfolg ohne weiteres Zutun nicht eintreten werde, liegt ein unbeendeter Versuch vor, von dem durch schlichtes, aber freiwilliges Nichtweiterhandeln gemäß § 24 Abs. 1 S. 1 Alt. 1 Strafbefreiung erlangt werden kann.

Die herrschende Gesamtbetrachtungslehre

Im vorgenannten **Beispiel** ging A davon aus, noch einen Schuss abgeben zu können. A ist deshalb freiwillig vom Tötungsversuch nach § 24 Abs. 1 S. 1 Alt. 1 mit strafbefreiender Wirkung zurückgetreten!

Check: Rücktritt

1. Ist Rücktritt noch möglich, wenn der Täter erkennt, dass er mit einer oder mehreren begangenen Handlungen den geplanten Deliktserfolg nicht erreicht hat?

1. Nach der herrschenden Gesamtbetrachtungslehre ist ein Rücktritt auch bei erkannter Erfolglosigkeit des bisherigen Tuns möglich, wenn aus Sicht des Täters im Zeitpunkt des Abstandnehmens von der Tat der tatbestandliche Erfolg noch herbeigeführt werden kann, und zwar durch Fortsetzung der Tat, wenn auch mit anderen, vorher nicht bedachten Mitteln ohne zeitliche Zäsur und ohne grundlegende Änderung des Tatplans.

2. Wann ist ein Versuch fehlgeschlagen und was bedeutet das für den Rücktritt?

2. Fehlgeschlagen ist ein Versuch, wenn der Täter erkennt oder glaubt, den tatbestandlichen Erfolg entweder gar nicht mehr oder nur noch nach einer zeitlichen Zäsur oder mit einem völlig neuen Tatplan erfüllen zu können. Bei einem Fehlschlag kann begrifflich keine Rücktrittshandlung mehr erbracht werden, weil die nicht mehr vollendbare Tat nicht aufgegeben oder verhindert werden kann.

3. Was ist ein unbeendeter Versuch?

3. Ein unbeendeter Versuch liegt vor, wenn sich der Täter vorstellt, das Erforderliche für den Erfolgseintritt noch nicht getan zu haben, es aber jetzt, d.h. in natürlicher Handlungseinheit zum bisherigen Versuchsgeschehen, noch tun zu können, wenn er nur wollte.

4. Wann ist ein Versuch beendet?

4. Beendet ist ein Versuch, wenn sich der Täter vorstellt, alles Erforderliche für den Erfolgseintritt oder jedenfalls so viel getan zu haben, dass die konkrete Gefahr des Erfolgseintritts besteht (sog. Gefahrbewusstsein). Wollen oder billigen muss er in diesem Zeitpunkt den Erfolg nicht mehr.

5. Kann man auch von einem unerkannt untauglichen Versuch zurücktreten?

5. Ja: Von einem unerkannt untauglichen und unbeendeten Versuch nach § 24 Abs. 1 S. 1 Alt. 1 durch freiwilliges Nichtweiterhandeln. Von einem unerkannt untauglichen und beendeten Versuch kann man nur nach § 24 Abs. 1 S. 2 durch ernsthaftes und freiwilliges Bemühen der Erfolgsverhinderung zurücktreten.

6. Wann handelt der Zurücktretende „freiwillig" gemäß § 24?

6. Freiwillig ist der Rücktritt, wenn er der eigenen autonomen Entscheidung des Täters entspringt, bei der der Täter noch „Herr seiner Entschlüsse" bleibt, also weder durch eine innere noch äußere Zwangslage von der weiteren Tatausführung abgehalten wird.

C. Das vollendete vorsätzliche unechte Unterlassungsdelikt

Herzlichen Glückwunsch. Sie haben bis jetzt schon alles Wesentliche zum vollendeten und versuchten Begehungsdelikt gelernt. Das ist der Vorlesungsstoff für ein Semester! Kommen wir nun zu den Unterlassungsdelikten. Sie erinnern sich vielleicht noch an die Übersicht über die Deliktsarten (s.o. S. 13): „Echte" Unterlassungsdelikte sind solche, bei denen der Gesetzgeber schon im jeweiligen Tatbestand eine bestimmte Untätigkeit unter Strafe stellt. Meist sind es abstrakte Gefährdungsdelikte.

Wichtigstes Beispiel ist die unterlassene Hilfeleistung, § 323 c.

Unechte Unterlassungsdelikte können dagegen praktisch alle Erfolgsdelikte sein, bei denen der Täter den Erfolg nicht durch aktives Tun, sondern durch Unterlassen unter den Voraussetzungen des § 13 herbeiführt.

> Die unechten Unterlassungsdelikte sind unter den Voraussetzungen des § 13 umgeformte Begehungsdelikte.

Beispiel: Eine Mutter lässt ihr Kind verhungern. – (In der Regel grausamer) Mord durch Unterlassen, §§ 211, 13.

§ 13 legt also fest, wann das Unterlassen der Erfolgsverursachung durch aktives Tun gleichgestellt ist. Dessen Voraussetzungen treten wie eine Art **„Unterlassungs-Modul"** an die Stelle der Tathandlung.

Gleichstellung von Unterlassen mit aktivem Tun

- Nichtvornahme der zur Erfolgsabwendung objektiv gebotenen Handlung

- Tatsächliche Möglichkeit zur Vornahme der gebotenen Handlung

- Rechtspflicht zum Tätigwerden (Garantenstellung)

- (nur ausnahmsweise: Entsprechung von aktivem Tun und Unterlassen)

Berücksichtigt man die Besonderheiten des Unterlassens als Verhaltensform und baut man das Aufbauschema des vorsätzlichen vollendeten Begehungsdelikts mithilfe des vorgenannten „Unterlassungs-Moduls" konsequent um, so ergibt sich folgendes

| 3. Abschnitt | Die wichtigsten Deliktsarten im Einzelnen |

Sie wissen schon ... :
Auswendig lernen!

Aufbauschema:
Vollendetes vorsätzliches unechtes Unterlassungsdelikt

I. Vorprüfung im entsprechenden Begehungsdelikt: Abgrenzung Tun/Unterlassen

II. Tatbestandsmäßigkeit

1. **Objektiver Tatbestand**
   a) Täter, Taterfolg
   b) Unterlassen der zur Erfolgsabwendung objektiv gebotenen Handlung
   c) Tatsächliche Möglichkeit zur Vornahme der gebotenen Handlung
   d) Garantenstellung
   e) (Quasi-)Kausalität zwischen Unterlassen und Erfolg
   f) Objektive Zurechnung
   g) Entsprechungsklausel
2. **Subjektiver Tatbestand**
   a) Vorsatz, auch bez. des Unterlassens, der eigenen Handlungsmöglichkeit sowie der Garantenstellung
   b) Sonstige subjektive Tatbestandsmerkmale

III. Rechtswidrigkeit
Sonderfall: rechtfertigende Pflichtenkollision

IV. Schuld
- Schuldfähigkeit
- Entschuldigungsgründe
  insbesondere: Unzumutbarkeit normgemäßen Verhaltens
- Potenzielles Unrechtsbewusstsein

V. Strafausschließungs- oder -aufhebungsgründe

VI. Strafverfolgungsvoraussetzungen oder -hindernisse

I. Abgrenzung: Aktives Tun und Unterlassen

In den meisten Fällen kann man sofort erkennen, ob der Täter ein Kausalgeschehen durch Einsatz von Energie in Gang gesetzt (= **aktives Tun**) oder einem bereits laufenden Kausalgeschehen durch Nichteinsatz von Energie seinen Lauf gelassen hat (= **Unterlassen**).

Beispiele:

A sticht auf sein Opfer ein. – Aktives Tun, da A eindeutig Energie einsetzt.

A sieht zu, wie sein Kind im Meer ertrinkt. – Unterlassen, da A dem Geschehen seinen Lauf lässt, ohne einzugreifen und damit Energie dagegen einzusetzen.

! *In solchen Fällen sollte man sofort vom Aktiv- oder Unterlassungsdelikt ausgehen. Eine Abgrenzung erübrigt sich.*

C. Das vollendete vorsätzliche unechte Unterlassungsdelikt

Nun gibt es aber zahlreiche Fälle, in denen es nicht ohne Weiteres klar ist, ob ein Tun oder ein Unterlassen vorliegt, weil das **Täterverhalten mehrdeutig** ist, d.h. Tun und Unterlassen in Richtung Erfolg **gleichzeitig** vorliegen. Hier ist eine **Abgrenzung** erforderlich, denn Aktivtäter kann jeder sein, Täter eines Unterlassungsdelikts nur ein rechtlich zur Handlung Verpflichteter – und das ist längst nicht jeder!

Anhand welcher Kriterien die Abgrenzung vorgenommen werden soll, ist in Rspr. und Lit. umstritten.

1. Nach einer im Schrifttum vertretenen Ansicht ist eine „naturalistische" Betrachtung zugrunde zu legen. Sie prüft innerhalb des Begehungsdelikts anhand des **Energie- und Kausalitätskriteriums** vorab, ob eine Aktivtat vorliegen könnte.

Naturalistische Betrachtung

Durch das **„Energiekriterium"**, das nichts anderes ist als die Bestimmung der Tathandlung, wird ermittelt ob der Täter irgendwie in Richtung auf das geschützte Rechtsgut tätig geworden ist und eine reale Außenweltveränderung bewirkt hat. Ist dies schon nicht der Fall, kommt es auf das Kausalitätskriterium gar nicht mehr an. Es ist (vorläufig) von Unterlassen auszugehen.

Mit dem **„Kausalitätskriterium"** wird anschließend danach gefragt, ob dieser Energieeinsatz im Wege eines naturgesetzlichen Bedingungszusammenhangs kausal für den Eintritt des schädlichen Erfolges war. Dieses Kriterium ist nichts weiter als die Prüfung der Kausalität nach der conditio sine qua non-Formel der Äquivalenztheorie im Prüfungsraster des Begehungsdelikts. Kann danach eine bestimmte Tätigkeit („Energieentfaltung") nicht hinweggedacht werden, ohne dass der konkret eingetretene Erfolg entfiele, ist grundsätzlich von aktivem Tun auszugehen. Ist dies nicht der Fall, sondern muss man ein bestimmtes Verhalten erst hinzudenken, damit eine Verbindung zwischen dem Täter und dem Erfolg herstellbar ist, ist das indiziell für ein Unterlassen. Dann muss in der Prüfungsfolge vom Begehungsdelikt auf das Unterlassungsdelikt umgeschaltet werden.

2. Für die h.M. ist damit die Abgrenzung noch nicht zu Ende: Liegt nach dem Energie- und Kausalitätskriterium ein mehrdeutiges Verhalten vor, nimmt die h.M. in einem zweiten Denkschritt eine Wertung vor. Bei dieser Wertung wird gefragt, ob das aktive Tun oder das Unterlassen das Tatgeschehen prägt, also den **Schwerpunkt der Vorwerfbarkeit** darstellt.

Schwerpunktformel der h.M.

101

3. Abschnitt   Die wichtigsten Deliktsarten im Einzelnen

Im Regelfall kommen beide Ansichten zu übereinstimmenden Ergebnissen, sodass eine Streitentscheidung entbehrlich ist.

Beispiele:

C, der Betreiber einer Chemiefabrik, lässt 1.000 l Abwässer in den Rhein einlaufen, ohne diese, wie vorgeschrieben, zu filtern. – Hier ist für die in Betracht zu ziehende Gewässerverunreinigung gemäß § 324 an ein Tun des C, das aktive Einleiten der Abwässer, anzuknüpfen und nicht an das Unterlassen des Filterns. Denn im Einleiten der Abwässer liegt ein Energieeinsatz, der im Wege einer tatsächlichen Kausalkette conditio sine qua non für den Verunreinigungserfolg geworden ist. Das Nichteinschalten des Filters kennzeichnet nur die Art und Weise des Handlungsvollzuges und begründet auch nach h.M. kein selbstständiges Unterlassen.

Notarzt Dr. N sieht den schwer verletzten Fahrradfahrer F am Straßenrand liegen und erkennt, dass ihm sofort geholfen werden muss, damit er nicht zu Tode kommt. Da N in fünf Minuten Dienstschluss hat und seine Frau außerdem zu Hause mit dem Essen auf ihn wartet, tritt er auf das Gaspedal und fährt nach Hause, ohne dem F zu helfen. – Hier ist für die vorsätzliche Tötung an ein Unterlassen des Dr. N anzuknüpfen. Zwar kann man im Tritt auf das Gaspedal einen Energieeinsatz erkennen. Dieser ist aber nicht tatsächlich, d.h. im Wege eines naturgesetzlichen Bedingungszusammenhangs, erfolgskausal geworden. Denn denkt man sich nur diesen Energieeinsatz weg, entfällt noch nicht der Tod des F. Erst wenn man sich hypothetisch noch Rettungsmaßnahmen des Dr. N hinzudenkt, entfällt der Todeserfolg. Daran sieht man, dass nicht der Energieeinsatz (Gasgeben), sondern der Nichteinsatz von Energie (Nichtvornahme der Rettungshandlung) das Entscheidende war. Dort liegt der Schwerpunkt der Vorwerfbarkeit.

> Drei Fallgruppen, in denen die beiden Ansichten zu unterschiedlichen Ergebnissen kommen!

Allerdings sollten Sie sich die nachfolgenden **drei Fallgruppen** merken, in denen nur die h.M. zu einem aktiven Tun gelangt:

■ **Abbruch eigener Rettungsmaßnahmen nach Erlangen einer sicheren Rettungschance**

Hier liegt der Schwerpunkt in aktivem Tun, wenn die Rettungshandlung das Tatobjekt bereits erreicht und ohne weiteres Zutun zu einer **realisierbaren Rettungsmöglichkeit** geführt hat.

Beispiel: B ist in einen Brunnenschacht gefallen. A kommt zufällig des Weges und hört den B um Hilfe rufen. A ergreift ein Seil und wirft ein Ende hinunter, um den B zu retten. Als A den völlig geschwächten B einige Meter an dem Seil hinaufgezogen hat, erkennt er plötzlich, dass es sich bei dem B um seinen alten Erzfeind handelt. Nun lässt er das Seil los; B rutscht wieder hinunter und verhungert schließlich im Brunnen. – Hier müsste man nach rein naturalistischer Betrachtungsweise zu einem Unterlassen des A kommen. Denn im Loslassen des Seils liegt ein Nicht(mehr)einsatz von Energie gegen das ab da zum Tod hinlaufende Geschehen. Allerdings wird hier eine wertende Korrektur vorgenommen, da die Rettungshandlung den B erreicht und ihm bereits eine realisierbare Rettungsmöglichkeit geschaffen hatte, die bei ungestörtem Fortgang zur Rettung des B geführt hätte. Die Umkehrbewegung des A in dieser Situation ist als aktives Gegensteuern

102

C. Das vollendete vorsätzliche unechte Unterlassungsdelikt **3. Abschnitt**

gegen einen bereits auf Erfolgskurs liegenden Rettungsverlauf zu werten. Es ist also von einem Tun auszugehen. (Hätte A bereits beim Hinunterlassen des Seils bemerkt, dass es sich um seinen Erzfeind handelt, und das Seil wieder hochgezogen, bevor B es ergreifen konnte, wäre weiterhin von einem Unterlassen auszugehen, da noch keine realisierbare Rettungsmöglichkeit für B geschaffen worden wäre.)

▪ Abhalten Rettungswilliger

Die naturalistische Betrachtung führt hier zu einem Unterlassen, da zwar beim Abhaltenden Energieeinsatz vorliegt, dieser aber beim abgehaltenen Rettungswilligen Unterlassen erzeugt, und es somit letztlich nicht zu einem tatsächlichen Kausalzusammenhang zwischen dem Abhalten und dem Erfolg kommt (Kausalitätskriterium). Die h.M. kommt dennoch zur Begehungstäterschaft, dies aber nur, wenn der Rettungswillige **mit Mitteln der mittelbaren Täterschaft** (= Täuschung, Zwang) abgehalten wird und der Veranlassende dadurch das Gesamtgeschehen gesteuert hat.

Klausurklassiker: A fährt den Fußgänger F an. Er bittet seinen Beifahrer B auszusteigen und nachzusehen, ob F noch lebt, weil er ihn dann sofort ins Krankenhaus fahren will. A selbst traut sich nicht, selbst nachzuschauen, weil er kein Blut sehen kann und befürchtet, ohnmächtig zu werden. B sieht nach und erkennt, dass das Unfallopfer noch lebt. Da er aber auch erkennt, dass es sich um seinen Erzfeind F handelt, behauptet er gegenüber A, das Opfer sei bereits tot, und veranlasst so die Weiterfahrt. – Nach naturalistischer Betrachtung läge hier ein Unterlassen vor, weil erst durch das Hinzudenken der gebotenen Rettung ein Zusammenhang zwischen der Person des B und dem Tod des F herstellbar ist. (B wäre aber aus Totschlag durch Unterlassen gar nicht zu bestrafen, weil er als bloßer Beifahrer nichts mit dem Unfall zu tun hatte und folglich auch keine Rechtspflicht zur Erfolgsabwendung besaß. Gegeben wäre dann nur unterlassene Hilfeleistung, § 323 c). Die h.M. bejaht dagegen aktives Tun: B hat durch seine Täuschung das Unterlassen des rettungspflichtigen Unfallfahrers A veranlasst. Diese Täuschung war nicht nur ein untergeordneter aktiver Beitrag, sondern bildet den Schwerpunkt der Vorwerfbarkeit, weil B hierdurch den Vorsatz des A zur Tötung ausgeschlossen, ihn also gewissermaßen blind gemacht hat für sein Handeln und damit wie ein mittelbarer Täter das Geschehen beherrscht hat. B ist unmittelbarer Begehungstäter eines Totschlags.

▪ Abschalten lebenserhaltender Apparaturen

Während ein Teil der Lit. an das aktive Abschalten und damit an aktives Tun anknüpft, da hierin ein erfolgskausaler Energieeinsatz liegt, differenziert die h.M.:

- ▪ Erfolgt der Abbruch durch den behandelnden **Arzt**, entspricht das Abschalten eines lebenserhaltenden Apparats dem Unterlassen einer lebenserhaltenden Weiterbehandlung, bei-

103

| 3. Abschnitt | Die wichtigsten Deliktsarten im Einzelnen |

spielsweise durch manuelle Herzmassage oder Mund-zu-Mund-Beatmung. Nach dem sozialen Sinngehalt ist also beim Arzt von einem Unterlassen auszugehen.

- Erfolgt der Abbruch durch einen **Dritten**, wird hingegen der Schwerpunkt beim Tun gesehen. Nach dem sozialen Handlungssinn steht der Dritte so, als ob er den rettungswilligen Arzt mit Zwang abhielte.

Ungeachtet der Einordnung als aktives Tun oder Unterlassen kann aber das Beenden lebenserhaltender medizinischer Versorgung als sog. Behandlungsabbruch gerechtfertigt sein. Darauf kommen wir im Basiswissen Strafrecht BT noch zurück.

! *Dort wo die Abgrenzung erforderlich wird, sollten Sie stets mit einem Aktivdelikt beginnen, die Prüfungspunkte „Tathandlung" und „Kausalität" zusammenfassen und dann die Frage aufwerfen, ob das Verhalten als Aktiv- oder Unterlassungstat einzuordnen ist. Dabei kann es durchaus passieren, dass Sie im Ergebnis auch beim Begehungsdelikt bleiben und es dann weiterprüfen. Verneinen Sie nach der Abgrenzung die Begehungstat, dann muss die Prüfung eines unechten Unterlassungsdelikts mit einem neuen Obersatz eingeleitet werden.*

Keine Abgrenzung, wenn Tun und Unterlassen als selbstständige Verhaltensweisen hintereinander liegen!

*Die Abgrenzung zwischen Tun und Unterlassen ist aber nur vorzunehmen, wenn Handlungs- und gewichtige Unterlassungsmomente **gleichzeitig**, d.h. im Rahmen einer Handlungseinheit, zusammentreffen. Folgt ein Unterlassen einem auf denselben Erfolg gerichteten aktiven Tun zeitlich nach und geht in seinem Unrechts- und Schuldgehalt **über die Aktivtat hinaus**, ist beides, Tun **und** Unterlassen, zu prüfen. In diesen Fällen gibt es kein Abgrenzungsproblem auf der Tatbestandsebene!*

Beispiel: A fährt den Radfahrer B an. B bleibt schwer verletzt liegen. A hält an, um kurz nach B zu sehen. Dann fällt ihm jedoch sein dringender Geschäftstermin ein, was ihn zum sofortigen Weiterfahren veranlasst. Dass B sterben kann, nimmt A in Kauf. B stirbt tatsächlich. – Hier stellt sich die Abgrenzungsfrage zwischen Tun und Unterlassen gar nicht, da Tun und Unterlassen hintereinander in zwei verschiedenen Handlungen – getrennt durch einen neuen Entschluss – vorliegen. Das Anfahren stellt ein aktives Tun, das Weiterfahren ohne zu helfen stellt ein neues, selbstständiges Verhalten in Form von Unterlassen dar. Hier muss erst die Strafbarkeit des A durch Anfahren geprüft werden (insbesondere §§ 222, 229) und danach die Strafbarkeit durch Unterlassen der Hilfe (insbesondere §§ 212 Abs. 1, 13, ggf. sogar §§ 211, 13). Bei den Konkurrenzen (s.u. S. 149) kann man allenfalls die fahrlässige Aktivtötung als mitbestrafte Vortat gegenüber vorsätzlichen Unterlassungstötung zurücktreten lassen.

C. Das vollendete vorsätzliche unechte Unterlassungsdelikt | **3. Abschnitt**

II. Tatbestandsmäßigkeit

1. Objektiver Tatbestand

a) Täter, Taterfolg

Die erforderliche Tätereigenschaft und der Taterfolg ergeben sich aus dem jeweiligen Straftatbestand des Besonderen Teils. Insofern bestehen keinerlei Besonderheiten gegenüber dem vorsätzlichen Begehungsdelikt.

b) Nichtvornahme der zur Erfolgsabwendung objektiv gebotenen Handlung

Zu ermitteln ist im Nachhinein, also ex post, welche Handlung in der konkreten Situation vorgenommen werden musste, damit der konkrete Erfolg abgewendet werden konnte. Man muss also schon an dieser Stelle eine ganz bestimmte Verhaltenserwartung, **eine konkrete Handlungserwartung**, formulieren, die auf tatsächliche Abwendung der Gefahrenlage gerichtet ist. Hier ist nur der gesunde Menschenverstand gefragt.

Beispiele:

Wenn ein Schwerverletzter im Straßengraben liegt, ist es geboten, ihm Erste Hilfe zu leisten und sofort einen Notarzt zu verständigen.

Droht jemand zu ertrinken, ist die objektiv notwendige Rettungshandlung, ihn sofort aus dem Wasser zu bekommen.

Danach ist festzustellen, dass der Täter diese Verhaltenserwartung nicht erfüllt hat.

c) Tatsächliche Möglichkeit zur Vornahme der gebotenen Handlung

Einem Menschen kann nichts Unmögliches abverlangt werden. Wer eine bestimmte Handlung schon nicht erbringen kann, hat sie deshalb auch im juristischen Sinn nicht unterlassen.

So ist von zwei allein am Strand anwesenden Personen, die einen Menschen ertrinken lassen (Rechtspflicht zum Tätigwerden vorausgesetzt), nur derjenige strafbar, der schwimmen kann. Ein Nichtschwimmer hat in diesem Fall keine tatsächliche Rettungsmöglichkeit. Er hat folglich auch nichts „unterlassen".

105

d) Garantenstellung

aa) Nach § 13 Abs. 1 kann wegen eines unechten Unterlassungsdelikts nur bestraft werden, wer „rechtlich dafür einzustehen hat, dass der Erfolg nicht eintritt". Dieses Merkmal wird als **Garanten**pflicht bezeichnet. Die tatsächlichen Umstände, die eine solche Garantenpflicht begründen, werden hingegen unter dem Begriff **Garanten**stellung zusammengefasst und sind Tatbestandsmerkmale des unechten Unterlassungsdelikts. Welche Umstände das sein können, wird im Gesetz nicht näher dargelegt.

! *Achten Sie hier besonders auf die begriffliche Trennung. Die Unterscheidung ist wichtig für den Vorsatz (s.u. S. 109).*

bb) Zu unterscheiden sind **zwei Arten von Garantenstellungen:**

(1) Sog. Beschützergarantenstellungen können entstehen aus

- **speziellen Normen:** z.B. § 1353 BGB (Beistandspflicht der Ehegatten), § 1626 BGB (elterliche Sorge), nicht aber aus dem Jedermann-Tatbestand des § 323 c!

- **rechtlich fundierter natürlicher Verbundenheit:** Hierunter sind Familienangehörige untereinander zu fassen, insbesondere Verwandte in gerader Linie und Geschwister (streitig).

- **engen Vertrauensverhältnissen:** Darunter fallen eheähnliche Verhältnisse (nichteheliche Lebensgemeinschaft), Gefahrgemeinschaften (Seilschaft bei Bergtour etc.) sowie langjährige Vertragsbeziehungen. Ein bloßes tatsächliches Zusammenwohnen in einer Wohngemeinschaft oder ein bloßes Nachbarschaftsverhältnis reichen ebenso wenig aus wie eine Zechgemeinschaft.

- **Übernahme von Schutzpflichten** aufgrund einer in Vollzug gesetzten vertraglichen Verpflichtung (z.B. Bewachungspersonal) oder aufgrund faktischer Übernahme, z.B. als Retter nach einem Unfall. Im letzteren Fall entsteht eine Erfolgsabwendungspflicht aber erst, wenn sich dadurch die Lage des Geschützten verändert hat, entweder weil dieser auf den Schutz durch den Garanten vertraut hat oder weil durch die Übernahme andere Rettungsmöglichkeiten ausgeschaltet wurden.

(2) Sog. **Überwachungsgarantenstellungen** können entstehen aus

- **speziellen Normen:** z.B. § 31 Abs. 2 StVZO (Überwachungspflichten für Kfz-Halter)

C. Das vollendete vorsätzliche unechte Unterlassungsdelikt | 3. Abschnitt

- **pflichtwidrigem, schadensnahem Vorverhalten (Ingerenz):** Wer durch sein pflichtwidriges Vorverhalten die nahe Gefahr eines Schadenseintritts schafft, ist rechtlich verpflichtet, die drohenden Schäden zu verhindern.

> Die sog. Ingerenz ist der klausurwichtigste Fall einer Garantenstellung!

Beispiel: A fährt den Fahrradfahrer F fahrlässig an, wodurch dieser schwer verletzt wird. A erkennt sofort, dass F ohne sofortige Hilfe verbluten wird, unternimmt aber nichts. F stirbt deshalb. – Hier hat sich A wegen Totschlags durch Unterlassen (§§ 212 Abs. 1, 13) strafbar gemacht. Es besteht eine Überwachungsgarantenstellung aus Ingerenz, da A durch sein fahrlässiges Vorverhalten, das Anfahren, die nahe adäquate Lebensgefahr für den F in pflichtwidriger Weise geschaffen hat.

- **Beherrschung von Gefahrenquellen im eigenen Zuständigkeitsbereich:** Hierunter fallen etwa Anlagenbetreiber, Tierhalter, Hausbesitzer usw., also in der Regel diejenigen, die eine zivilrechtliche Verkehrssicherungspflicht trifft. Im Unterschied zur Ingerenz ist aber kein pflichtwidriges Vorverhalten nötig. Als Unterfälle dieser Garantenstellung können noch angesehen werden:

  - die **Beherrschung eines räumlich abgegrenzten Bereichs:** So ist der Eigentümer, Mieter oder Pächter von Räumen verpflichtet, durch sein Einschreiten zu verhindern, dass in seinen Räumen bzw. von seinen Räumen ausgehend Straftaten begangen werden, nach h.M. allerdings nur, wenn der Herrschaftsbereich zu einem begünstigenden Umstand für die Verwirklichung einer Straftat wird, beispielsweise wegen seiner günstigen Lage als Ausgangsbasis für ein Attentat dient.

  - die **Aufsichtspflicht über „gefährliche Personen":** Das betrifft vor allem Erziehungsberechtigte und Lehrer hinsichtlich der ihnen unterstellten Personen.

e) Quasi-Kausalität

Wer etwas unterlässt, bewirkt gerade keine Veränderung der Umwelt. Deshalb kann beim Unterlassen auch keine echte Kausalität im naturwissenschaftlichen Sinn vorliegen, sondern nur ein hypothetischer Kausalzusammenhang, eine „Quasi-Kausalität". Das Unterlassen ist „quasi-kausal" für den Erfolg, wenn die objektiv gebotene Handlung **nicht hinzugedacht** werden kann, ohne dass der Erfolg, so wie er eingetreten ist, mit an Sicherheit grenzender Wahrscheinlichkeit entfiele.

> Bei Prüfung der Quasi-Kausalität muss man etwas hinzudenken. Das geschieht mithilfe der abgewandelten conditio sine qua non-Formel.

Beispiel: Der geübte Schwimmer A sieht zu, wie seine Ehefrau E im Meer wenige Meter vom Strandufer entfernt nach einem Kreislaufkollaps das Bewusstsein verliert und ertrinkt. – Prüft man hier im Rahmen eines Totschlags durch

107

3. Abschnitt   Die wichtigsten Deliktsarten im Einzelnen

Unterlassen (§§ 212, 13) die hypothetische Kausalität zwischen dem Unterlassen des A und dem Todeserfolg, ist nach der abgewandelten conditio sine qua non- Formel zu fragen, ob bei Hinzudenken der objektiv gebotenen Handlung der Erfolg entfiele. Wäre hier A seiner Frau zu Hilfe geschwommen, wäre es wegen der geringen Entfernung der E vom Seeufer und wegen der guten Schwimmfähigkeiten des A mit an Sicherheit grenzender Wahrscheinlichkeit nicht zu dem konkreten Tod der E durch Ertrinken gekommen. Die hypothetische Kausalität kann also bejaht werden.

! *Was beim Begehungsdelikt verboten ist, nämlich anstelle des Weggedachten etwas hinzuzudenken, ist beim Unterlassungsdelikt unverzichtbar. Konsequenz ist aber auch: Anders als beim vorsätzlichen Begehungsdelikt, wo eine Berufung auf einen hypothetischen Kausalverlauf mit demselben Erfolg unzulässig ist (s.o. S. 20), kann beim unechten Unterlassungsdelikt ein hypothetischer Kausalverlauf mit demselben Erfolg bereits die Kausalität entfallen lassen. Berücksichtigt man zudem, dass nach dem Grundsatz „In dubio pro reo" Zweifel zugunsten des Täters zu lösen sind, genügt für den Ausschluss der Kausalität schon die Möglichkeit desselben Erfolges bei Hinzudenken des gebotenen Verhaltens. Aus diesem Grund muss bei der Kausalität gefragt werden, ob der Erfolg „mit an Sicherheit grenzender Wahrscheinlichkeit" entfallen wäre. Achten Sie hier genau auf die Formulierungen in Ihrem Sachverhalt! Weiß der Täter nicht, dass der Erfolg gar nicht mehr zu verhindern ist, kann er noch aus Versuch strafbar sein. Erkennt er die Unvermeidbarkeit des Erfolges, ist er völlig straflos.*

Abwandlung des vorgenannten Beispiels: Es ist möglich, dass die Gezeitenströmung im Meer so stark war, dass A auch als geübter Schwimmer seine Frau nicht mehr erreicht hätte. A blieb deshalb untätig. – Folge: Keine Strafbarkeit.

f) Objektive Zurechnung

Die generelle Schutzrichtung einer Garantenstellung ergibt sich schon aus der Einteilung in Beschützer- und Überwachungsgarantien.

Hier ist insbesondere auf den **Schutzzweckzusammenhang** zwischen Garantenpflicht und Erfolg zu achten. Es muss also ggf. dargelegt werden, dass der eingetretene Erfolg auch in den Schutzbereich der bestehenden Garantenpflicht fällt.

Beispiel: Autofahrer A fährt den Fahrradfahrer F an, weil er beim Überholen einen zu geringen Seitenabstand einhält (vgl. § 5 Abs. 4 S. 2 StVO). F ist schwer verletzt. A hilft nicht, F kommt deshalb zu Tode. – Wie bereits oben dargestellt, ist A hier Überwachungsgarant aufgrund pflichtwidrigen Vorverhaltens (Ingerenz). Im Rahmen der objektiven Zurechnung ist nun auf den Schutzzweckzusammenhang zwischen der Garantenpflicht und dem Todeserfolg abzustellen. Wichtig ist dabei Folgendes: Die hinsichtlich des Vorverhaltens pflichtwidrigkeitsbegründende Norm muss auch gerade vor dem Eintritt des späteren Erfolges schützen wollen. Hier bezweckt das Gebot ausreichenden Seitenabstandes (§ 5 Abs. 4 S. 2 StVO) gerade auch den Schutz vor Unfällen, die sich aus zu nahem Überholen ergeben können. Der Schutzzweckzusammenhang ist also zu bejahen.

108

C. Das vollendete vorsätzliche unechte Unterlassungsdelikt | **3. Abschnitt**

Gegenbeispiel: Frau B hindert ihren Mann nicht daran, eine Straftat zu begehen. – Trotz Garantenstellung aus familienrechtlich fundierter Verbundenheit keine Beihilfe durch Unterlassen: Die Nähebeziehung aus der Ehe ist Beschützergarantie, aber keine Überwachungsgarantie.

g) Entsprechungsklausel

Gemäß § 13 Abs. 1 a.E. muss das Unterlassen der Verwirklichung des gesetzlichen Tatbestandes durch ein Tun entsprechen. Während diese sog. Entsprechungsklausel bei Erfolgsdelikten ohne Bedeutung ist, hat sie bei verhaltensgebundenen Delikten, die eine bestimmte Art der Tatbegehung voraussetzen, eine Hinweisfunktion. Sie stellt klar, dass das Unterlassen nur dann mit der im Begehungstatbestand vorausgesetzten positiven Handlung gleichgesetzt werden darf, wenn sich der in den Handlungsmerkmalen des Begehungstatbestandes vertypte Unwertgehalt auch in dem konkreten Unterlassen wiederfindet.

Beispiel: Mord gemäß § 211 durch Unterlassen bei heimtückischer oder grausamer Begehung.

Die Gleichwertigkeitsprüfung können Sie in einer Klausur getrost vernachlässigen. Sie hat auch in der Rechtspraxis nur selten zu einer Verneinung der Strafbarkeit geführt. **!**

2. Subjektiver Tatbestand

Für den Tatvorsatz in Bezug auf die Umstände des BT-Tatbestands und etwaiger besonderer Absichten gilt dasselbe wie beim vorsätzlichen Begehungsdelikt.

Da die **Elemente des § 13** die Tathandlung ersetzen, sind sie ebenfalls Merkmale des objektiven Tatbestands. Der Täter muss deshalb zumindest Eventualvorsatz haben bezüglich

■ des eigenen Unterlassens,

■ der eigenen Handlungsmöglichkeit

■ und der eigenen Garantenstellung; der Täter muss also die tatsächlichen Umstände, die die Rechtspflicht zum Tätigwerden ausmachen, mindestens billigend in Kauf nehmen und dabei – wenn auch nur laienhaft – die Bedeutung dieser besonderen Eigenschaft erfasst haben. Dagegen muss er das rechtlich hieraus abgeleitete Handlungsgebot, die Garantenpflicht, selbst nicht gekannt haben.

109

3. Abschnitt — Die wichtigsten Deliktsarten im Einzelnen

Beispiel: Wenn jemand seine Frau ertrinken lässt, genügt für den Vorsatz, dass er weiß, wer da gerade ertrinkt. Glaubt er, man müsse seiner Frau nur helfen, wenn man sie noch liebt, betrifft dies das Verbotensein des Unterlassens; dieser Irrtum über die Garantenpflicht wird nur im Rahmen der Schuld nach § 17 geprüft. War der Irrtum – wie regelmäßig – vermeidbar, so bleibt es bei der Vorsatzstrafbarkeit.

III. Rechtswidrigkeit

Bei der rechtfertigenden Pflichtenkollision muss – anders als in § 34 – nicht das höherwertige Rechtsgut geschützt werden! Auch ist eine Rechtfertigung möglich, wenn Leben gegen Leben steht.

Der Täter eines unechten Unterlassungsdelikts kann – wie der Täter eines Begehungsdelikts – durch die bereits oben S. 40 ff. dargestellten Rechtfertigungsgründe gerechtfertigt sein. Näher einzugehen ist auf den speziellen Rechtfertigungsgrund der rechtfertigenden Pflichtenkollision, der nur im Rahmen des unechten Unterlassungsdelikts anwendbar ist. Hierdurch ist ein Täter nach h.M. gerechtfertigt, wenn ihn mehrere **gleichwertige Handlungspflichten** treffen, er aber nur einer nachkommen kann. Entscheidet er sich, **eine der Pflichten** zu erfüllen, und zwar gleichgültig welche, so ist er hinsichtlich des durch Nichtbefolgung der anderen Handlungspflicht verwirklichten tatbestandsmäßigen Unterlassungsdelikts gerechtfertigt.

Aufbauschema: Rechtfertigende Pflichtenkollision

- Kollision mehrerer rechtlicher Handlungspflichten
- Gleichwertigkeit der Handlungspflichten
- Erfüllung einer Handlungspflicht auf Kosten der anderen
- Kein Verschulden der Kollisionslage (str.)
- Subjektive Rechtfertigungselemente
  Kenntnis der Kollisionslage und Rettungswille

Beispiel: Kurz nachdem N mit dem Rad schwer gestürzt ist, kommt der Notarzt im Bereitschaftsdienst, Dr. A, zufällig an der Unfallstelle vorbei. Dr. A ist auf dem Weg zu einem anderen Notfall. Er hat nur noch wenige Minuten, um durch einen Kaiserschnitt das Leben der M und ihres Kindes zu retten. Jede Verzögerung würde dazu führen, dass Mutter und Kind sterben müssten. In dieser Situation sieht Dr. A den schwer verletzten N und erkennt, dass auch dieser stirbt, wenn ihm nicht sofort geholfen wird. Dr. A entscheidet sich, den N liegen zu lassen und lieber M und ihr Kind zu retten.

Durch sein Verhalten hat Dr. A den Tatbestand einer Tötung durch Unterlassen gemäß §§ 212 Abs. 1, 13 verwirklicht, da er bewusst die gebotene Rettungshandlung unterlassen hat, obwohl er die tatsächliche Möglichkeit dazu hatte und als Dienst habender Bereitschaftsarzt in besonderem Maße zur Abwen-

110

C. Das vollendete vorsätzliche unechte Unterlassungsdelikt   **3. Abschnitt**

dung des schädlichen Erfolges verpflichtet war (garantenpflichtbegründender Umstand der tatsächlichen Pflichtenübernahme mit Antritt des Dienstes).

Eine Rechtfertigung gemäß § 34 scheitert schon bei der Interessenabwägung. Der Grundsatz des absoluten Lebensschutzes steht einer saldierenden Betrachtung des Lebensrechtes des N auf der einen und der Mutter und ihres Kindes auf der anderen Seite entgegen. Steht Leben gegen Leben, so scheidet, selbst wenn bei Aufopferung eines Menschen mehrere andere gerettet werden könnten, das Überwiegen des einen Interesses aus.

Die Tat ist aus Pflichtenkollision gerechtfertigt: Im Fall kollidierten zwei gleichartige Handlungspflichten (Garantenpflichten) des Dr. A zur Rettung von Mutter und Kind einerseits und zur Rettung des verletzten N andererseits. Dr. A konnte nur der einen Pflicht unter Verletzung der anderen nachkommen. In Kenntnis dieser Situation und mit Rettungswillen hat er sich entschieden, die Handlungspflicht gegenüber Mutter und Kind zu erfüllen. In der Verletzung der Handlungspflicht gegenüber N durch Unterlassen seiner Rettung kann damit nach h.M. kein rechtswidriges Verhalten mehr erblickt werden. Dr. A ist straflos.

IV. Schuld

Grundsätzlich deckt sich auch die Prüfung der Schuld mit derjenigen im Rahmen des vorsätzlichen Begehungsdelikts.

Umstritten ist die Beurteilung, wenn dem Unterlassungstäter die Vornahme der objektiv gebotenen Handlung **unzumutbar** war.

> Umstritten ist, ob die Unzumutbarkeit im Tatbestand, auf der Ebene der Rechtswidrigkeit oder bei der Schuld zu berücksichtigen ist.

Eine durchaus starke Meinungsgruppe prüft die Zumutbarkeit als **Begrenzung der Garantenpflicht bereits auf Tatbestandsebene**. Argument: Ein Verhalten, das dem Täter nicht zugemutet werden kann, ist schon kein von der Rechtsordnung gebotenes Verhalten.

Nach der Gegenmeinung ist die Unzumutbarkeit eine Frage der **Schuld**: Der Handlungspflichtige sieht sich in einem Konflikt, der so stark ist, dass von ihm nicht die Befolgung der Handlungsgebote verlangt werden kann.

Eine Mindermeinung lehnt sogar jegliche eigenständige Bedeutung der Unzumutbarkeit normgemäßen Verhaltens ab und berücksichtigt den individuellen Konflikt des Unterlassungstäters ausschließlich im Rahmen von § 35.

Inhaltlich lassen sich für die Unzumutbarkeit normgemäßen Verhaltens keine starren Regeln aufstellen. Vielmehr ist abzuwägen: Die Pflichterfüllung ist nur dann unzumutbar, wenn durch sie billigenswerte Interessen des Garanten in einem gegenüber der drohenden Gefahr nicht angemessenen Umfang gefährdet würden. Je schwerer das drohende Übel ist und je höher die Erfolgsaussichten der Rettung sind, desto eher ist dem Garanten die Abwendung zumutbar.

| 3. Abschnitt | Die wichtigsten Deliktsarten im Einzelnen |

D. Der Versuch des unechten Unterlassungsdelikts

So wie der Versuch des Begehungsdelikts ist auch der Versuch eines unechten Unterlassungsdelikts möglich, sofern der Versuch des jeweiligen Delikts überhaupt mit Strafe bedroht ist. Nach ganz h.M. gibt es sogar den untauglichen Versuch des unechten Unterlassungsdelikts.

Abwandlung zum Beispiel oben S. 108: A sieht seine Frau ertrinken, bleibt aber untätig, weil er an ihr Erbe will. Er weiß nicht, dass er sie wegen der starken Strömung gar nicht mehr hätte retten können. – Untauglicher Versuch eines Mordes aus Habgier durch Unterlassen, §§ 211, 13, 22.

Der **Aufbau** des Versuchs eines unechten Unterlassungsdelikts folgt dem Aufbau des Versuchs der Begehungstat (s.o. S. 82). Auch gibt es den Rücktritt vom unechten Unterlassungsversuch. Folgende Besonderheiten müssen Sie im Kopf haben:

I. Tatentschluss zum unechten Unterlassungsdelikt

Unterlassen, Handlungsmöglichkeit und Garantenstellung müssen beim Versuch des unechten Unterlassungsdelikts vom Vorsatz umfasst sein.

Anstelle der Tathandlung steht beim Versuch des unechten Unterlassungsdelikts wieder das **„Unterlassungs-Modul"** nach § 13 (s.o. S. 100). Da die Tathandlung beim Begehungsversuch im Tatentschluss geprüft wird, muss folgerichtig im Tatentschluss zum unechten Unterlassungsversuch folgendes besonders geprüft werden:

Tatentschluss zum unechten Unterlassen

■ Vorsatz, den **Taterfolg durch eigenes Unterlassen** herbeizuführen

■ Kenntnis **einer aus Tätersicht vorhandenen Handlungsmöglichkeit**

■ Vorsatz für **Umstände**, die den Täter bei tatsächlichem Vorliegen zum erfolgsabwendungspflichtigen **Garanten** gemacht hätten

---

II. Versuchsbeginn beim unechten Unterlassungsdelikt

Wann der Unterlassungsversuch beginnt, ist einer der Standardstreitstände im Strafrecht.

Beispiel: Der A will seine bettlägrige und demenzkranke Mutter verhungern lassen.

112

D. Der Versuch des unechten Unterlassungsdelikts **3. Abschnitt**

Nach einer Mindermeinung beginnt der Versuch schon mit **Versäumung der ersten Handlungspflicht**. Im Beispielsfall wäre dies das Vorenthalten der ersten üblichen Nahrung. Diese Auffassung ist abzulehnen. Sie lässt den Versuch früher beginnen als beim Begehungsdelikt und vernachlässigt, dass § 22 eine unmittelbare Rechtsgutgefährdung verlangt.

Theorie der ersten Chance

Ebenso abzulehnen ist die extreme Gegenmeinung, die auf das Verstreichenlassen der **letzten Handlungsmöglichkeit** abstellt. Dann hätte A solange noch nicht zum Versuch angesetzt, wie seine Mutter noch zur Nahrungsaufnahme fähig gewesen wäre, auch wenn sie schon in Lebensgefahr schwebte. Damit wäre der Unterlassungstäter gegenüber dem Begehungstäter unberechtigterweise bessergestellt.

Theorie der letzten Chance

Überzeugend ist die herrschende Ansicht, die – wie beim Begehungsdelikt – allein darauf abstellt, ob das Opfer aus Tätersicht bereits **unmittelbar gefährdet** ist. Dies kann, je nach Situation, sogar schon bei der ersten Handlungsmöglichkeit der Fall sein, etwa bei einem Kleinkind, das in ein Schwimmerbecken gefallen ist. Im Beispielsfall hätte A zum Versuch erst dann angesetzt, wenn M durch den Nahrungsentzug ernsthafte Mangelerscheinungen gezeigt hätte.

Gefährdungsformel

Da der Unterlassungstäter nichts mehr tun muss, damit der Erfolg von selbst eintreten kann, steht er in derselben Situation wie der Versuchstäter nach abgeschlossenem Täterhandeln (s.o. S. 87 ff.). Daher wendet eine starke Meinungsgruppe die **Entlassungsformel** auch hier an und bejaht Versuchsbeginn schon dann, wenn der Garant das Geschehen aus der Hand gibt, auch wenn dadurch noch keine unmittelbare Gefährdung eintritt, aber der Erfolg zeitnah verwirklicht wird. In unserem Beispiel hätte A also schon dann zum Versuch unmittelbar angesetzt, wenn er die Mutter, ohne ihr vorher zu essen gegeben zu haben, allein im Haus zurückgelassen hätte.

Alternativ- oder Entlassungsformel

III. Rücktritt vom Versuch des unechten Unterlassungsdelikts nach § 24 Abs. 1

Ebenso wie beim Begehungsdelikt schließt auch beim unechten Unterlassungsdelikt ein **Fehlschlag** den Rücktritt aus. Ein Fehlschlag liegt dann vor, wenn er Täter erkennt oder irrig davon ausgeht, dass der (noch nicht eingetretene) Erfolg nicht mehr durch Eingreifen des Täters abgewendet werden kann.

113

3. Abschnitt — Die wichtigsten Deliktsarten im Einzelnen

Liegt kein Fehlschlag vor, setzt der Rücktritt begriffslogisch immer aktives Tun voraus. Anders als beim Begehungsdelikt kann also ein Unterlassungstäter nicht einfach nur Straffreiheit dafür bekommen, dass er seinen Tatplan aufgegeben hat. Umstritten ist aber, ob es – wie beim Versuch einer Begehungstat – die Unterscheidung zwischen unbeendetem und beendetem Versuch gibt. Diese Frage ist deshalb wichtig, weil davon abhängt, ob der reuige Unterlassungstäter kausal für das Ausbleiben des Erfolges werden oder sich zumindest ernsthaft um das Ausbleiben des Erfolges bemüht haben muss.

Beispiel: A sieht, wie sein Bruder B einen Herzinfarkt erleidet und im Garten von der Leiter stürzt. Er bleibt untätig, weil er B's Tod wünscht. Dann packt ihn Reue. A wählt die Nummer 110, schildert den Vorfall und bittet darum, eilig einen Notarzt zu schicken. Dort beruhigt man A jedoch. Ein Nachbar hatte den Sturz auch gesehen und sofort einen Krankenwagen herbeigerufen. A verlässt das Haus und wartet das Eintreffen des Krankenwagens nicht mehr ab. B wird trotzdem gerettet. A hat durch das Untätigbleiben nach h. M. zum Versuch des Totschlags durch Unterlassen angesetzt. Ist er aber durch den Telefonanruf zurückgetreten?

Theorie vom stets beendeten Unterlassungsversuch

Bislang dominierte die Meinung, dass es bei der Unterlassungstat **keinen unbeendeten Versuch** gebe, eben weil der Täter hier nicht durch Passivität Strafbefreiung erlangen könne. Danach kann ein Unterlassungstäter nur nach § 24 Abs. 1 S. 1 Alt. 2 oder nach § 24 Abs. 1 S. 2 strafbefreiend zurücktreten. Folgt man dieser Auffassung, ist A wegen versuchten Totschlags strafbar: Der Anruf war nicht kausal für die Vollendungsverhinderung i.S.v. § 24 Abs. 1 S. 1 Alt. 2 und von einer ernsthaften Rettungsbemühung gemäß § 24 Abs. 1 S. 2 kann nicht die Rede sein, wenn A noch vor Eintreffen des Krankenwagens die Wohnung verließ.

Theorie vom unbeendeten oder beendeten Unterlassungsversuch

Die Gegenansicht, der sich inzwischen der BGH angeschlossen hat, will auch dem Unterlassungstäter die geringeren Anforderungen des § 24 Abs. 1 S. 1 Alt. 1 zugute kommen lassen. Danach ist ein Unterlassungsversuch **solange unbeendet**, wie der Täter annimmt, den Erfolg noch durch die **ursprünglich gebotene Handlung** abwenden zu können. Erst wenn er glaube, dass der Erfolg nicht mehr durch die ursprünglich gebotene Handlung, sondern durch andere Handlungen abzuwenden wäre, sei der Versuch beendet. Danach ist A nicht mehr aus Totschlagsversuch strafbar. Der Tod hätte nach seiner Vorstellung noch durch den Anruf abgewendet werden können, und mit dem Anruf hat er diese gebotene Handlung tatsächlich freiwillig vorgenommen.

114

Check: Unterlassen

1. Wie grenzt die h.M. aktives Tun von Unterlassen ab?

1. Zunächst wird gefragt, ob der Täter durch ein Tätigwerden eine Veränderung der Umwelt bewirkt hat, die in einer Kette tatsächlicher Ursache und Wirkung mit dem Erfolg verbunden ist – dann: aktives Tun – oder ob nur durch Hinzudenken gebotenen Handelns der Erfolg mit an Sicherheit grenzender Wahrscheinlichkeit vermieden worden wäre – dann: Unterlassen. Bei Verhalten, das teils Begehungs-, teils Unterlassungsmomente aufweist, entscheidet eine Wertung, ob der Schwerpunkt der Vorwerfbarkeit im aktiven Tun oder im Unterlassen liegt.

2. Liegt aktives Tun oder Unterlassen in mittelbarer Täterschaft vor, wenn A den B mit vorgehaltener Waffe zwingt, den C sterben zu lassen?

2. Der Schwerpunkt der Vorwerfbarkeit liegt hier im aktiven Tun, weil der Nötigende durch diese Handlung des Zwangs, also ein Mittel mittelbarer Täterschaft, die Tatherrschaft über das Gesamtgeschehen erlangt. A ist unmittelbarer Begehungstäter.

3. Welche Garantenstellungen gibt es?

3. Beschützergarantien: Aus Rechtssatz, aus rechtlich fundierter natürlicher Verbundenheit, aus engen Vertrauensverhältnissen und aus tatsächlicher Übernahme von Schutzpflichten. Überwachungsgarantien: Aus Rechtssatz, Ingerenz und aus Beherrschung sachlicher oder persönlicher Gefahrenquellen.

4. Wie stellt man beim unechten Unterlassungsdelikt die (Quasi-)Kausalität fest?

4. Es gilt die abgewandelte conditio sine qua non-Formel: Ein Unterlassen ist dann „quasi-kausal", wenn das gebotene Verhalten nicht hinzugedacht werden kann, ohne dass dann der konkrete Erfolg entfiele.

5. Was ist rechtfertigende Pflichtenkollision?

5. Ein Rechtfertigungsgrund für die garantenpflichtwidrige Nichtabwendung eines Erfolgs, wenn dies für den Täter die einzige Möglichkeit war, die rechtliche Pflicht zur Erfolgsabwendung in Bezug auf ein anderes, gleichwertiges Rechtsgut zu erfüllen.

6. Wann beginnt der Versuch des unechten Unterlassungsdelikts?

6. Nach Mindermeinungen entweder bei Nichtvornahme der ersten oder der letzten Handlungsmöglichkeit, nach h.M. mit Gefahrbegründung oder -erhöhung, ergänzt durch die Entlassungsformel, die den Versuch auch schon mit bewusstem Entlassen der Herrschaft über den Geschehensablauf beginnen lässt.

115

3. Abschnitt   Die wichtigsten Deliktsarten im Einzelnen

E. Die fahrlässige Begehungstat als Erfolgsdelikt

Nun wissen Sie alles Grundsätzliche, das Sie zur reinen Vorsatztat für eine Klausur brauchen. Reden wir nun über die Fahrlässigkeitstat, und zwar erst einmal wieder in der Form des Begehungsdelikts. Bei der Fahrlässigkeitstat schädigt der Täter – ungewollt durch fehlerhaftes und ihm vorwerfbares Verhalten – ein tatbestandlich geschütztes Rechtsgut, obwohl dies für ihn vermeidbar gewesen wäre.

Noch einmal: Unbedingt § 15 beachten!

Im Gegensatz zum Vorsatzdelikt muss der Gesetzgeber nach **§ 15** die Fahrlässigkeitsstrafbarkeit ausdrücklich anordnen (vgl. z.B. §§ 222; 306 d; 315 c Abs. 3; 316 Abs. 2; 323 a Abs. 1).

Bei der Fahrlässigkeitstat gibt es **keinen strafbaren Versuch**. Eine Unterscheidung in Täterschaft und Teilnahme findet nicht statt. Es gibt nur **fahrlässige Täterschaft**.

Auch dieses Schema müssen Sie unbedingt auswendig lernen!

Aufbauschema: Fahrlässiges Begehungsdelikt

I. Tatbestandsmäßigkeit

    1. Täter, Tathandlung, Taterfolg, Kausalzusammenhang

    2. Objektiv fahrlässiges Verhalten

      objektive Sorgfaltspflichtverletzung

      objektive Vorhersehbarkeit des Kausalverlaufs und des Erfolgs

    3. Objektiver Zurechnungszusammenhang/Risikozusammenhang

II. Rechtswidrigkeit

III. Schuld

    ▪ Schuldfähigkeit

    ▪ **Fahrlässigkeitsschuld**
      Subjektive Sorgfaltspflichtverletzung
      Subjektive Voraussehbarkeit

    ▪ Entschuldigungsgründe
      insbesondere: Unzumutbarkeit normgemäßen Verhaltens

    ▪ Potenzielles Unrechtsbewusstsein

IV. Strafausschließungs- oder -aufhebungsgründe

V. Strafverfolgungsvoraussetzungen oder -hindernisse

I. Tatbestandsmäßigkeit

Anders als das Vorsatzdelikt kennt die Fahrlässigkeitstat keinen subjektiven Tatbestand; dafür gibt es aber eine „zweispurige" Fahrlässigkeitsprüfung: Auf Tatbestandsebene wird untersucht, ob der

E. Die fahrlässige Begehungstat als Erfolgsdelikt | **3. Abschnitt**

Täter objektiv fahrlässig gehandelt hat. Und bei der Fahrlässigkeitsschuld wird geprüft, ob der Täter auch nach seinen Möglichkeiten und Kenntnissen vorwerfbar gehandelt hat.

1. Täter, Tathandlung, Taterfolg, Kausalität

Für die ersten Merkmale ergeben sich keine inhaltlichen Unterschiede zum Vorsatzdelikt; die Ausführungen dort gelten entsprechend.

2. Objektiv fahrlässiges Verhalten

a) Objektive Sorgfaltspflichtverletzung

Eine **objektive Sorgfaltspflichtverletzung** verlangt das Außerachtlassen derjenigen Sorgfalt, die ein besonnener und gewissenhafter Durchschnittsmensch aus dem Verkehrskreis des Täters in dessen sozialer Rolle zu erfüllen hat.

> Die Fahrlässigkeit besteht aus Sorgfaltswidrigkeit und Voraussehbarkeit.
>
> Lesen Sie bitte die §§ 1 ff. StVO quer. Fahrlässigkeitsfälle aus dem Verkehrsrecht sind sehr klausurrelevant!

- Häufig legen **spezielle Rechtsnormen, allgemeingültige oder rechtsgeschäftlich vereinbarte Verhaltensregeln** den einzuhaltenden Sorgfaltsmaßstab genau fest.

- Im Übrigen ist eine **Wertung nach der Schadenswahrscheinlichkeit und -intensität** vorzunehmen: Je größer das Risiko eines Schadens, desto höher sind auch die Sorgfaltsanforderungen!

- **Achtung! Sonderfähigkeiten und Sonderwissen** des Täters erweitern bereits den *objektiven* Sorgfaltsmaßstab, da derjenige, der besondere Fähigkeiten aufweist, auch verpflichtet ist, diese Fähigkeiten im Allgemeininteresse zur Vermeidung von Gefahren bzw. Rechtsgutverletzungen einzusetzen. Wer dies nicht tut, begeht schon objektiv Unrecht!

b) Objektive Vorhersehbarkeit

Objektive Vorhersehbarkeit liegt vor, wenn der Eintritt des tatbestandlichen Erfolges und der dahin führende Kausalverlauf noch innerhalb der allgemeinen Lebenserfahrung lagen, dass damit auch gerechnet werden konnte. Damit wird klar, dass die Vorhersehbarkeit schon ein Stück Zurechnung vorwegnimmt.

> In der Sache prüfen Sie also wieder das Adäquanzprinzip, das beim Vorsatzdelikt schon im Bereich der objektiven Zurechnung angesprochen wurde.

117

3. Objektiver Zurechnungszusammenhang/Risikozusammenhang

Die Schaffung rechtlich missbilligten Risikos braucht nicht mehr geprüft zu werden. Sie ergibt sich schon aus der vorherigen Feststellung der objektiven Sorgfaltswidrigkeit. Da auch der Adäquanzzusammenhang bereits Element der objektiven Fahrlässigkeit ist, braucht hierauf in der Zurechnungsfrage auch nicht mehr eingegangen zu werden. Damit verbleiben folgende Themenkreise des Risikozusammenhangs:

a) Schutzzweckzusammenhang

Hier muss festgestellt werden, dass das Opfer persönlich und der konkret eingetretene Erfolg sachlich in den Schutzbereich der verletzten Sorgfaltsnorm fällt, die verletzte Sorgfaltsnorm also Erfolge der eingetretenen Art nach ihrem Sinn und Zweck verhindern will.

Beispiel: Das Rechtsfahrgebot des § 2 Abs. 2 StVO dient dem Schutz des Gegenverkehrs. Ein Unfall mit dem Querverkehr des an einer Kreuzung zu weit links fahrenden Täters fällt daher nicht in den Schutzbereich des verletzten Rechtsfahrgebots. Hat der Täter hier nicht noch einen anderen Sorgfaltsverstoß begangen, können ihm die Unfallfolgen objektiv nicht zugerechnet werden.

b) Pflichtwidrigkeitszusammenhang

Nach h.M. ist der Pflichtwidrigkeitszusammenhang zwischen dem fahrlässigen Verhalten des Täters und dem Erfolg nur dann gegeben, wenn bei gedachtem pflichtgemäßen Alternativverhalten des Täters innerhalb der Grenzen des erlaubten Risikos in der konkreten Tatsituation der Erfolg mit an Sicherheit grenzender Wahrscheinlichkeit vermieden worden wäre **(Vermeidbarkeitslehre)**. Lässt sich das nicht sicher feststellen, ist also nicht auszuschließen, dass der gleiche (vergleichbare) Erfolg auch bei pflichtgemäßem Alternativverhalten des Täters genauso eingetreten wäre, muss **in dubio pro reo** zugunsten des Täters angenommen werden, dass der Erfolg nicht auf der Pflichtwidrigkeit seines Verhaltens beruhte, dass also der Pflichtwidrigkeitszusammenhang fehlt.

Der herrschenden Vermeidbarkeitslehre steht die **Risikoerhöhungslehre** gegenüber. Danach reicht für den Pflichtwidrigkeitszusammenhang bereits aus, dass bei hypothetisch pflichtgemäßem Alternativverhalten die Wahrscheinlichkeit des Erfolgseintritts messbar geringer gewesen wäre. Diese Lehre hat sich aber nicht durchgesetzt, da sie – entgegen dem Gesetzeswortlaut der fahrläs-

E. Die fahrlässige Begehungstat als Erfolgsdelikt **3. Abschnitt**

sigen Erfolgsdelikte – auf den Nachweis verzichtet, dass der Erfolg „durch" die Fahrlässigkeit herbeigeführt worden sein muss.

Anders als beim Vorsatzdelikt kann also beim Fahrlässigkeitsdelikt ein hypothetischer Kausalverlauf die Tatbestandsmäßigkeit entfallen lassen – beim fahrlässigen Begehungsdelikt aber erst im Rahmen der objektiven Zurechnung. **!**

Der hypothetische Verlauf bei gedachtem richtigen Alternativverhalten setzt bei der konkreten kritischen Lage ein, die unmittelbar zu dem schädlichen Erfolg geführt hat. Hinwegzudenken ist nur das pflichtwidrige Element des Täterverhaltens. Dieses ist durch ein (gerade noch) pflichtgemäßes Verhalten im Rahmen des erlaubten Risikos zu ersetzen. Darüber hinaus darf von der Situation nichts weggelassen, ihr nichts hinzugedacht und an ihr nichts verändert werden. Derselbe Erfolg müsste dann zur gleichen Zeit aufgrund eines Fehlverhaltens des Opfers oder anderer, nicht willentlich beherrschbarer Umstände eingetreten sein.

Sind mehrere Fahrlässigkeitstäter gleichermaßen für den Erfolg in der Weise ursächlich geworden, dass bei Hinwegdenken jedes Einzelnen für sich gesehen derselbe Erfolg wegen der Pflichtwidrigkeit des jeweils anderen eingetreten wäre, wird der Strafbarkeitsausschluss wegen rechtmäßigen Alternativverhaltens nur dann zugelassen, wenn derselbe Erfolg bei pflichtgemäßem Verhalten aller in derselben Weise eingetreten wäre. Insoweit wird dieselbe Gedankenoperation angewandt, wie sie nach der conditio sine qua non-Formel für die Fälle alternativer Kausalität entwickelt worden ist.

Beispiel: Zwei Autos stoßen frontal zusammen, weil beide Fahrer alkoholisiert sind und deshalb zu spät reagiert haben. Dadurch wird ein Beifahrer getötet. Der zur Verfügung stehende Anhalteweg war sehr kurz. Deshalb könnte jeder theoretisch einwenden, dass der Unfall wegen der alkoholbedingten Reaktionsverzögerung des jeweils anderen auch eingetreten wäre. Dieser Einwand ist jedoch versagt. Ähnlich wie bei der alternativen Kausalität (s.o. S. 21) kann sich niemand, dessen fehlerhaftes Verhalten tatsächlich wirksam geworden ist, mit dem Fehlverhalten des jeweils anderen entlasten.

c) Erfolgsvermittelnde Zweithandlung im Verantwortungsbereich des Opfers oder eines Dritten

Hier gelten dieselben Grundsätze, die schon bei der Vorsatztat (oben S. 25) angesprochen wurden. Da in den Klausuren der Zurechnungsausschluss wegen **eigenverantwortlicher Selbstgefährdung** besonders häufig angesprochen wird, hier noch einmal

Eigenverantwortliche Selbstgefährdung und Retter-Fälle

119

3. Abschnitt Die wichtigsten Deliktsarten im Einzelnen

die wesentlichen Grundsätze, angepasst an die Fahrlässigkeitstat: Als Akte der Autonomie (Selbstbestimmung) unterfallen eigenverantwortliche Selbsttötungen, Selbstverletzungen und damit auch bloße Selbstgefährdungen keinem Straftatbestand zum Schutz höchstpersönlicher Rechtsgüter. Folglich macht sich derjenige, der eine solche Handlung nur fahrlässig fördert oder ermöglicht, auch nicht aus fahrlässiger Tötung, § 222, oder fahrlässiger Körperverletzung, § 229, strafbar. Vielmehr fällt der – wenn auch objektiv fahrlässig – ermöglichte Erfolg dann ausschließlich in den Verantwortungsbereich des sich selbst Gefährdenden.

Beispiel: Jäger J verschließt seine Jagdwaffe nicht – wie vorgeschrieben – in einem Gewehrschrank. Die Ehefrau des J, die wegen einer schweren Krebserkrankung nicht mehr länger leiden will, erschießt sich damit. – Keine fahrlässige Tötung gemäß § 222. J ist allenfalls waffenrechtlich verantwortlich für die nicht sichere Aufbewahrung, was aber in einer Klausur in aller Regel nicht mehr geprüft werden muss.

Ausnahmen von diesem Zurechnungsausschluss gelten für Selbstgefährdungen amtlicher oder privater **Retter**, die zur Beseitigung des vom Täter veranlassten Risikos tätig werden. Für ihre Schäden bleibt der Veranlasser strafrechtlich verantwortlich, außer wenn die Selbstgefährdung völlig unvernünftig und waghalsig war.

II. Rechtswidrigkeit

Auch fahrlässiges Verhalten kann gerechtfertigt sein. Denn wenn ein Rechtfertigungsgrund ein Eingriffsrecht gibt, das sogar vorsätzliches Verhalten gestatten würde, muss dies **erst recht** für nur fahrlässiges Verhalten gelten. Hier gibt es Konstellationen, bei denen die Strafbarkeit entfällt, weil entweder das Handlungsunrecht oder das Erfolgsunrecht zu verneinen ist.

So wie das vorsätzliche Erfolgsdelikt (s.o. S. 16 ff.) setzt auch die Fahrlässigkeitstat nach h.Lit. sowohl Handlungsunrecht – in Form der objektiv-fehlerhaften und rechtswidrigen Handlung – als auch Erfolgsunrecht – in Form des Taterfolgs im Widerspruch zur Rechtsordnung – voraus.

Rechtfertigende
Risiko-Einwilligung

1. Das Handlungsunrecht kann bei einer sog. **Risiko-Einwilligung** fehlen. Die h.M. erkennt inzwischen eine Einwilligung in ein von einem anderen geschaffenes Risiko an. Die Rechtfertigungssperre (s.o. S. 56) des § 216 greift hierfür nicht ein, weil es gar nicht um eine Einwilligung in den eigenen Tod geht. Einwilligender und Handelnder wollen nicht den Tod, sondern nur die gefährliche Handlung.

120

E. Die fahrlässige Begehungstat als Erfolgsdelikt

3. Abschnitt

Also kann eine **Einwilligung das Unrecht einer sorgfaltswidrigen Fremdgefährdung ausschließen**. Kommt es dann ungewollt zu einem Schaden, so ist der Handelnde nicht strafbar, weil das Handlungsunrecht fehlt. Das ist juristisch dasselbe wie wenn jemand einen Taterfolg ohne Sorgfaltsverstoß verursacht. Das kann sogar zu einer Rechtfertigung bei fahrlässiger Tötung führen. Voraussetzung ist, dass das Opfer einwilligungsfähig war, in Kenntnis des Risikos ohne Willensmängel zugestimmt hat und dass die Einwilligung nach dem schon für Körperverletzungen geltenden Maßstab des § 228 und unter Berücksichtigung der Einwilligungssperre des § 216 nicht unwirksam war. Letzteres ist der Fall, wenn die Tat sittenwidrig war, weil sie ein extrem hohes Todesrisiko barg und für die Handlung kein vernünftiger Grund bestand.

Beispiel: Stimmt der Verletzte einer Notoperation mit dem allein verfügbaren, aber unsterilen Gerät zu, weil er sonst alsbald sterben muss, und stirbt er dann später an einer Blutvergiftung infolge der Operation, ist der Sorgfaltsverstoß durch die Einwilligung gerechtfertigt. Sittenwidrig war die Tat wegen des Ziels, das Leben zu retten, nicht.

Gegenbeispiel: Kommt jemand als Beifahrer bei einem illegalen Autorennen infolge eines halsbrecherischen Überholmanövers zu Tode, liegt keine wirksame Einwilligung in die Fremdgefährdung mehr vor.

2. Das Erfolgsunrecht ist nach dem Schrifttum zu verneinen bei Fehlen nur des **subjektiven Rechtfertigungselements**, also wenn der Täter zwar subjektiv fehlerhaft, aber objektiv gerechtfertigt handelt. Zwar bleibt Handlungsunrecht übrig, weil der Täter subjektiv fehlerhaft gehandelt hat. Dies ist aber bei der Fahrlässigkeitstat straflos, eben weil es dort keinen Versuch gibt. Verkürzt kann man sagen: Beim Fahrlässigkeitsdelikt ist das subjektive Rechtfertigungselement entbehrlich. Die Rspr. sieht das anders. Danach ist auch bei der Fahrlässigkeitstat das subjektive Rechtfertigungselement unverzichtbar.

Fehlendes subjektives Rechtfertigungselement bei objektiv gerechtfertigter Tat

Beispiel: A rempelt aus Unachtsamkeit den B um, der gerade im Begriff war, den C niederzustechen. B wird verletzt. – Nach dem Schrifttum liegt keine fahrlässige Körperverletzung gemäß § 229 vor, weil objektiv die Voraussetzungen der Nothilfe vorlagen. Nach der Rspr. ist A aus § 229 strafbar. Die objektiv erfüllte Nothilfe wird nur auf Strafzumessungsebene berücksichtigt.

III. (Fahrlässigkeits-)Schuld

Nach Bejahung objektiver Fahrlässigkeit ist im Rahmen der Fahrlässigkeitsschuld festzustellen, ob der Täter nach seinen individuellen Kenntnissen und Fähigkeiten in der Lage war, die gebotenen Standards einzuhalten und ob der Kausalverlauf sowie der eingetretene Erfolg auch von ihm hätten vorausgesehen werden können. Dabei

In der Klausur muss die Fahrlässigkeitsschuld nur besonders angesprochen werden, wenn der Sachverhalt Hinweise darauf enthält, dass der Täter im Verhältnis zum Durchschnittsmenschen verminderte Kenntnisse oder Fähigkeiten besaß. Ansonsten entspricht der Täter einem Durchschnittsmenschen, und objektive und subjektive Fahrlässigkeitsprüfung stimmen überein.

121

spielen Kriterien wie Bildung, Intelligenz, Berufs- und Lebenserfahrung eine Rolle.

Ein **subjektiver Sorgfaltspflichtverstoß** liegt dann vor, wenn der Täter auch mit seinen individuellen Kenntnissen und Fähigkeiten die objektiv gebotene Sorgfalt hätte einhalten können.

Subjektive Voraussehbarkeit liegt vor, wenn der Täter das Risiko des Erfolgseintritts nach seinen individuellen Befähigungen hätte erkennen können.

! *Individuelle Sonderfähigkeiten bzw. Sonderwissen erhöhen den objektiven Sorgfaltsmaßstab im Rahmen der Tatbestandsmäßigkeit. Individuelle Defizite senken den subjektiven Sorgfaltsmaßstab im Rahmen der Schuld.*

F. Das fahrlässige unechte Unterlassungsdelikt

So wie Vorsatztaten durch garantenpflichtwidrige Untätigkeit als unechte Unterlassungsdelikte strafbar sind, können auch fahrlässige Erfolgsdelikte nach § 13 als unechte Unterlassungsdelikte strafbar sein. Deshalb sollte auch bei einem Fahrlässigkeitsvorwurf zunächst geklärt werden, ob man überhaupt zum Unterlassen kommt.

I. Abgrenzung zwischen Tun und Unterlassen

Fahrlässiges Verhalten ist immer mehrdeutig! Deshalb hier besondere Vorsicht bei der Abgrenzung von Tun und Unterlassen!

Fahrlässiges Verhalten ist **immer zugleich mit einem gewichtigen Unterlassensmoment** behaftet, nämlich dem Außerachtlassen der erforderlichen Sorgfalt. Man neigt deshalb oft dazu, den Schwerpunkt der Vorwerfbarkeit auf das Unterlassen zu legen. Das birgt aber die Gefahr, dass man nur noch zu fahrlässigen Unterlassungsdelikten und nicht mehr zu fahrlässigen Begehungsdelikten käme. Tatsächlich liegt es andersherum: **Anhand der stets voranzustellenden Prüfung eines Begehungsdelikts ergibt sich in den meisten Fällen, dass der Täter durch aktives Tun erfolgskausal geworden ist und dass das Unterlassungselement nur die Fehlerhaftigkeit, die Sorgfaltswidrigkeit des aktiven Tuns beschreibt.**

Beispiel: Dr. A war ein anerkannter Herzchirurg, der über 100 Operationen im Jahr durchführte. Ihm war die Gefahr wechselseitiger Hepatitis B-Infektionen zwischen Ärzten und Patienten – einschließlich des besonderen Risikos bei chirurgischer Tätigkeit trotz des Einsatzes von Operationshandschuhen – aufgrund eingehender Diskussionen in Ärztekreisen und Fachliteratur bekannt. Dennoch nahm Dr. A an den regelmäßigen Kontrolluntersuchungen für medizinisches Personal nicht teil und ließ sich auch nicht gegen Hepatitis B impfen. Irgendwann infizierte sich Dr. A mit Hepatitis B, ohne allerdings Krankheits-

F. Das fahrlässige unechte Unterlassungsdelikt

symptome bei sich selbst festzustellen. Später infizierte Dr. A bei Herzoperationen zwölf seiner Patienten, bei denen es zu erheblichen gesundheitlichen Beschwerden kam. Fahrlässige Körperverletzung (§ 229) durch aktives Tun oder Unterlassen? – Man könnte sowohl an die Durchführung der Operationen (= aktives Tun) anknüpfen als auch an das Unterlassen der Vorsorgemaßnahmen zur Früherkennung und Behandlung der eigenen Hepatitis B-Erkrankung. Der BGH hat zu Recht an das aktive Operieren (= erfolgskausaler Energieeinsatz), also an aktives Tun, angeknüpft. Im Unterlassen der regelmäßigen Vorsorgemaßnahmen gegen Hepatitis B während der Operationstätigkeit lag die **Sorgfaltspflichtverletzung** des Dr. A, die sein Tun zum fahrlässigen Tun machte.

Für die Fahrlässigkeitstat durch Unterlassen bleiben damit in der Regel nur die Fälle übrig, in denen der Täter pflichtwidrig untätig geblieben ist und nur durch Hinzudenken des gebotenen Handelns ein (Quasi-)Kausalzusammenhang zwischen ihm und dem Taterfolg hergestellt werden kann.

Beispiel: Der Bademeister schläft ein und kann deshalb nicht eingreifen, als ein Kind in das Schwimmerbecken fällt und ertrinkt.

II. Deliktsaufbau

Auszugehen ist vom Aufbauschema des fahrlässigen Begehungsdelikts (s.o. S. 116).

1. An die Stelle der **Tathandlung** tritt wieder das schon bekannte „Unterlassungs-Modul" nach § 13, also:

Gleichstellung von Unterlassen mit aktivem Tun
■ Nichtvornahme der zur Erfolgsabwendung objektiv gebotenen Handlung
■ Tatsächliche Möglichkeit zur Vornahme der gebotenen Handlung
■ Rechtspflicht zum Tätigwerden (Garantenstellung)
■ (nur ausnahmsweise: Entsprechung von aktivem Tun und Unterlassen)

2. Erforderlich, aber auch ausreichend ist, wenn der Täter nur einen dieser Umstände **objektiv sorgfaltswidrig** verkannt hat und dabei die späteren Folgen hätte **vorhersehen** können.

3. Die **Kausalität** wird dann – wie immer beim unechten Unterlassungsdelikt – anhand der abgewandelten conditio sine qua non-Formel ermittelt. Die gebotene Handlung darf also nicht hinzugedacht werden können, ohne dass der konkrete Erfolg entfiele.

4. Alle übrigen Deliktsmerkmale entsprechen der Fahrlässigkeitstat durch aktives Tun.

G. Die Erfolgsqualifikation

Das erfolgsqualifizierte Delikt ist eine **gesetzliche Kombination aus Vorsatz- und Fahrlässigkeitsdelikt**. Wie in einem Baukastensystem wird ein bereits selbstständig strafbares Vorsatzdelikt in seiner Strafbarkeit dadurch verschärft, dass der Täter gemäß § 18 wenigstens fahrlässig – in vielen Fällen enger: „wenigstens leichtfertig" (z.B. § 251) – eine schwere Folge (meist Todesfolge oder schwere Körperverletzungsfolge) verursacht hat. Eine Besonderheit dieses Deliktstyps ist das ungeschriebene Tatbestandsmerkmal des „gefahrspezifischen Zurechnungszusammenhangs". In einer Falllösung ist dann genau zu untersuchen, ob die schwere Folge gerade auf dem Risiko des Grunddelikts beruhte.

H. Erfolgsqualifikation und Versuch

Die Versuchsregeln gelten, soweit der jeweilige Teil der Erfolgsqualifikation auch vom Vorsatz umfasst war. Das kann auch hinsichtlich der schweren Folge der Fall sein. Das wird durch das Wort „wenigstens" in den Erfolgsqualifikationen klargestellt. Das bedeutet, dass es eine **versuchte Erfolgsqualifikation** genauso gibt wie einen **erfolgsqualifizierten Versuch**.

Beispiel: Beim Versuch des Raubes erleidet das Opfer aus Angst einen tödlichen Herzschlag. – Versuchter Raub mit Todesfolge, §§ 251, 22, 23.

Wie bei jedem Versuch gibt es auch beim Versuch einer Erfolgsqualifikation und sogar beim erfolgsqualifizierten Versuch strafbefreienden Rücktritt. Voraussetzung ist, dass die Tat noch nicht zum Fehlschlag geworden ist und der Täter je nach Versuchslage die von § 24 geforderte Rücktrittshandlung erbringt.

Fortsetzung des vorgenannten Beispiels: Durch den Tod seines Opfers zur Besinnung über sein verbrecherisches Tun gekommen, lässt der Räuber die Beute liegen und flieht. – Rücktritt vom Raub und sogar vom versuchten Raub mit Todesfolge. Der Räuber ist wegen des Todes des Opfers nur aus § 222 strafbar!

Check: Fahrlässigkeit; Erfolgsqualifikation

1. Was bedeutet „Fahrlässigkeit" im Strafrecht?

1. Fahrlässigkeit ist Unrechts- und Schuldvorwurf jedes Fahrlässigkeitsdelikts. Der Unrechtsvorwurf beinhaltet, dass das fragliche Verhalten nicht den verkehrsüblichen Sorgfaltsanforderungen entsprach und dass der dadurch herbeigeführte Erfolg generell vorhersehbar war. Der Schuldvorwurf besteht darin, dass der Täter nach seinen Möglichkeiten und Kenntnissen in der Lage war, die Anforderungen zu erfüllen, und dass er die Folgen seines Fehlverhaltens vorhersehen konnte.

2. Wann entfällt nach h.M. der Pflichtwidrigkeitszusammenhang bei einem fahrlässigen Erfolgsdelikt?

2. Bei sog. hypothetisch rechtmäßigem Alternativverhalten, also wenn derselbe Erfolg – auch nur möglicherweise – eingetreten wäre, unterstellt, der Täter hätte sich sorgfaltsgemäß verhalten.

3. Was ist und welche Rechtswirkung hat eine eigenverantwortliche Selbstgefährdung?

3. Eine Selbstgefährdung liegt vor, wenn das Opfer den letzten Schritt getan hat, der erst die Gefahr für seine Rechtsgüter begründete. Die Selbstgefährdung ist eigenverantwortlich, wenn sich das Opfer in Kenntnis der Tragweite für die Eingehung des Risikos und seiner möglichen Folgen entschieden hat. Liegt eine eigenverantwortliche Selbstgefährdung vor, so ist weder eine Förderung noch eine Veranlassung dazu strafbar.

4. Kann die Rechtswidrigkeit einer fahrlässigen Tötung gemäß § 222 durch eine Einwilligung des später Getöteten entfallen?

4. Ja, wenn eine wirksame Risiko-Einwilligung vorliegt, also wenn das Opfer einwilligungsfähig war, in Kenntnis des Risikos ohne Willensmängel zugestimmt hat und wenn die Einwilligung nach dem Maßstab des § 228 und des § 216 nicht unwirksam war.

5. Was ist beim fahrlässigen Unterlassungsdelikt der Bezugspunkt des Unterlassens und was ist der Bezugspunkt der Fahrlässigkeit?

5. Das Unterlassen bezieht sich auf die Tathandlung. Dem Täter wird vorgeworfen, den Erfolg durch Untätigkeit herbeigeführt zu haben, obwohl er nach seiner Sonderstellung tätig werden musste. Der Fahrlässigkeitsvorwurf bezieht sich auf den Grund für das Unterlassen. Hier wird dem Täter vorgeworfen, dass das Versäumen der Handlung seinerseits vorwerfbar war.

6. Kann ein Versuchstäter noch nach Eintritt der erfolgsqualifizierenden schweren Folge strafbefreiend zurücktreten?

6. Ja, weil ein Delikt noch rücktrittsfähig ist, solange es noch nicht vollendet ist. Das ist bei einem erfolgsqualifizierten Delikt solange der Fall, wie der Erfolg des Grunddelikts noch aussteht, mag die schwere Folge auch schon eingetreten sein.

4. Abschnitt: Wie ist die Strafbarkeit geregelt, wenn mehrere an der Tat beteiligt sind?

Um die Deliktsarten und deren Voraussetzungen kennenzulernen, sind wir bisher davon ausgegangen, dass nur eine Person gehandelt oder unterlassen hat. Was ist nun, wenn mehrere bei derselben Straftat mitgemacht haben?

Bei der Fahrlässigkeitstat ist das einfach: Hier ist jeder Täter, der die erforderliche Täterqualität besitzt (s. nachfolgend A I) und einen sorgfaltswidrigen sowie objektiv zurechenbaren Verursachungsbeitrag für den Erfolg erbracht hat.

Bei der Vorsatztat ist es komplizierter. Lesen Sie dazu bitte zuerst die §§ 25–27. Das Strafrecht unterscheidet zwei Stufen der Verantwortlichkeit, nämlich die Täterschaft in § 25 und die Beteiligung in den §§ 26, 27.

Die erste Stufe, die **Täterschaft**, macht den Handelnden direkt für das Tatunrecht verantwortlich. Beim Regelfall der **Alleintäterschaft** (§ 25 Abs. 1 Alt. 1) begeht der Handelnde die Tat selbst – ggf. unter Nutzung fremder Beiträge.

Mittäter (§ 25 Abs. 2) wirken arbeitsteilig wie eine Person zusammen.

Der **mittelbare Täter** (§ 25 Abs. 1 Alt. 2) steuert durch überlegenes Wissen und Willen oder durch Beherrschung einer Organisationsstruktur einen anderen Menschen (den sog. Tatmittler), der seinerseits die Tat ausführt.

> **Vorsicht**: Handlungszurechnung nach § 25 und objektive Zurechnung betreffen verschiedene Fragen! Handlungszurechnung: Muss sich die fragliche Person eine fremde Willensbetätigung anlasten lassen? Objektive Zurechnung: Steht der Erfolg im Risikozusammenhang zur jeweiligen Handlung?

Bei der Mittäterschaft und bei der mittelbaren Täterschaft wird also **fremdes Handeln** einem anderen **zugerechnet**, sodass er strafrechtlich so steht, als habe er dies eigenhändig erbracht.

Mittäterschaft und mittelbare Täterschaft sind sozusagen das „Vertretungsrecht" im Strafrecht.

Teilnehmer haften indirekt für das von einem anderen Täter begangene Unrecht und abhängig davon. Der **Anstifter** wird wie der Täter bestraft (§ 26), weil er die Idee zur Tat im Haupttäter geweckt hat. Der **Gehilfe** wird mit einer gegenüber dem Haupttäter gemilderten Strafe belegt (§ 27), weil er diesen physisch oder psychisch unterstützt hat.

! *Anstiftung und Beihilfe sind haupttatabhängig, d.h. „akzessorisch".*

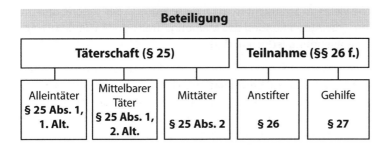

A. Täterqualität und Tatbegehung

I. Täterqualität

Täter kann überhaupt nur sein, wer die vom jeweiligen Tatbestand vorausgesetzten täterbezogenen Merkmale aufweist.

- Bei Sonderdelikten (s.o. S. 17) muss er die Sondereigenschaft aufweisen.

  Beispiel: Mittäter eines unerlaubten Entfernens gemäß § 142 kann nur sein, wer auch selbst „Unfallbeteiligter" ist.

- Bei eigenhändigen Delikten (s.o. S. 17) ist jede Form der Täterschaft ausgeschlossen, wenn die fragliche Person nicht selbst tätig geworden ist.

  Beispiel: Ein betrunkener Fahrlehrer, der selbst nicht in das Verkehrsgeschehen eingreift, sondern seinen Fahrschüler nur durch die Straßen dirigiert, ist kein mittelbarer Täter oder Mittäter des § 316, weil er das Fahrzeug selbst nicht geführt hat.

II. Tatbegehung in Abgrenzung von der Teilnahme

Äußerlich ähneln sich Mittäterschaft und Beihilfe, aber auch mittelbare Täterschaft und Anstiftung häufig. Wenn man ein klares Kriterium dafür gefunden hat, wer Täter ist, hat man zugleich die Abgrenzung zur Teilnahme gefunden.

Beispiel: B will den Liebhaber seiner Ex-Frau aus Eifersucht erschießen. A gibt dem B dafür eine Pistole und benennt ihm den Ort, an dem B sein Opfer später erschießt. – B ist Täter eines Mordes aus niedrigen Beweggründen nach § 211. Das ist klar. Aber was ist mit A? Er hat durch die Aushändigung der Pistole und die Bezeichnung des Tatorts zwei Tatbeiträge erbracht, ohne die die konkrete Tat nicht möglich gewesen wäre. Ist er dadurch zum Mittäter geworden oder ist er nur Gehilfe?

| 4. Abschnitt | Wie ist die Strafbarkeit geregelt, wenn mehrere an der Tat beteiligt sind? |

Wie vieles im Strafrecht ist auch diese Frage in der Theorie umstritten – die Auswirkungen des Meinungsstreits sind in der konkreten Fallanwendung jedoch gering:

Objektive Theorie oder Tatherrschaftslehre

In der Lit. hat sich für die Abgrenzung der Täterschaft von der Teilnahme die sog. **Tatherrschaftslehre** durchgesetzt. Tatherrschaft wird definiert als „das vom Vorsatz umfasste In-den-Händen-Halten des tatbestandsmäßigen Geschehensablaufs". Man bewertet dafür die Bedeutung, gewissermaßen die Qualität der Beiträge für die Tat. Diese müssen ein solches Gewicht haben, dass der fragliche Beteiligte durch sie das „Ob" und „Wie" der Tat mitsteuert.

Subjektive Theorie oder Animustheorie

Die Rspr. vertritt die sog. **subjektive Theorie**. Entscheidend ist danach die innere Willensrichtung der Beteiligten. Täter ist, wer einen Tatbeitrag mit **Täterwillen** (lateinisch: *animus auctoris*) leistet, also die Tat als eigene will. Teilnehmer ist, wer einen Tatbeitrag mit **Teilnehmerwillen** (lateinisch: *animus socii*) leistet, also die Tat als fremde will. Da vor Gericht kein Beteiligter sagen wird, ob er Täter- oder Teilnehmerwillen hatte, werden Beweisanzeichen (= Indizien) dafür herangezogen, nämlich:

Diese „Indizien" haben ein solches Gewicht, dass die subjektive Theorie den „Täterwillen" nur noch als Aufhänger für die Abgrenzung braucht. Praktisch ist die subjektive Theorie inzwischen zu einer Art Gesamtbewertungstheorie geworden.

- der Grad des eigenen Interesses am Erfolg der Tat,

- der Umfang der Tatbeteiligung,

- die Tatherrschaft oder der Wille zur Tatherrschaft.

Die herrschende Lehre und der BGH haben damit zwar deliktssystematisch unterschiedliche Ansatzpunkte bei der Abgrenzung Täterschaft – Teilnahme. Im Ergebnis **stimmen sie aber oft überein**. Denn der Unterschied besteht an sich nur darin, dass die herrschende Lehre das Kriterium der Tatherrschaft als entscheidend betrachtet, der BGH nur – aber immerhin – als wichtigstes Indiz für die Täterschaft.

In unserem **Beispielsfall** der Tötung des Liebhabers des Ex-Frau werden beide Meinungen Mittäterschaft des A ablehnen: Zwar muss man für die Mittäterschaft nicht notwendig am Tatort mitanwesend sein. Tatherrschaft hatte A aber nicht, denn die konkrete Tatausführung lag nach Umständen, Zeit und Opfer allein in der Hand des B. Die objektive Theorie würde deshalb die Mittäterschaft ablehnen und Beihilfe gemäß § 27 bejahen. Die subjektive Theorie würde zusätzlich noch für den Täterwillen fragen, ob A ein eigenes Interesse am Taterfolg hatte. Da es aber um den Liebhaber der Ex-Frau des B ging, müsste auch dies verneint werden. Die subjektive Theorie würde also den Täterwillen ablehnen und auch nur Beihilfe bejahen.

128

B. Mittäterschaft

I. Voraussetzungen der Mittäterschaft

Für Mittäterschaft müssen mehrere **gemeinschaftlich** handeln. Ist dies der Fall, so werden jedem alle tatbestandlichen Handlungen der anderen wie eigene zugerechnet. Was sind nun die spezifischen Voraussetzungen für dieses **„Mittäterschafts-Modul"**?

Aufbauschema: Mittäterschaft, § 25 Abs. 2
■ **Objektiv:**
■ **Verursachungsbeiträge** zum Taterfolg
■ aufgrund gemeinsamen **Tatplans**
■ **gleichrangige Begehung** nach objektiver/subjektiver Theorie
■ **Subjektiv**: Mittätervorsatz

1. Objektiver Verursachungsbeitrag

Anknüpfungspunkt strafrechtlicher Verantwortlichkeit ist stets ein eigener objektiver Mitwirkungsbeitrag. Allein durch Kenntnis und Billigung der Tat eines anderen kann man nicht Mittäter werden. Das darf nicht dahin missverstanden werden, dass Mittäter nur sein kann, wer zumindest einen Teil der Tathandlung selbst vornimmt. Ausreichend ist vielmehr jeder nicht völlig untergeordnete förderliche Beitrag. Dieser kann zeitlich im Vorbereitungsstadium geleistet werden, während der Tatausführung, nach h.M. sogar bis zur tatsächlichen Beendigung der Tat. Wir sprechen im letzteren Fall von „sukzessiver" Mittäterschaft.

> Der Mittäter muss einen Verursachungsbeitrag leisten, aber nicht unbedingt die Tathandlung (mit) vornehmen.

2. Gemeinsamer Tatplan

Jeder Mittäter muss seinen Tatbeitrag als Teil einer einheitlichen Gesamtausführung verstehen. Dabei ist eine Willensübereinstimmung hinsichtlich der Tatbeiträge der anderen Mittäter und des eigenen Tatbeitrages erforderlich. Diese kann jedoch auch schlüssig, also durch konkludentes Handeln hergestellt werden. Ferner kann eine solche Übereinkunft auch erst während der Tat spontan gefasst oder erweitert werden. Sogar die Billigung eines sukzessiven Tateinstiegs ist möglich.

129

3. Gleichrangige Begehung

Hier findet die Abgrenzung nach der objektiven Theorie aufgrund der Tatherrschaft und nach der subjektiven Theorie aufgrund des Täterwillens statt.

Das haben wir oben schon am Beispiel der Tötung des Liebhabers gesehen.

Der Streit über die Möglichkeit der Mittäterschaft nur durch Beiträge im Vorbereitungsstadium ist bei § 25 Abs. 2 der wichtigste.

Umstritten ist innerhalb der objektiven Theorie, ob die Tatherrschaft durch Verursachungsbeiträge im Vorbereitungsstadium geleistet werden kann.

Beispiel: Der Bandenchef, der die Tatgelegenheit „ausbaldowert", den Plan ausgeheckt und die Rollen vorher wie ein Regisseur verteilt hat, hält sich während der Tat im Ausland auf.

a) Eine **enge Auffassung** innerhalb der Tatherrschaftslehre versteht die Tatherrschaft als reale Mitbeherrschung des tatbestandsmäßigen Geschehens vor Ort und bejaht eine täterschaftsbegründende Mitherrschaft grundsätzlich nur bei Anwesenheit vor Ort. Eine Ausnahme wird zugelassen, wenn der Ortsabwesende eine Verbindung zu seinen Komplizen bei der Tatausführung hat (Handy!) und darüber direkten Einfluss nehmen kann. Gegen diese enge Auffassung spricht aber, dass dann regelmäßig gerade der „Kopf" der Tat, der die eigentliche Hauptfigur des Gesamtgeschehens ist, nur als Teilnehmer strafbar wäre, und dies seine zentrale Stellung nur unangemessen erfasst.

*Das „**Minus**" bei der realen Tatausführung kann durch ein „**Plus**" an Funktion im Rahmen des Gesamttatgeschehens kompensiert werden.*

b) Für die herrschende **weite Tatherrschaftslehre** kann auch der Ortsabwesende Mittäter sein. Erforderlich ist nur, dass sein „Beteiligungsminus" bei der unmittelbaren Tatausführung durch ein „Plus" an Mitwirkung im Rahmen der Vorbereitung kompensiert wird. Ob dies der Fall ist, wird aufgrund einer Gesamtbewertung aller objektiven und subjektiven Umstände ermittelt.

c) Die **Rspr.** kommt zum selben Ergebnis, denn danach reichen alle Verursachungsbeiträge – auch in der Vorbereitungsphase – aus, wenn sie nur mit Täterwillen geleistet worden sind.

4. Mittätervorsatz

Vorsicht! Nicht jede Tatplanabweichung führt gleich zum Exzess. Bei Differenzen, mit denen nach den Umständen gerechnet werden konnte und bei denen die verabredete Tatausführung durch eine in ihrer Schwere und Gefährlichkeit gleichwertige ersetzt wurde, kann auf die Billigung der anderen Beteiligten geschlossen werden. Hier bleibt es bei der Zurechnung gemäß § 25 Abs. 2!

a) Im Mittätervorsatz jedes Beteiligten muss sich die gemeinschaftliche Begehung der Straftat i.S.d. § 25 Abs. 2 subjektiv widerspiegeln. Jeder Beteiligte muss selbst Vorsatz in Bezug auf alle Deliktsumstände haben, eine gegenseitige Vorsatzzurechnung findet also nicht statt. Damit haftet jeder einzelne Beteiligte aber auch nur bis zur Grenze seines eigenen Vorsatzes. Folglich sind „Ausbrüche" eines Beteiligten aus dem gemeinsamen Tatplan als sog. **Mittäte-**

B. Mittäterschaft

4. Abschnitt

rexzess nicht vom Mittätervorsatz der übrigen Beteiligten umfasst und können diesen deshalb auch nicht zugerechnet werden.

Beispiel: A und B hatten bei ihren Planungen, eine Bank auszurauben, ausdrücklich vereinbart, nur Platzpatronen zu verwenden, um niemanden zu gefährden. A hält sich nicht daran und verwendet „scharfe" Munition. Als der Kassierer versucht, den Alarm zu aktivieren, erschießt A ihn. – Die Tötung des Kassierers gemäß § 211 (Habgier, Ermöglichungsabsicht) kann hier als Überschreitung des gemeinsamen Tatplans dem B nicht über § 25 Abs. 2 zugerechnet werden; insoweit liegt ein Mittäterexzess des A vor. Hat B aber leichtfertig nicht bedacht, dass A auch eine Tötungshandlung vornehmen könnte, ist er strafbar wegen Mittäterschaft zum Raub mit Todesfolge, §§ 249, 251, 25 Abs. 2, 18.

b) Da der Mittätervorsatz alle objektiven Merkmale der Mittäterschaft widerspiegeln muss, muss dem Beteiligten nach h.L. auch seine objektive Tatherrschaft bewusst sein **(= Tatherrschaftsbewusstsein)**. Für den BGH hat dieses Bewusstsein der Tatherrschaft, wie auch schon die objektive Tatherrschaft, nur Indizfunktion für den Willen zur Tatherrschaft und damit für den nach BGH entscheidenden **Täterwillen**.

II. Aufbau des vollendeten mittäterschaftlichen Begehungsdelikts

Wie bereits gesagt, bewirkt § 25 Abs. 2 eine gegenseitige Zurechnung von Handlungen – aber auch nicht mehr. Alle übrigen Deliktsmerkmale müssen in der Person aller Mittäter selbst vorliegen. Man sollte deshalb bei jedem Mittäter das jeweilige **Deliktsschema des vollendeten Begehungsdelikts** zugrunde legen und sicherstellen, dass auch alle objektiven und subjektiven Merkmale bei jedem potenziellen Mittäter erfüllt sind. Nur bei der Tathandlung sind die objektiven Elemente unseres **„Mittäterschafts-Moduls"** einzusetzen. Sie ersetzen dann die eigene Tatbegehung. Im subjektiven Tatbestand dürfen Sie zusätzlich zum Vorsatz in Bezug auf die Umstände, die der BT-Tatbestand beschreibt, nicht den **Mittätervorsatz** vergessen.

Hat im Fall ein Täter allein agiert und ist nur fraglich, ob ein anderer **!** *Mittäter war, prüfen Sie zunächst den Tatnächsten wie einen Alleintäter und danach den entfernteren Beteiligten; nur bei diesem kommt es dann auf die Voraussetzungen des § 25 Abs. 2 an. Bejahen Sie diese, ist dann natürlich auch der Tatnächste „Mittäter".*

Haben mehrere Personen arbeitsteilig „wie eine Person" gehandelt, sollten Sie sogleich alle Beteiligten in einer Deliktsprüfung bündeln. Achten Sie darauf, ob bei jedem alle objektiven und subjektiven Merk-

male erfüllt sind. Die gegenseitige Zurechnung aller Handlungen ergibt sich dann wieder aus § 25 Abs. 2.

III. Unterlassen

Mittäterschaftliches
Unterlassen mehrerer

1. Mehrere Personen können auch ein **unechtes Unterlassungsdelikt in Mittäterschaft** begehen. Hier ist unser Mittäter-Modul in dem Punkt „Verursachungsbeiträge zum Taterfolg" zu ergänzen durch das „Unterlassungsmodul" (s.o. S. 100). Man muss also untersuchen, ob jeder der potenziellen Mittäter die gebotene Handlung unterlassen hat, die tatsächliche Möglichkeit zur Erfolgsabwendung besaß und Garant für die Erfolgsabwendung gewesen ist.

Mittäterschaftliches
Unterlassen neben einem
Begehungstäter

2. Lässt ein **Handlungspflichtiger einen Aktivtäter in Abstimmung mit diesem die Tat ausführen,** ist wie vorgenannt zu verfahren, doch kommt dann der Abgrenzung zwischen Mittäterschaft durch Unterlassen und Beihilfe durch Unterlassen besonderes Gewicht zu.

a) Die **Tatherrschaftslehre** verneint hier in aller Regel die Mittäterschaft, weil Untätigkeit keine Tatherrschaft ist und damit der Unterlassende solange von der Tatherrschaft ausgeschlossen ist, wie ein Aktivtäter am Tatort anwesend ist.

b) Die **subjektive Theorie** kann allein auf das Interesse am Taterfolg abstellen, da beim Unterlassen kein quantifizierbarer Tatbeitrag und wieder erst recht keine Tatherrschaft als Indizien vorhanden sind.

c) Die sog. **Lehre von den Pflichtdelikten** sieht in jedem garantenpflichtwidrigen Unterlassen einen Pflichtverstoß, der auch ohne Tatherrschaft die Unterlassungstäterschaft begründet.

d) Die **Garantentheorie** folgt dem zumindest für Beschützergaranten.

! *Die vorgenannte Abgrenzung gilt auch, wenn ein Unterlassungstäter ohne Kenntnis des Aktivtäters dessen Tat nicht hindert. Hier geht es um die Abgrenzung der Nebentäterschaft durch Unterlassen von der Beihilfe durch Unterlassen.*

IV. Versuch und Rücktritt

1. Tatentschluss

Hier fragen wir, ob der Tatentschluss außer dem Tatvorsatz und den besonderen subjektiven Merkmalen auch den Vorsatz zur mittäterschaftlichen Begehung umfasste, also den Willen, Verursachungsbeiträge zum Taterfolg aufgrund eines gemeinsamen Tatplans mit Tatherrschaft oder Täterwillen zu leisten.

2. Versuchsbeginn

Es besteht weitgehend Einigkeit darüber, dass alle Mittäter zum selben Zeitpunkt die Versuchsschwelle überschreiten, nämlich nur dann, wenn einer der Mittäter eine zum gemeinschaftlichen Plan gehörende Handlung vornimmt und dadurch nach dem Vorstellungsbild aller das Rechtsgut ohne weitere wesentliche Zwischenschritte konkret gefährdet ist, sog. **Gesamtlösung.**

Beispiel: A, B und C wollen einen Geldtransport überfallen. Mittäter A stellt am Vortag der geplanten Tat falsche Umleitungsschilder auf. Mittäter B gibt Meldung von der Abfahrt des Transporters. Mittäter C stoppt den Wagen durch Herbeiführen einer Sprengstoffexplosion. – Für A, B und C Versuchsbeginn zum Raub erst mit dem Stoppen des Wagens durch C.

3. Rücktritt

Der Rücktritt bei mehreren Tatbeteiligten richtet sich dann, wenn mehrere Beteiligte „vor Ort" waren, nach § 24 Abs. 2. Tatbeteiligte sind alle Täter, insbesondere Mittäter, aber auch mittelbare Täter, Anstifter oder Gehilfen. Zwei Dinge müssen Sie wissen:

Nur wenn einer die Tat allein ausführt, richtet sich sein Rücktritt nach § 24 Abs. 1, der Rücktritt ortsabwesender Beteiligter aber nach § 24 Abs. 2.

a) Der Rücktritt und die Rücktrittsvoraussetzungen werden für jeden Beteiligten **gesondert** geprüft, und zwar jeweils bei seiner Strafbarkeit, da § 24 ein persönlicher Strafaufhebungsgrund ist, § 28 Abs. 2.

Beispiel: In Tötungsabsicht sticht A den C nieder, während sein Mittäter B den C festhält. Als C blutend am Boden liegt, verlässt A den Tatort. B rettet den C ohne Wissen des A. – A ist strafbar wegen versuchten Totschlags, §§ 212, 25 Abs. 2, 22, 23. Die Rücktrittshandlung des B kommt ihm nicht zugute. Mittäter B ist vom Versuch des Totschlags nach § 24 Abs. 2 S. 1 strafbefreiend zurückgetreten, bleibt aber strafbar aus gefährlicher Körperverletzung, §§ 223, 224 Abs. 1 Nr. 2, 5; 25 Abs. 2.

b) Auch wenn es nach dem Wortlaut des § 24 Abs. 2 S. 1 keine Unterscheidung zwischen unbeendetem und beendetem Versuch zu geben scheint: Ist der Eintritt des Taterfolges von einem Beteiligten allein abhängig und ist aus seiner Sicht noch nicht alles zur Erfolgsherbeiführung Erforderliche getan, so kann er für sich durch **freiwilliges Abstandnehmen** die Tat „verhindern".

Kommt in einer Klausur Rücktritt nur eines Mittäters infrage, sollten Sie von vornherein die Mittäter getrennt prüfen. **!**

| 4. Abschnitt | Wie ist die Strafbarkeit geregelt, wenn mehrere an der Tat beteiligt sind? |

C. Mittelbare Täterschaft

I. Voraussetzungen der mittelbaren Täterschaft

Hat jemand „durch einen anderen" die Straftat verwirklicht, so ist er mittelbarer Täter. Er braucht sich dann nicht „die Hände schmutzig gemacht zu haben", steht aber trotzdem strafrechtlich so, als habe er die Tathandlung eigenhändig vollzogen. Aber wie handelt man „durch" einen anderen? Auch die Voraussetzungen dafür kann man in einer Art **„mittelbarer Täter-Modul"** zusammenfassen:

Aufbauschema: mittelbare Täterschaft, § 25 Abs. 1 Alt. 2

- **Objektiv**
  - Vornahme der **Tathandlung durch den Vordermann**
  - **Eigener Verursachungsbeitrag** des Hintermanns
  - **Steuerungsherrschaft** des Hintermanns
- **Subjektiv:** Vorsatz zur mittelbaren Täterschaft

Die Formulierung „durch einen anderen" in § 25 Abs. 1 Alt. 2 kennzeichnet das Zurechnungsprinzip der Steuerung kraft Überlegenheit.

1. Vornahme der Tathandlung durch den Vordermann

Die **eigentliche Tathandlung muss durch einen anderen Menschen** verwirklicht worden sein. Hierdurch unterscheidet sich die mittelbare Täterschaft vom arbeitsteiligen Prinzip der Mittäterschaft.

Wer eine Körperverletzung begeht, indem er seinen Kampfhund auf einen anderen hetzt oder indem er seinen Vordermann anrempelt, der durch den Sturz einen anderen verletzt, begeht die Tat nicht durch einen anderen „handelnden" Menschen, sondern ist selbst unmittelbarer Täter.

2. Eigener Verursachungsbeitrag des Hintermanns

Typischerweise besteht der Beitrag darin, dass der Hintermann den Vordermann zur Vornahme der Tathandlung veranlasst. Möglich ist aber auch, dass er den deliktischen Plan des Handelnden in einer die eigene Tatherrschaft begründenden Weise umlenkt.

3. Steuerungsherrschaft des Hintermanns

Der Hintermann muss die Handlungen des Tatausführenden durch seine Überlegenheit lenken. Bei der mittelbaren Täterschaft kann man die Tatherrschaft auch als Steuerungsherrschaft bezeichnen. Diese **Steuerungsherrschaft** kann auf überlegenem Wissen oder Willen oder auf der Beherrschung einer Organisationsstruktur be-

C. Mittelbare Täterschaft | **4. Abschnitt**

ruhen. Die Tatherrschaft als mittelbarer Täter ist auch für die subjektive Theorie das zentrale Kriterium.

a) Ausnutzung von Strafbarkeitsmängeln

aa) Ein starkes Indiz für mittelbare Täterschaft des Hintermanns ist es, wenn der Vordermann selbst aus irgendeinem Grund für die von ihm begangene Tat nicht bestraft werden kann. Denn wo die eigene strafrechtliche Verantwortlichkeit des Vordermanns endet, ist Raum für eine strafrechtliche Verantwortlichkeit des Hintermanns. Ein **Strafbarkeitsmangel** kann sich auf **allen Ebenen des Deliktsaufbaus** ergeben. Möglich ist, dass der Vordermann schon tatbestandslos handelt (z.B. bei Vornahme einer Selbsttötungshandlung), einem Irrtum (Tatbestandsirrtum, Erlaubnistatbestandsirrtum, unvermeidbarer Verbotsirrtum usw.) unterliegt, gerechtfertigt oder entschuldigt oder schuld- oder deliktsunfähig ist. Erforderlich ist aber immer zusätzlich, dass der Hintermann in dem Punkt, in dem der Handelnde ein strafrechtliches „Defizit" aufweist, überlegenes Wissen oder überlegenen Willen besitzt.

> Für die mittelbare Täterschaft ist es der Regelfall, dass der Vordermann straflos ist!

Die im Subjektiven wurzelnde Überlegenheit muss bei der Tatbestandsprüfung schon im objektiven Tatbestand dargestellt werden. **!**

Beispiel: H bittet den V, ihm „seinen Mantel von der Garderobe zu holen. H weiß, dass es sich um den Mantel des X handelt, den H für sich behalten möchte. V glaubt, dass der Mantel dem H gehört, und bringt ihn dem H. – H ist mittelbarer Täter eines Diebstahls gemäß §§ 242 Abs. 1, 25 Abs. 1 Alt. 2. V hat eine fremde bewegliche Sache weggenommen. Dabei war V wegen eines vorsatzausschließenden **Tatbestandsirrtums** gemäß § 16 Abs. 1 S. 1 bzgl. des Merkmals „fremd" straflos. H hat V durch Erzeugung dieses Irrtums bei der Wegnahme gesteuert (Steuerung kraft Wissensherrschaft).

Gegenbeispiel: H stachelt B so lange gegen den V auf, bis B auf den ihm körperlich weitaus überlegenen V losgeht. Dieser schlägt den B in Notwehr nieder, was gerade von H beabsichtigt war. – H könnte mittelbarer Täter einer Körperverletzung gemäß §§ 223 Abs. 1, 25 Abs. 1 Alt. 2 zum Nachteil des B sein. Die Körperverletzungshandlung wurde von V vorgenommen. Durch Aufstacheln des B gegen V hat H einen eigenen Verursachungsbeitrag zur Körperverletzung geleistet. V war bei Vornahme der Körperverletzungshandlung durch Notwehr **gerechtfertigt** und wies damit einen Strafbarkeitsmangel auf. Allerdings fehlte dem H die Steuerungsherrschaft, da er im Verhältnis zu V weder im Wissen noch im Willen überlegen war. Auch die Notwehrsituation selbst ist durch eine eigenverantwortliche Entscheidung des B entstanden. Allein das Aufstacheln (ohne Nötigung oder Irrtumserzeugung) begründete noch keine Steuerungsmacht des H über den Verteidiger V. Damit ist mittelbare Täterschaft des H abzulehnen.

bb) Spezialfall: Das qualifikationslose oder absichtslos-dolose Werkzeug.

135

| 4. Abschnitt | Wie ist die Strafbarkeit geregelt, wenn mehrere an der Tat beteiligt sind? |

Wie weit die formale Betrachtung „Strafbarkeitsmangel beim Vordermann/mittelbare Täterschaft beim Hintermann" geht, zeigen folgende Konstellationen: Der Vordermann hat wegen Fehlens der **Täterqualifikation** (z.B. Amtsträgereigenschaft) oder Fehlens einer **deliktsspezifischen Absicht** (z.B. Zueignungsabsicht) einen Strafbarkeitsmangel, weiß aber dennoch, dass er im Begriff ist, strafrechtlich Verbotenes zu tun, ist also „dolos" (vom lateinischen „dolus" = List, Lüge, Täuschung). Faktisch gesehen liegt hier eine Anstiftung vor, weil der Hintermann den Vordermann zu einer Straftat bestimmt hat. Das Problem ist aber, dass mangels Täterqualität des Ausführenden schon keine tatbestandsmäßige Haupttat vorliegt. Die einzige Möglichkeit, zur Strafbarkeit zu gelangen, besteht hier in der Annahme mittelbarer Täterschaft. Aber ist der Ausführende dem Tatveranlasser wirklich „unterlegen"?

Eine Meinungsgruppe lehnt hier die mittelbare Täterschaft ab, weil sie diese psychologisch versteht und der Tatveranlasser durch bloßes Mehr-Wollen den vorsätzlichen Vordermann nicht steuert. Das führt dann zur Straflosigkeit aller Beteiligten!

Um diese Strafbarkeitslücken zu vermeiden, soll die rechtlich überlegene Stellung des Hintermanns für die mittelbare Täterschaft ausreichen. Die h.M. versteht die mittelbare Täterschaft insoweit juristisch-wertend, also „normativ". Übrigens ist dann der Tatmittler zugleich Gehilfe zu der Tat des anderen in mittelbarer Täterschaft!

Ein besonders klausurrelevantes Problem ist der sog. **„Täter hinter dem Täter"**. Hier kollidieren zwei Zurechnungsprinzipien: Das Verantwortungsprinzip und das Steuerungsprinzip.

b) Der Täter hinter dem Täter

Unterliegt der Vordermann keinem Strafbarkeitsmangel, d.h. kann er für die begangene Straftat zur Verantwortung gezogen werden, spricht eigentlich alles dafür, dass der Hintermann den Vordermann zu dessen eigenverantwortlicher Tat angestiftet hat. Umstritten ist, ob in bestimmten Fällen dennoch eine Bestrafung des Hintermanns als mittelbarer Täter möglich ist.

Ein Teil der Lit. lehnt dies kategorisch ab. Die tatbestandsbezogene Tatherrschaft des Hintermanns sei durch die volle Verantwortlichkeit des Vordermanns ausgeschlossen. Die Annahme von mittelbarer Täterschaft des Hintermanns bei voller Verantwortlichkeit des Vordermanns würde die in § 25 Abs. 1 Alt. 2 und § 26 zum Ausdruck kommende Abschichtung der Verantwortungsbereiche ignorieren (= strenges Verantwortungsprinzip). Im Übrigen werde eine solche Konstellation durch die Regeln der Anstiftung erfasst, die das Tatunrecht des bestimmenden Hintermanns vollumfänglich abdecken (§ 26, wonach der Anstifter gleich dem Täter bestraft wird).

C. Mittelbare Täterschaft | **4. Abschnitt**

Die heute h.M. **bejaht hingegen ausnahmsweise** die mittelbare Täterschaft des Hintermanns beim volldeliktisch handelnden Vordermann und bezeichnet diese Ausnahme-Fallgruppe als **„Täter hinter dem Täter"**. Entscheidend dafür sei, dass der Hintermann den Vordermann in Bezug auf den konkreten Erfolgseintritt kraft **Wissens-, Willens- oder Organisationsherrschaft** unter Kontrolle hat (= Vorrang der psychischen Steuerung).

Damit werden heute **beispielsweise** sog. **Schreibtischtäter**, die eine Weisungskette in einer staatlichen oder privaten Institution beherrschen, zu mittelbaren Tätern aller in Ausnutzung ihrer Anweisungsbefugnis begangenen Straftaten.

4. Vorsatz zur mittelbaren Täterschaft

Der mittelbare Täter muss seinen Verursachungsbeitrag zur Tathandlung des Vordermannes kennen und sich der Umstände bewusst sein, durch die er den Tatmittler instrumentalisiert.

II. Aufbau des vollendeten Begehungsdelikts in mittelbarer Täterschaft

§ 25 Abs. 1 Alt. 2 betrifft nur die einseitige Handlungszurechnung vom Tatmittler zum mittelbaren Täter. Alle übrigen Deliktsmerkmale müssen dagegen in der Person des mittelbaren Täters vorliegen. Deshalb muss man auch beim mittelbaren Täter den Deliktsaufbau des jeweiligen **vollendeten Vorsatzdelikts** zugrunde legen. Nur bei der Tathandlung bauen wir wieder unser **„mittelbares Täter-Modul"** ein. Im subjektiven Tatbestand muss natürlich auch der Vorsatz zur mittelbaren Täterschaft festgestellt werden, d.h. dem mittelbaren Täter muss bewusst sein, dass er den Handelnden durch überlegenes Wissen oder Willen oder aufgrund organisatorischer Macht beherrscht.

In einer Falllösung sollten Sie – sofern auch danach gefragt ist – immer **!** *zuerst die Person des Tatnächsten prüfen. Hierbei ergibt sich, ob und welcher Strafbarkeitsmangel bei ihm vorliegt. Bei der Prüfung des Hintermannes als mittelbarer Täter wissen Sie dann schon genau, wie seine Steuerungsherrschaft begründet werden kann.*

III. Versuch und Rücktritt

1. Heftig umstritten ist, wann der **Versuch** des mittelbaren Täters **beginnt**.

137

4. Abschnitt	Wie ist die Strafbarkeit geregelt, wenn mehrere an der Tat beteiligt sind?

An dem Beispiel erkennt man übrigens, dass die mittelbare Täterschaft immer tatbestandsbezogen ist: B hat zwar Vorsatz für eine Körperverletzung, nicht aber für eine Tötung. Er kann deshalb auch „Werkzeug" für ein Tötungsdelikt des A sein.

Beispiel: B will dem C ohne Vorwarnung mit Gewalt eine halbe Flasche Wodka einflößen, weil ihn dieser mit seinem dauernden Gerede über Antialkoholismus „nervt". A gibt B eine Wodkaflasche, verschweigt aber, dass er darin zuvor Salzsäure eingefüllt hat, die zum Tod des C führen soll, wenn B sie diesem einflößt. B verabschiedet sich, um seine Vorhaben noch am selben Tag auszuführen. Am Nachmittag öffnet er die Flasche und stellt entsetzt fest, was wirklich darin ist. Er schüttet den Inhalt fort, ruft bei A an und stellt ihn zur Rede. – Klar ist, dass A Tatentschluss für einen grausamen und heimtückischen Mord in mittelbarer Täterschaft durch den insoweit vorsatzlosen B hatte. Aber hat er auch unmittelbar angesetzt, wo doch B gar nicht mehr weitergemacht hat?

Einwirkungstheorie

Am frühesten bejaht den Versuchsbeginn die sog. **Einwirkungstheorie**, weil danach schon mit Beginn der Einflussnahme auf den Tatmittler der Versuch vorliegen soll. Das wäre in unserem Beispiel schon das Aushändigen der Flasche an B.

Allgemeine Ansatzformel

Eine starke Meinungsgruppe wendet die **allgemeine Ansatzformel** (s.o. S. 87) an. Sie kombiniert dabei den Wissenshorizont des Hintermannes mit den tatplangemäßen Handlungen des Tatmittlers. Zu fragen ist danach, ob aus der Perspektive des Hintermannes der Tatmittler schon die Schwelle zum „Jetzt geht es los" überschritten hat, sodass das fragliche Rechtsgut bereits unmittelbar gefährdet war. Nach dieser Ansicht hätte A erst am Abend angesetzt, als B dem C die Säure einflößen sollte. Dazu ist es aber nicht mehr gekommen, weil B ihn vorher darüber in Kenntnis gesetzt hat, dass er die Tat nicht mehr ausführen werde. A ist danach straflos.

Entlassungstheorie

Die **Entlassungstheorie** betont, dass auch der mittelbare Täter dann, wenn er das Werkzeug losgeschickt habe, nichts mehr tun müsse, damit der Erfolg eintrete. Damit liege auch hier ein abgeschlossenes Täterhandeln vor, das bereits vor einer Gefährdung den Zeitpunkt des Versuchsbeginns markiere (s.o. S. 88 f.). Diese Auffassung vermeidet Spekulationen über das tatplangemäße Handeln durch eine Person, auf die der mittelbare Täter den Einfluss längst verloren hat. Sie ist jedenfalls dann überzeugend, wenn man zusätzlich – wie die Rspr. – verlangt, dass die Tatverwirklichung nach Vorstellung des Tatmittlers **zeitnah** erfolgen soll. A hat danach unmittelbar zur Tatverwirklichung angesetzt, als B ihn verließ. A ist wegen Mordversuchs zu bestrafen.

2. Der **Rücktritt vom Versuch** richtet sich auch bei mittelbarer Täterschaft nach § 24 Abs. 2, da auch hier mehrere an der Tat beteiligt sind. Strafbefreiung kann der mittelbare Täter aber nur erlangen, wenn er aktiv den Tatmittler an der Tatausführung hindert (S. 1) oder sich bei Ausbleiben des Erfolges aus anderen Gründen wenigstens ernsthaft und freiwillig darum bemüht hat (S. 2 Alt. 1).

D. Anstiftung, § 26 · **4. Abschnitt**

D. Anstiftung, § 26

Anstiftung ist Verursachung eines fremden Tatentschlusses durch geistigen Kontakt mit dem Haupttäter.

Strafgrund der Teilnahme ist nach der heute herrschenden **Förderungstheorie**, dass der Anstifter (oder der Gehilfe) durch Veranlassen oder Fördern der Haupttat vorsätzlich einen eigenen schuldhaften Rechtsgutangriff begeht, der durch die Haupttat vermittelt wird und daher in seiner Wirkung von dieser **abhängig** ist. Diese Abhängigkeit ist aber **begrenzt**, weil keine schuldhafte Haupttat vorliegen muss, sondern nur eine rechtswidrige. Die Schuld wird für jeden Beteiligten individuell festgestellt, § 29. Der Teilnahme liegt also das Prinzip **limitierter Akzessorietät** zugrunde.

Förderungstheorie und limitierte Akzessorietät

Gerade wegen der Akzessorietät der Teilnahme ist es geboten, die Strafbarkeit des tatnäheren Täters geprüft zu haben, bevor man auf die Strafbarkeit des Teilnehmers zu sprechen kommt.

*Aufbaugrundsatz: **Täter vor Teilnehmer***

Bei der Anstiftung (und bei der Beihilfe) wird kein fremdes Handeln zugerechnet wie bei der Mittäterschaft und bei der mittelbaren Täterschaft, sondern eine fremde Tat. Es genügt also nicht mehr, Zurechnungsvoraussetzungen in Form eines „Moduls" in das Prüfungsschema der Vorsatztat „einzubauen". Wir haben es mit einem eigenen, auf Tatbestandsebene sogar zweigliedrigen Deliktsschema der Vorsatztat zu tun.

Der Tatbestand des Teilnehmerdelikts ist zweistufig.

Aufbauschema: Anstiftung, § 26

■ **Selbstständige Vorprüfung: Strafbarkeit des Haupttäters (Täter vor Teilnehmer!)**

■ **Strafbarkeit des Beteiligten als Anstifter**

  I. Tatbestandsmäßigkeit

    1. Objektiver Tatbestand
      a) Vorsätzliche rechtswidrige Haupttat eines anderen
      b) Anstiftungshandlung „Bestimmen"

    2. Subjektiver Tatbestand („Doppelvorsatz!")
      a) Vorsatz bzgl. Vollendung der vorsätzlichen rechtswidrigen Haupttat
      b) Vorsatz bzgl. der eigenen Anstiftungshandlung

    3. Modifikation der akzessorischen Haupttat gem. § 28 Abs. 2

  II. Rechtswidrigkeit

  III. Schuld

139

| 4. Abschnitt | Wie ist die Strafbarkeit geregelt, wenn mehrere an der Tat beteiligt sind? |

I. Vorsätzliche rechtswidrige Haupttat

1. Teilnahme ist nur möglich bei Vorsatztaten, die tatbestandsmäßig und rechtswidrig verwirklicht sind.

a) Das sind zunächst als Normalfall die **vollendeten Begehungsdelikte**.

! *Unterscheiden Sie die Anstiftung zum Versuch von der versuchten Anstiftung! Letztere wird nur im Fall der versuchten (Ketten-)Anstiftung zu einem Verbrechen gemäß § 30 Abs. 1 unter Strafe gestellt. Im Übrigen ist die versuchte Teilnahme straflos!*

b) Aber auch tatbestandsmäßige und rechtswidrige **Versuchsdelikte** sind teilnahmefähig. Deshalb ist beispielsweise auch eine Anstiftung zum versuchten Totschlag gemäß §§ 212 Abs. 1, 22, 23, 26 strafbar.

c) Teilnahmefähig sind auch vollendete oder versuchte **Unterlassungsdelikte**. Deshalb ist beispielsweise eine Anstiftung zum versuchten Totschlag durch Unterlassen gemäß §§ 212 Abs. 1, 13, 22, 23, 26 strafbar.

d) Teilnahmefähig ist wegen § 11 Abs. 2 auch ein **erfolgsqualifiziertes Delikt**. Gemäß § 29 und § 18 ist aber Voraussetzung, dass dem Teilnehmer selbst bezüglich der schweren Folge wenigstens Fahrlässigkeit bzw. Leichtfertigkeit vorgeworfen werden kann.

Keine Teilnahmeprüfung ohne Kontrollüberlegung, welches Rechtsgut eigentlich betroffen ist

2. Als Einschränkung aller Teilnahmedelikte gilt, dass das **Rechtsgut der Haupttat** auch vor **Angriffen des Teilnehmers geschützt** sein muss. Wieso das? Lesen Sie noch einmal oben S. 139 ff. zum Strafgrund der Teilnahme. Na, dämmert's? Wenn der Teilnehmer nur strafbar ist, wenn und weil er über den Haupttäter das Rechtsgut angreift, das hinter dem Tatbestand der Haupttat steht, dann kann gar kein strafbarer „Angriff" vorliegen, wenn das Rechtsgut vor dieser Person gar nicht geschützt ist, selbst wenn die Teilnahmevoraussetzungen im Übrigen erfüllt sind.

Beispiel: A bittet B, ihm mit einem Hammer eine schwere Kopfverletzung beizubringen, weil er die Zahlung der Unfallversicherung und der Krankenhaustagegeldversicherung zur finanziellen Sanierung benötigt. B erfüllt den Wunsch des A und verletzt A lebensgefährlich. B hat eine wegen der Sittenwidrigkeit der Tat nach § 228 nicht gerechtfertigte und schuldhafte gefährliche Körperverletzung gemäß §§ 223, 224 Abs. 1 Nr. 2, 5 begangen. Ist A wegen Anstiftung des B zu dieser Tat strafbar? – B hat doch eine vorsätzliche und rechtswidrige Körperverletzung als Haupttat verwirklicht. Und A hat durch seine Bitte bei B auch den Tatentschluss hervorgerufen und an sich auch mit dem erforderlichen „doppelten" Vorsatz gehandelt. Dennoch ist A nicht wegen Anstiftung

140

D. Anstiftung, § 26 | 4. Abschnitt

zur Körperverletzung strafbar. Denn das durch die Haupttat verletzte Rechtsgut ist die körperliche Integrität des A selbst. Diese ist aber vor Angriffen des A – sei es als Täter oder Teilnehmer – nicht geschützt, weil die §§ 223 ff. nur die Verletzung eines anderen Menschen, nicht aber die Selbstverletzung erfassen.

II. Anstiftungshandlung

1. § 26 setzt ein **„Bestimmen"** des anderen zur Begehung einer Straftat voraus. Dies verlangt das **Hervorrufen des Tatentschlusses** beim Haupttäter. Ist dieser bereits fest zur Begehung einer bestimmten Straftat entschlossen (lateinisch: **omnimodo facturus**), kann er zu Begehung dieser Straftat nicht mehr angestiftet werden.

Allerdings kann dann eine **versuchte Anstiftung gemäß § 30 Abs. 1** vorliegen (wenn der Beteiligte nicht weiß, dass der Haupttäter schon entschlossen ist) oder eine **psychische Beihilfe** durch Bestärken im Tatentschluss gemäß § 27 (wenn der Beteiligte den Entschluss des Haupttäters kennt).

Ausnahmsweise kann sogar ein Tatentschlossener noch angestiftet werden, wenn er zur Begehung einer anderen Straftat umgestimmt wird (sog. **„Umstiftung"**), vom Grunddelikt zur Qualifikation **„aufgestiftet"** oder umgekehrt von der Qualifikation zum Grunddelikt **„abgestiftet"** wird.

Umstiftung, Aufstiftung, Abstiftung

2. Nach h.M. ist für ein „Bestimmen" nicht ausreichend, dass der Tatentschluss lediglich objektiv durch die Schaffung einer tatprovozierenden Situation verursacht wird. Es muss vielmehr ein **geistiger Kontakt** im Sinne einer kommunikativen Verbindung oder sogar als solcher erkennbaren Beeinflussung zwischen Anstifter und Haupttäter dazukommen, sodass im Ergebnis der Anstifter als „geistiger Miturheber" der Tat erscheint.

3. Da ein geistiger Kontakt nicht durch Unterlassen herstellbar ist, gibt es **keine Anstiftung durch Unterlassen**. Möglich ist in solchen Fällen aber wieder Beihilfe durch Unterlassen.

Beispiel: Vater V schreitet nicht ein, als er mitbekommt, dass sein Sohn zu einem Wohnungseinbruchdiebstahl angestiftet wird. – Als Beschützergarant ist V nur Gehilfe durch Unterlassen, nicht aber Anstifter durch Unterlassen.

III. Anstiftervorsatz

Der Vorsatz des Anstifters muss sich nicht nur auf sein Verhalten beziehen, sondern auch auf die durch den Angestifteten verwirklichte Haupttat. Man spricht insofern vom „doppelten Teilnehmervorsatz".

141

| 4. Abschnitt | Wie ist die Strafbarkeit geregelt, wenn mehrere an der Tat beteiligt sind? |

Der Vorsatz des Anstifters bzgl. der Haupttat setzt schon allein wegen des häufigen Zeitabstandes zwischen Anstiftung und Haupttat eine gewisse Konkretisierung in tatsächlicher Hinsicht voraus.

1. Problematisch ist, **wie konkret die Vorstellungen** des Anstifters in Bezug auf die Haupttat sein müssen.

a) Die h.M. verlangt, dass der Anstifter sich die Haupttat nicht nur abstrakt (im Sinne der abstrakten Tatbestandsvoraussetzungen), sondern **konkret**, d.h. wenigstens als **umrisshaft individualisiertes Ereignis**, vorstellt. Macht sich der Beteiligte keinerlei Vorstellung hinsichtlich des Tatobjekts bzw. Ort und Zeit der Tat, genügt dies den Anforderungen an den Anstiftervorsatz nicht.

Beispiel: A erzählt B, dass er große Geldsorgen habe. B gibt A den Tipp, doch mal „einen Bruch zu machen", dann sei er seine Sorgen los. A entschließt sich daraufhin, in der folgenden Nacht in den Supermarkt „Neukauf" einzubrechen. – Keine Anstiftung des B. Es fehlt der Anstiftervorsatz bzgl. der konkreten Haupttat. B hat sich zwar abstrakt einen Einbruchdiebstahl des A vorgestellt, nicht aber den konkreten nächtlichen Einbruch beim Neukauf. B hat A nur allgemein zur Begehung einer rechtswidrigen Straftat aufgefordert. Das ist gemäß § 111 aber nur strafbar, wenn es öffentlich, in einer Versammlung oder durch Verbreiten von Schriften geschieht.

b) Geht die tatsächliche Haupttat wesentlich über das hinaus, was sich der Anstifter subjektiv vorgestellt hat, so bezieht sich der Anstiftervorsatz darauf nicht mehr, und der Beteiligte haftet für einen solchen **Haupttäterexzess** nicht.

Agent provocateur: Teilnehmer ohne Erfolgswille

2. Die unter dem Stichwort **„agent provocateur"** zusammengefassten Fälle befassen sich mit folgender Ausgangssituation: Um jemanden einer Straftat zu überführen, stiftet man ihn bewusst an oder unterstützt ihn, um ihn dann auf frischer Tat zu ertappen.

Beispiel: In einem Lokal, das zur Kriminellenszene gehört, fragt der verdeckt ermittelnde Polizeibeamte P zum Schein nach, ob irgendjemand für ihn eine wertvolle Antiquität aus dem Privatbesitz des Kunstsammlers K „besorgen" könne, für die er bereit sei, ein Vermögen zu bezahlen. A und B willigen ein, den „Bruch" durchführen zu wollen. Als diese sich in derselben Nacht gerade anschicken, in die Villa des K einzudringen, werden sie bereits von der Polizei erwartet und verhaftet. So hatte sich das der P vorgestellt. – P ist hier nicht wegen Anstiftung etwa zum versuchten Wohnungseinbruchdiebstahl strafbar. Ihm fehlt der erforderliche Anstiftervorsatz, da er es von vornherein nur zum Versuch und nicht zur Vollendung der Haupttat kommen lassen wollte.

Der Teilnehmer muss bezüglich der vorsätzlichen rechtswidrigen Haupttat immer zumindest **Vollendungsvorsatz** haben. Das liegt wieder an der oben (S. 139) erwähnten **Förderungstheorie**. Soll der Teilnehmer danach wegen eines eigenen schuldhaften, durch die Haupttat vermittelten Rechtsgutangriffs bestraft werden, muss er subjektiv auch wollen, dass es durch die Haupttat zu einer Rechtsgutbeeinträchtigung kommt. Daran fehlt es, wenn es der Beteiligte nur zum Versuch der Haupttat kommen lassen will.

142

E. Beihilfe, § 27 | **4. Abschnitt**

Nicht so glatt sind die Fälle, in denen es der Beteiligte sogar **zur formellen Vollendung** der Haupttat kommen lassen will, aber ohne dass dabei ein echter Schaden angerichtet wird. Sogar hier wird von der h.M. die Straflosigkeit des agent provocateur bejaht. Es genüge für die Straflosigkeit, dass der agent provocateur letztlich **keine materielle Rechtverletzung** wolle.

Abwandlung zum vorgenannten Beispiel: Wie mit P verabredet, erfolgt der Zugriff auf A und B erst, nachdem diese das Haus verlassen haben. – P hat es hier zu einem vollendeten Diebstahl kommen lassen, weil die Wegnahme, d.h. der Gewahrsamsbruch, spätestens mit Verlassen des Hauses eingetreten war. Dennoch ist P nach h.M. nicht als Anstifter strafbar, weil er es nicht zu einer Beendigung der Tat kommen lassen wollte.

IV. Modifikation der Haupttat gemäß § 28 Abs. 2

Hierbei geht es darum, wie es sich auf die Strafbarkeit auswirkt, dass der Anstifter sich vom Haupttäter unterscheidet, weil er ein strafänderndes persönliches Merkmal aufweist, der Haupttäter aber nicht oder umgekehrt. § 28 Abs. 2 ordnet für solche Fälle an, dass die akzessorische Haupttat nur für den Schuldspruch und den Strafrahmen des Teilnehmers **rechtlich so umzugestalten** ist, als wenn das Merkmal beim Haupttäter „synchron" zum Teilnehmer gegeben wäre oder nicht gegeben wäre.

Beispiel: A begeht eine einfache Unterschlagung, dem Anstifter B ist die unterschlagene Sache aber vom Eigentümer zur Verwahrung anvertraut worden. – Für diese Fälle gilt § 28 Abs. 2: A hat nur eine einfache Unterschlagung begangen, § 246 Abs. 1. Um aber das persönliche Unrechtsplus des B zu erfassen, ist B über § 28 Abs. 2 strafbar wegen Anstiftung zur veruntreuenden Unterschlagung, §§ 246 Abs. 2, 26 (obwohl tatsächlich nur eine einfache Unterschlagung als Haupttat vorliegt!).

§ 28 Abs. 2 ist in Klausuren besonders beliebt, wenn es um Mordmerkmale geht. Deshalb gehen wir darauf im Basiswissen Strafrecht BT noch ausführlicher ein. **!**

E. Beihilfe, § 27

Beihilfe ist jede psychische oder physische Förderung der Haupttat. Die Beihilfe ist gegenüber der Anstiftung die schwächere Beteiligungsform.

Aufbautechnisch unterscheidet sich die Beihilfe von der Anstiftung überhaupt nicht. Die Mitwirkungsmöglichkeiten als Gehilfe sind aber erheblich weiter.

143

| 4. Abschnitt | Wie ist die Strafbarkeit geregelt, wenn mehrere an der Tat beteiligt sind? |

Aufbauschema: Beihilfe, § 27

- **Selbstständige Vorprüfung: Strafbarkeit des Haupttäters (Täter vor Teilnehmer!)**

- **Strafbarkeit des Beteiligten als Gehilfe**

    I. Tatbestandsmäßigkeit

    1. Objektiver Tatbestand

        a) Vorsätzliche, rechtswidrige Haupttat eines anderen

        b) Gehilfenhandlung „Hilfeleisten"

    2. Subjektiver Tatbestand (Doppelvorsatz!)

        a) Vorsatz bzgl. Vollendung der vorsätzlichen rechtswidrigen Haupttat

        b) Vorsatz bzgl. der eigenen Gehilfenhandlung

    3. Modifikation der Haupttat gemäß § 28 Abs. 2

    II. Rechtswidrigkeit

    III. Schuld

I. Gehilfenhandlung

Physisches oder psychisches Fördern reicht als Gehilfenhandlung aus!

Ein **„Hilfeleisten"** kann in einer **physischen** (z.B. Schmiere stehen, Waffe besorgen) oder **psychischen** (Raterteilung, Anfeuern) Förderung der Haupttat bestehen. Ein geistiger Kontakt zwischen Täter und Teilnehmer – wie bei der Anstiftung – ist bei der Beihilfe nicht erforderlich. Haupttäter und Teilnehmer brauchen sich nicht einmal zu kennen! Schon gar nicht muss ein gemeinsamer Tatplan vorliegen.

Streitig ist, **wie** die Gehilfenhandlung die Haupttat fördern muss.

Weitgehende Einigkeit besteht darin, dass „Hilfeleisten" keine Ursächlichkeit **i.S.d. „conditio sine qua non"** für den Erfolg der Haupttat erfordert. Der h.L. genügt es deshalb, wenn der Gehilfenbeitrag bis zum Eintritt des **Taterfolges** zumindest chancenerhöhend, d.h. erleichternd, intensivierend oder sichernd usw. fortgewirkt hat (sog. **Verstärkerkausalität**). Nach der Rspr. muss sich die Gehilfenhandlung noch nicht einmal auf den Haupttaterfolg auswirken. Es reicht, dass sie die Handlung bzw. den Handlungsentschluss des Haupttäters **tatsächlich gefördert** hat.

E. Beihilfe, § 27   **4. Abschnitt**

Beispiel: A lässt B Schmiere stehen und führt die Tat aus. Tatsächlich erscheint niemand während der Tatausführung, sodass sich im Nachhinein die Absicherung durch B als überflüssig darstellt. – Vollendete Beihilfe zur Tat des A.

Weitgehend Einigkeit besteht darüber, dass bei **äußerlich neutralen, insbesondere alltäglichen oder berufstypischen Handlungen** eine Einschränkung der Beihilferegeln nötig ist.

Die Strafbarkeit der Beihilfe durch äußerlich neutrales, insbesondere berufstypisches Verhalten muss nach h.M. eingeschränkt werden, da sonst durch die Strafdrohung unzulässig in die Berufsausübungsfreiheit, Art. 12 Abs. 1 S. 2 GG, eingegriffen würde!

Beispiele: – Bäcker B verkauft dem Einbrecher Brötchen, mit denen sich dieser vor dem Einbruch stärkt. – Apothekerin A verkauft dem Ehemann Schlaftabletten, mit denen dieser seine Frau vergiftet. – Bankangestellter C klärt einen Kunden über anonyme Auslandsüberweisungen nach Luxemburg auf, die der Kunde dann tätigt, um sein Geld vor dem Fiskus zu bewahren.

Der BGH stellt auf die **Willensrichtung des Mitwirkenden** ab:

▪ Danach ist eine Beihilfe durch berufstypische neutrale Handlungen grundsätzlich erst dann anzunehmen, wenn das Handeln des Haupttäters ausschließlich auf die Begehung einer strafbaren Handlung abzielt und der Hilfeleistende dies **positiv weiß**.

▪ Hält der Hilfeleistende es hingegen **lediglich für möglich**, dass sein Tun zur Begehung einer Straftat genutzt wird, liegt grundsätzlich keine strafbare Beihilfehandlung vor, es sei denn, es besteht ein derart hohes Risiko strafbaren Verhaltens des Unterstützten, dass sich dem Hilfeleistenden die Förderung eines erkennbar tatgeneigten Täters geradezu aufdrängen musste und dies dem Teilnehmer ganz gelegen kam.

II. Beihilfe durch Unterlassen

Da zwischen dem Haupttäter und dem Teilnehmer keinerlei Kontakt erforderlich ist, kann Beihilfe auch durch Unterlassen begangen werden.

Beispiel: V lässt es zu, dass sein minderjähriger Sohn von einem anderen zu einer Straftat angestiftet wird. – Beihilfe zur Haupttat durch Unterlassen, wenn es dem V als Beschützer- und Überwachungsgarant möglich war, den schlechten Einfluss auf seinen Sohn zu unterbinden.

Aufbautechnisch wird hier wieder unser bereits bekanntes „Unterlassungs-Modul" (s.o. S. 100) anstelle der Beihilfehandlung eingefügt, also Unterlassen, Möglichkeit der Erfolgsabwendung und Garantenstellung. Zusätzlich muss der Gehilfe natürlich auch Vorsatz bezüglich dieser Umstände haben.

145

Check: Strafbarkeit bei mehreren Beteiligten

1. Wie wird Täterschaft allgemein von der Teilnahme abgegrenzt?

1. Die objektive Theorie vollzieht die Abgrenzung im objektiven Tatbestand. Täter ist danach, wer durch seine Verursachungsbeiträge die Tatherrschaft besitzt. Tatherrschaft ist allgemein zu definieren als das vom Vorsatz umfasste In-den-Händen-Halten des tatbestandsmäßigen Geschehensablaufs. Die subjektive Theorie lässt objektiv jeden beliebigen Verursachungsbeitrag ausreichen und prüft beim Vorsatz, ob Täterwille vorlag. Dieser wird indiziert durch Interesse am Erfolg der Tat, Umfang der Tatbeteiligung, Tatherrschaft oder Willen zur Tatherrschaft.

2. Unter welchen Voraussetzungen liegt „gemeinschaftliches" Handeln im Sinne der Mittäterschaft vor?

2. Mittäter ist, wer Verursachungsbeiträge zum Taterfolg aufgrund gemeinsamen Tatplans erbracht und damit nach objektiver bzw. subjektiver Theorie gleichrangig mit den anderen die Tat ausgeführt hat. Zusätzlich ist Mittätervorsatz erforderlich.

3. Wann beginnt der Versuch in Mittäterschaft?

3. Der Versuch beginnt für alle Mittäter gleichzeitig, und zwar dann, wenn einer der Mittäter eine zum gemeinschaftlichen Plan gehörende Handlung vornimmt und dadurch nach dem Vorstellungsbild aller das Rechtsgut ohne weitere wesentliche Zwischenschritte konkret gefährdet ist, sog. Gesamtlösung.

4. Wie kann man zum mittelbaren Täter werden?

4. Mittelbarer Täter ist, wer einen Verursachungsbeitrag zu einer Tat erbringt, die von einem anderen ausgeführt wird, und wer dabei die Tat aufgrund Überlegenheit in Wissen oder Willen oder als „Täter hinter dem Täter" steuert.

5. Wann beginnt der Versuch in mittelbarer Täterschaft?

5. Der Versuch in mittelbarer Täterschaft beginnt nach der Einwirkungstheorie schon mit Beginn der Einflussnahme auf den Tatmittler. Nach der allg. Ansatzformel beginnt der Versuch, wenn der Tatmittler aus der Perspektive des Hintermannes die Schwelle zum „Jetzt geht es los" überschritten hat, sodass das fragliche Rechtsgut bereits unmittelbar gefährdet war. Nach der Entlassungstheorie beginnt der Versuch bereits mit Entlassen des Tatmittlers aus dem Einflussbereich des Hintermannes zwecks zeitnaher Tatausführung.

6. Was ist der Strafgrund der Teilnahme?

6. Nach der Förderungstheorie ist die Teilnahme strafbar, weil der Teilnehmer durch Veranlassen oder Fördern der Haupttat vorsätzlich einen eigenen schuldhaften Rechtsgutangriff begeht, der durch die Haupttat vermittelt wird und daher in seiner Wirkung von dieser abhängig ist.

5. Abschnitt: Welche rechtlichen Konsequenzen hat es, wenn derselbe Täter mehrere Delikte verwirklicht hat?

Nachdem Sie nun auch wissen, wie die Fälle strafrechtlich zu behandeln sind, an denen mehrere Personen beteiligt waren, brauchen wir nur noch zu klären, was strafrechtlich passiert, wenn derselbe Täter mehrere Straftaten begangen hat. Wir kommen damit zum letzten Kapitel, nämlich den **Konkurrenzen**.

Konkurrenzen tauchen nur dann auf, wenn der Täter mehrere selbstständige Gesetzesverletzungen begangen hat.

*Vorsicht, wenn **derselbe Tatbestand** mehrmals verwirklicht zu sein scheint. Zwar kann es sich um selbstständige Gesetzesverletzungen handeln (wie z.B. beim Serienbetrüger, der nacheinander Mitbürger mit derselben Masche schädigt, oder beim Attentäter, der mit einer Bombe mehrere Menschen durch dieselbe Handlung ermordet). Bei näherem Hinsehen entpuppt sich die scheinbar mehrfache Verwirklichung aber oft nur als Vertiefung desselben Delikts. Dann ist der Tatbestand auch nur einmal erfüllt. Wir sprechen hier von einer **tatbestandlichen Bewertungseinheit** (z.B. wenn der Dieb bei derselben Gelegenheit mehrere Tatobjekte entwendet). In solchen Fällen geht es gar nicht um Konkurrenzen!*

!

Warum sind die Konkurrenzen wichtig?

Zum einen ergibt sich aus den Regeln zu den Konkurrenzen, welche der verwirklichten Delikte letztendlich **im Schuldspruch erscheinen**, denn es gibt zahlreiche Delikte, die durch andere verdrängt werden. Diese Verdrängung nennt man **Gesetzeskonkurrenz**.

Die Konkurrenzen bestimmen Ihr Endergebnis, dürfen also auf keinen Fall vernachlässigt werden!

Beispiel: Jeder Raub gemäß § 249 verwirklicht notwendigerweise auch einen Diebstahl gemäß § 242 und eine zumindest versuchte Nötigung gemäß §§ 240, 22. Da der Raub das Unrecht des Diebstahls und der Nötigung abgilt, muss dies im Schuldspruch nicht mehr besonders zum Ausdruck kommen.

Zum anderen wird durch die Konkurrenzen festgelegt, **wie die Strafe zu bestimmen** ist.

■ Verwirklicht der Täter nämlich mehrere Straftaten durch **dieselbe Handlung**, sog. **Tateinheit**, so wird nur auf **eine Strafe** erkannt, und zwar aus dem schwersten Delikt, § 52.

Tateinheit wird auch Idealkonkurrenz genannt.

■ Liegen dagegen **mehre Handlungen** vor, sog. Tatmehrheit, so muss eine sog. Gesamtstrafe gebildet werden, indem für jedes Delikt eine Strafe bestimmt wird. Die schwerste von ihnen, die sog. Einsatzstrafe, wird dann erhöht um die übrigen Einzelstrafen. Im Ergebnis muss die Gesamtstrafe nur niedriger sein als die Summe der Einzelstrafen, §§ 53, 54.

Tatmehrheit nennt man auch Realkonkurrenz.

5. Abschnitt — Rechtliche Konsequenzen bei Verwirklichung mehrerer Delikte desselben Täters

Wie Sie unschwer erkennen, ist die Tateinheit für den Täter günstiger als die Tatmehrheit.

Wie geht man nun bei der Prüfung der Konkurrenzen vor?

Merken Sie sich zuerst: **Geprüft wird „in Richtung" Tateinheit.** Der Prüfungsweg ergibt sich dann aus den zwei simplen „Rechnungen":

Prüfungsschema: Konkurrenzen
■ Handlungseinheit – Gesetzeskonkurrenz = **Tateinheit**
■ Handlungsmehrheit – Gesetzeskonkurrenz = **Tatmehrheit**

Im 1. Schritt ist zu klären, ob Handlungseinheit vorliegt.

A. Handlungseinheit – Gesetzeskonkurrenz = Tateinheit

I. Handlungseinheit

Handlungseinheit bedeutet, dass die verwirklichten Gesetzesverletzungen durch „dieselbe Handlung" des Täters erfüllt wurden. Es gibt **drei verschiedene Arten** der Handlungseinheit:

1. Handlung im natürlichen Sinn

Die Handlung im natürlichen Sinn ist der unproblematische Fall!

Eine einzige Willensbetätigung führt zu einer einzigen Körperbewegung (positives Tun) oder einer pflichtwidrigen Nichtbetätigung (Unterlassen).

Beispiel: T wirft einen Sprengsatz in eine Menschenmenge. Zehn Menschen werden getötet und 20 verletzt. Die verwirklichten Tötungs- und Körperverletzungsdelikte liegen innerhalb einer Handlungseinheit, da sie sogar durch nur eine Handlung im natürlichen Sinn, nämlich den Wurf des Sprengsatzes, verwirklicht wurden.

2. Natürliche Handlungseinheit

Die Voraussetzungen der natürlichen Handlungseinheit sind vor allem in der Lit. sehr umstritten!

Hier liegen zwar mehrere Handlungen im natürlichen Sinn vor, diese werden dennoch aufgrund ihrer engen Verknüpfung miteinander wie eine Handlung gesehen. Nach herrschender Ansicht ist von einer natürlichen Handlungseinheit auszugehen, wenn **mehrere im Wesentlichen gleichartige, strafrechtlich erhebliche Betätigungen von einem einheitlichen Willen getragen sind und zwischen ihnen ein derart enger räumlicher und zeitlicher Zusammenhang besteht, dass sich das gesamte Handeln objektiv auch für einen Dritten als einheitliches zusammengehöriges Tun darstellt.**

148

A. Handlungseinheit – Gesetzeskonkurrenz = Tateinheit | **5. Abschnitt**

3. Juristische (rechtliche) Handlungseinheit

Diese Fallgruppe beinhaltet alle sonstigen Fälle, die aus (formal-)juristischen Gründen als Handlungseinheit gelten. Hier entfernt man sich am weitesten von einer Handlung im natürlichen Sinn; dennoch liegt Handlungseinheit vor.

Juristische Handlungseinheiten werden in der Zwischenprüfung im Normalfall noch keine Rolle spielen.

Beispiel: So bildet der räuberische Diebstahl (§ 252) als zusammengesetztes Delikt aus Diebstahl (§ 242) und nachträglich angewendeter Nötigung (§ 240) eine juristische Bewertungseinheit.

II. Gesetzeskonkurrenz

Bei der Gesetzeskonkurrenz geht es um Vereinfachung. Es sollen diejenigen Gesetzesverletzungen ausgeklammert werden, für die wegen anderer vorrangiger Gesetzesverletzungen keine rechtliche Bedeutung mehr besteht. Bei handlungseinheitlich verwirklichten Delikten gibt es **drei Arten von Gesetzeskonkurrenz:**

Im 2. Schritt sind die Gesetzeskonkurrenzen zu untersuchen.

1. Spezialität

Das speziellere Gesetz (lateinisch: lex specialis) geht dem allgemeineren Gesetz (lateinisch: lex generalis) vor. Die Spezialität ist im Normalfall dadurch gekennzeichnet, dass die lex specialis alle Voraussetzungen der lex generalis enthält und mindestens ein weiteres Merkmal hinzufügt. Spezialität liegt stets – aber nicht nur – im Verhältnis der Qualifizierung bzw. Privilegierung zum Grundtatbestand vor.

Kurzformel: lex specialis = lex generalis und weiteres Merkmal

Beispiele: § 224 ist spezieller als § 223; § 244 spezieller als § 242.

2. Subsidiarität

Darunter fallen solche Delikte, die gegenüber einem anderen Delikt nur **hilfsweise angewendet** werden, falls das an sich vorrangige Delikt einmal nicht greift.

a) Manche Tatbestände sehen selbst eine sog. **formelle Subsidiaritätsklausel** vor.

Beispiele:

§ 145 d formell subsidiär zu §§ 164, 258 und 258 a

§ 246 bzw. § 248 b formell subsidiär z.B. zu § 242

§ 265 formell subsidiär zu § 263

§ 316 formell subsidiär zu § 315 a oder § 315 c

b) Enthält ein Straftatbestand keine Subsidiaritätsklausel, so kann dennoch sog. **materielle Subsidiarität** vorliegen. Hier haben sich **vier Fallgruppen** herausgebildet:

149

5. Abschnitt
Rechtliche Konsequenzen bei Verwirklichung mehrerer Delikte desselben Täters

- **Vorrangige Entwicklungsstufen eines Delikts:** Delikte aus dem Vorbereitungsstadium sind gegenüber Versuchsdelikten subsidiär, und Versuchsdelikte sind gegenüber vollendeten Delikten subsidiär.

Die formelle Subsidiarität ergibt sich aus dem Gesetz. Zur materiellen Subsidiarität merkt man sich am besten die vier wichtigsten Fallgruppen!

Beispiel: A und B verabreden, den O zu töten. – Strafbar gemäß § 30 (Vorbereitung). A und B richten ihre Waffe auf O, um jeden Moment abzudrücken. – §§ 212, 22, 23 (Versuch); A und B erschießen O. – § 212 (Vollendung). Konkurrenzen: § 212 verdrängt §§ 212, 22, 23 und diese verdrängen wiederum § 30 im Wege der Subsidiarität.

- **Notwendiges Durchgangsstadium eines anderen Delikts mit gleicher Schutzrichtung:** Alle Delikte, die zwangsläufig im Rahmen eines anderen mitbegangen werden, sind subsidiär, wenn sie dieselbe Schutzrichtung verfolgen.

Beispiel: Eine Körperverletzung, die notwendiges Durchgangsstadium zur Tötung ist, tritt im Wege der Subsidiarität zurück.

- **Erfolgsferneres Delikt bei gleicher Schutzrichtung:** Abstrakte Gefährdungsdelikte und reine Tätigkeitsdelikte sind gegenüber konkreten Gefährdungsdelikten subsidiär; diese wiederum sind ihrerseits gegenüber Verletzungsdelikten subsidiär. Auch hier ist aber darauf zu achten, dass dies nur für schutzrichtungsgleiche Delikte gilt.

Beispiele:

§ 316 (abstraktes Gefährdungsdelikt) ist subsidiär zu § 315 c Abs. 1 Nr. 1 a (konkretes Gefährdungsdelikt), wobei bereits formelle Subsidiarität vorliegt.

§ 221 (konkretes Gefährdungsdelikt) ist subsidiär zu § 212 (Verletzungsdelikt).

§ 323 c (echtes Unterlassungsdelikt = reines Nichttätigkeitsdelikt) ist subsidiär zu §§ 212, 13 (unechtes Unterlassungsdelikt = Verletzungserfolgsdelikt).

- **Weniger schwerwiegende Beteiligungsformen:** Teilnahme ist stets gegenüber der Täterschaft und innerhalb der Teilnahme die Beihilfe stets gegenüber der Anstiftung subsidiär.

3. Konsumtion

Nach überwiegender Auffassung wird die sog. **mitbestrafte Begleittat** konsumiert. Dabei wird ein Strafgesetz verwirklicht, das zwar andere Rechtsgüter schützt als ein mitverwirklichtes Delikt, das aber neben diesem anderen Strafgesetz üblicherweise – nicht notwendigerweise – begangen wird und mit der Bestrafung aus dem vorrangigen Gesetz abgegolten ist.

Beispiel: Bei einem illegalen Schwangerschaftsabbruch (§ 218) wird typischerweise eine Körperverletzung der Schwangeren (§ 223) mitverwirklicht, diese tritt aber als Begleittat zurück.

B. Handlungsmehrheit – Gesetzeskonkurrenz = Tatmehrheit

I. Handlungsmehrheit

Diese ergibt sich zwangsläufig aus der Verneinung von Handlungseinheit: Alles, was **nicht** von den drei Fallgruppen der Handlungseinheit erfasst wird, fällt in den Bereich der **Handlungsmehrheit**.

II. Gesetzeskonkurrenz

1. Mitbestrafte Nachtat

Typisch für die mitbestrafte Nachtat ist, dass der Täter sie in der Regel begehen muss, um der Haupttat einen Sinn zu geben. Das ist der Fall bei Taten, die der Ausnutzung, Verwertung oder Sicherung einer Position dienen, die der Täter bereits durch eine frühere Tat in strafbarer Weise erlangt hat. Der Verwertung wird die Beschädigung und Zerstörung gleichgestellt. Die Nachtat muss sich aber gegen denselben Rechtsgutträger richten und es darf kein Schaden angerichtet werden, der über das Maß der Haupttat hinausgeht.

Beispiel: Ableugnen des Besitzes einer zuvor gestohlenen Sache. Dieser sog. Sicherungsbetrug wird vom vorherigen Diebstahl mitabgegolten, tritt also als mitbestrafte Nachtat zurück.

2. Mitbestrafte Vortat

Darunter versteht man – spiegelbildlich zur mitbestraften Nachtat – ein Delikt, dessen Unrechtsgehalt vollständig von einem nachfolgenden Delikt erfasst wird, etwa weil das vorangehende Delikt nur eine unselbstständige Vorbereitungstat oder vorrangige Entwicklungsstufe oder als Durchgangsdelikt für das nachfolgende Delikt ist.

Beispiel: A macht vor Gericht eine Falschaussage (= § 153). Später beeidet er diese noch innerhalb derselben Instanz (= § 154). Geht man bei der Aussage und dem Schwören von zwei selbstständigen Handlungen aus, tritt hier die uneidliche Falschaussage gemäß § 153 als mitbestrafte Vortat hinter den Meineid gemäß § 154 zurück, da Erstere nur eine Durchgangsstufe zum Letzteren ist.

Übrigens: In demselben Fall können mehrere in Tatmehrheit stehende Delikte zugleich mit anderen in Tateinheit stehen. **!**

Check: Konkurrenzen

1. Was ist der Unterschied zwischen tatbestandlicher Bewertungseinheit und Tateinheit?

1. Bei einer tatbestandlichen Bewertungseinheit wird derselbe Tatbestand nur scheinbar mehrfach verwirklicht. Die Zusammenfassung zu einer Bewertungseinheit bewirkt, dass nur eine einzige Tatbestandsverwirklichung vorliegt. Bei Tateinheit liegen mehrere selbstständige Gesetzesverletzungen – möglicherweise auch desselben Tatbestandes – vor, die sich in der Tatausführung überschneiden und im Schuldspruch zum Ausdruck kommen.

2. Wann besteht Tateinheit und wann Tatmehrheit?

2. Tateinheitlich stehen Delikte zueinander, die in Handlungseinheit verwirklicht wurden, ohne im Wege der Gesetzeskonkurrenz zurückzutreten. Tatmehrheit besteht bei Delikten, die durch mehrere selbstständige Handlungen verwirklicht wurden, ohne als gesetzeskonkurrierend zurückzutreten.

3. Aus welchen Gründen können sich die Tathandlungen verschiedener Delikte in einer Handlungseinheit überschneiden?

3. Handlungseinheit besteht, wenn die Tathandlungen entweder schon durch dieselbe Willensbetätigung oder im Rahmen natürlicher oder juristischer Handlungseinheit verwirklicht wurden.

4. Was ist eine „natürliche Handlungseinheit?

4. Natürliche Handlungseinheit besteht, wenn mehrere Willensbetätigungen von einem einheitlichen Willen getragen sind und zwischen ihnen ein derart enger räumlicher und zeitlicher Zusammenhang besteht, dass sich das gesamte Handeln objektiv auch für einen Dritten als einheitliches zusammengehöriges Tun darstellt.

5. Welche Formen der Gesetzeskonkurrenz bei Handlungseinheit gibt es?

5. Spezialität, Subsidiarität und Konsumtion.

6. Was versteht man unter einer „mitbestraften Nachtat"?

6. Mitbestrafte Nachtaten sind solche, die der Ausnutzung, Verwertung oder Sicherung einer Position dienen, die der Täter bereits durch eine frühere Tat in strafbarer Weise erlangt hat. Der Verwertung wird die Beschädigung und Zerstörung gleichgestellt. Die Nachtat muss sich aber gegen denselben Rechtsgutträger richten und es darf kein Schaden angerichtet werden, der über das Maß der Haupttat hinausgeht. Anderenfalls besteht Tatmehrheit.

152